"Este livro oferece uma leitura atraente, não a[illegible]lectual e por ser belamente escrito, mas tamb[illegible] por sua humanidade honesta e empática. Seus leitores serão habilmente guiados por uma jornada que os levará não apenas a confrontar o cristianismo, mas também a si mesmos — suas visões de mundo, esperanças, medos, fracassos e busca por identidade e satisfação —, e, finalmente, a confrontar Cristo como a fonte totalmente confiável da vida como Deus quer que ela seja."

John C. Lennox, professor emérito de Matemática, Universidade de Oxford

"McLaughlin investiga alguns dos desafios culturais mais complexos para o cristianismo de nossos dias e demonstra, com clareza, a amplitude e a riqueza da resposta cristã. *Cristianismo à prova* vale a leitura e a reflexão."

Tyler J. VanderWeele, professor da cadeira John L. Loeb e Frances Lehman Loeb de Epidemiologia; e diretor do Human Flourishing Program, Universidade de Harvard

"No Ocidente, muitos estão convencidos das narrativas seculares dominantes e pensam que já sabem o que é o cristianismo. Com a verdadeira granada que é este livro, repleto de estatísticas destruidoras de mitos, McLaughlin revela as muitas surpresas do cristianismo autêntico."

Peter J. Williams, diretor da Tyndale House, Cambridge, e autor de *Podemos confiar nos Evangelhos?*

"Respostas profundas e sensíveis às críticas e confrontações atuais à fé cristã percorrem o livro de Rebecca McLaughlin. Ela fala com base em uma experiência real dos desafios intelectuais e pessoais que encontramos nos dias de hoje, ao considerar o que Jesus Cristo reivindica. Suas respostas abertas e comprometidas a questões muito sérias proporcionam não um passeio por uma realidade virtual imaginária, mas um caminho pedregoso, cheio de aventuras, pela vida verdadeira e abundante."

Ian Hutchinson, professor de ciência e engenharia nuclear do Massachusetts Institute of Technology e autor de *Um cientista pode crer em milagre?*

"Apologética com coração, discernimento, empatia e rigor. *Cristianismo à prova* ajudará você a compreender questões difíceis que envolvem a fé cristã e, ao mesmo tempo, despertar seu amor ao próximo. Rebecca McLaughlin não se esquiva de questões espinhosas sobre diversidade, povos e escravidão, enfrentando o passado e o presente dos Estados Unidos. Suas respostas não são apenas perspicazes; elas têm o potencial de transformar um coração de pedra em um coração de carne. Pegue e leia."

Trillia Newbell, autora de *If God is for us*, *Medos do coração* e *United*

"Rebecca McLaughlin se recusa a se esquivar dos maiores desafios à fé cristã e enfrenta as questões mais difíceis com empatia, disposição e compreensão. Ela pesquisou muito, pensa com profundidade e é muito persuasiva em sua argumentação. O resultado é um excelente recurso para o cético, o indeciso e qualquer um que esteja disposto a se debruçar em uma reflexão envolvente."

Sam Allberry, autor de *Deus é contra os homossexuais?* e *Sete mitos sobre o celibato*

"A defesa que Rebecca McLaughlin faz da fé cristã é um modelo para todas as defesas: sensível, inteligente e sólida. É apologética bem-feita — e especialmente feita para a época em que vivemos. *Cristianismo à prova* é um livro do qual farei uso e que vou recomendar amplamente àqueles que creem, como também aos céticos."

Karen Swallow Prior, autora de *Para ler bem* e *Fierce Convictions*

"Rebecca McLaughlin aborda as objeções ao cristianismo mais frequentes e urgentes de nosso tempo com honestidade inabalável, clareza rigorosa e profunda compaixão. Este livro foi escrito não apenas para os céticos, mas também para aqueles que têm sofrido neste mundo destrutivo e adoecido pelo pecado. É repleto de esperança e surpreenderá você — provavelmente mudando sua maneira de ver Jesus."

Jon Bloom, cofundador de Desiring God e autor de *Certeza do que se espera*

“O que o cristianismo tem a oferecer ao mundo está ligado ao que nele é estranho. Apenas uma palavra diferente pode ser verdadeiramente uma boa notícia em um mundo como este. Em uma época secularizada, porém, o cristianismo frequentemente não é apenas estranho para o mundo, mas também sem explicação e aparentemente inexplicável em si. Neste livro, Rebecca McLaughlin leva a sério tanto a Bíblia como as questões daqueles que não creem. Se você não é cristão e tem-se perguntado por que os cristãos pensam como pensam e agem como agem, este livro será um bom ponto de partida para explorar essas questões. Se você é cristão, este livro não apenas lhe fornecerá recursos intelectuais, como também será um chamado à compaixão e à empatia por seu próximo que questiona e não crê, além de preparar você para dar testemunho da Luz que veio ao mundo.”

Russell Moore, presidente da Comissão de Ética e Liberdade Religiosa da Convenção Batista do Sul

“Uma voz nova, argumentos cativantes e um estilo fácil de ler. McLaughlin escreve para pensadores curiosos de qualquer lugar e recompensa generosamente o leitor de mente aberta.”

Os Guinness, autor de *O chamado*

CRISTIANISMO À PROVA

CRISTIANISMO À PROVA

1 2 3

12 perguntas difíceis para

4 5 6

a maior religião do mundo

7 8 9

REBECCA McLAUGHLIN

10 11 12

Título original: *Confronting Christianity.*

Todas as citações bíblicas foram extraídas da Nova Versão Internacional (NVI), da Biblica Inc., salvo indicação em contrário.

Tradução	*Paulo Nishihara*
Preparação	*Josemar S. Pinto*
Revisão	*Pedro Marchi e Shirley Lima*
Diagramação	*Sonia Peticov*
Adaptação de capa	*Rafael Brum*

Equipe editorial

Diretor	*Samuel Coto*
Coordenador	*André Lodos*
Assistente	*Giovanna Staggemeier*

Dados Internacionais de Catalogação na Publicação (CIP)
(BENITEZ Catalogação Ass. Editorial, MS, Brasil)

M112c McLaughlin, Rebecca
1.ed. Cristianismo à prova / Rebecca McLaughlin; tradução Paulo Nishihara. – 1.ed. – Rio de Janeiro: Thomas Nelson Brasil, 2024.
288 p.; 15,5 x 23 cm.

Título original: Confronting christianity: 12 hard questions for the world's largest religion.
ISBN 978-65-5689-764-6

1. Apologética. 2. Bíblia – Teologia. I. Nishihara, Paulo. II. Título.

12-2023/21 CDD 239

Índice para catálogo sistemático

1. Bíblia: Apologética: Teologia cristã 239

Bibliotecária responsável: Aline Graziele Benitez CRB-1/3129

Thomas Nelson Brasil é uma marca licenciada à Vida Melhor Editora LTDA.
Todos os direitos reservados à Vida Melhor Editora LTDA.
Rua da Quitanda, 86, sala 218 — Centro
Rio de Janeiro — RJ — CEP 20091-005
Tel.: (21) 3175-1030
www.thomasnelson.com.br

Para Natasha
e todas as minhas outras brilhantes amigas
que discordam de mim,
mas que me farão o favor de ler este livro

SUMÁRIO

INTRODUÇÃO

EM 1971, JOHN LENNON, o astro dos Beatles, teve um sonho. Cerrando os olhos para os regimes ateístas de seus dias, ele sonhou com a fraternidade humana, sem céu ou inferno, nações ou propriedades, "nada pelo que matar ou morrer" e "nenhuma religião". Esse sonho não acabou. Foi com reverência que cantaram *Imagine* na cerimônia de abertura dos Jogos Olímpicos de Inverno de 2018, realizados na Coreia do Sul. Apesar de prescrever a recusa da religião como uma pílula, tomada por uma pequenina parte do mundo, a canção é vista como um hino de unidade que vai além das diferenças ideológicas. Conforme as notas da música reverberam no condado de PyeongChang, conferia-se na multidão a ilustre presença da irmã do líder supremo da Coreia do Norte — uma nação que, embora venha buscando "nenhuma religião", ainda tem muito pelo que matar ou morrer.

Oito anos antes do lançamento de *Imagine*, outro profeta compartilhava um sonho. Ele sonhou que "um dia, no Alabama [...] meninos e meninas pretos poderiam dar as mãos a meninos e meninas brancos, como irmãos e irmãs".[1] Mas, na visão do reverendo dr. Martin Luther King, paz e fraternidade florescem não da perda, mas da plenitude da fé. Luther King sonhou que um dia

[1] Martin Luther King Jr. "I have a dream..." (discurso proferido em 28 de agosto de 1963, na "Marcha para Washington por Trabalho e Liberdade"), disponível em: https://www.archives.gov/files/press/exhibits/dream-speech.pdf.

"todos os vales serão levantados, todos os montes e colinas serão aplanados; os terrenos acidentados se tornarão planos; as escarpas serão niveladas" (Isaías 40:4).

Quem estava certo?

No tempo em que John Lennon sonhou, outro grupo de profetas falava. Sociólogos da religião predisseram que a modernização nos conduziria à secularização. À medida que o mundo fosse se tornando mais instruído, avançado e científico, as crenças religiosas retrocederiam. Assim tinha ocorrido na Europa Ocidental, de modo que o restante do planeta seguiria o mesmo caminho. Só havia um problema com a chamada hipótese da secularização: ela se mostrou falsa.

Na Europa Ocidental e na América do Norte, certamente encolheu a proporção de pessoas que se identificam como religiosas. Mas, em âmbito global, não apenas a religião não veio a declinar, como também agora os próprios sociólogos preveem um mundo *progressivamente mais* religioso.[2] Ainda que os números não contem toda a história, as últimas projeções sugerem que, por volta de 2060, o cristianismo ainda será o maior sistema de crenças do mundo, apresentando um ligeiro crescimento, de 31% para 32% da população mundial.[3] Já o islamismo terá expandido substancialmente, de 24% para 31%; o hinduísmo terá declinado, de 15% para 14%, como também o budismo, de 7% para 5%. O judaísmo, por outro lado, permanecerá estável, em 0,2%. E também por volta de 2060 a proporção de pessoas que se identificam como ateias, agnósticas ou "sem religião" terá retroagido de 16% para 13%. Sim, retroagido.[4] Para aqueles de nós que cresceram com a hipótese da secularização, essa é uma surpresa — agradável ou não. Bem, o que está acontecendo?

---

[2] Cf. Pew Research Center. "The future of world religions: population growth projections, 2010-2050", 2 abr. 2015, disponível em: http://www.pewforum.org/2015/04/02/religious-projections-2010-2050/.

[3] Cf. Pew Research Center. "Projected change in global population, 2015-2060", 31 mar. 2017, disponível em: http://www.pewforum.org/2017/04/05/the-changing-global-religious-landscape/pf_17-04-05_projectionsupdate_changepopulation640px/.

[4] Cf. Pew Research Center, "Size and projected growth of major religious groups, 2015-2060", 3 abr. 2017, disponível em: http://www.pewforum.org/2017/04/05/the-changing-global-religious-landscape/pf-04-05-2017_-projectionsupdate-00-07/.

Parte da resposta encontra-se no vínculo entre teologia e biologia: muçulmanos, cristãos, hindus e judeus se reproduzem mais que não religiosos.[5] Dos não afiliados a alguma religião, 60% vivem na China, onde as taxas de fecundidade têm sido deliberadamente controladas. Mas, mesmo nos Estados Unidos, religiosidade corresponde a fertilidade.[6] Isso pode parecer um consolo para os secularistas, para quem os religiosos até podem ser mais férteis, mas não mais inteligentes. No entanto, a presumida relação entre educação e secularização é frágil. Embora as diferenças estejam diminuindo entre as gerações mais novas, judeus e cristãos ainda são os grupos mais escolarizados, com a menor diferença educacional entre homens e mulheres.[7] Nos Estados Unidos, embora pessoas nominalmente religiosas tendam a se declarar não religiosas quando mais educadas, cristãos professos com níveis maiores de escolarização parecem ser tão religiosos quanto os menos escolarizados. De fato, os cristãos altamente escolarizados são *mais* propensos a frequentar a igreja semanalmente.[8]

Além disso, embora muitos norte-americanos estejam se tornando não religiosos, o movimento segue em ambos os sentidos. Uma pesquisa recente demonstrou que quase 40% dos norte-americanos que cresceram sem religião vieram a se tornar religiosos (geralmente cristãos) quando adultos, enquanto apenas 20% daqueles que tiveram uma criação protestante a abandonaram.[9] Se essa tendência continuar, os filhos de meus amigos

---

[5] "Assim estão as taxas de fecundidade: muçulmanos (3,1), cristãos (2,7), hindus (2,4), judeus (2,3), não afiliados (1,7), budistas (1,6). Cf. Pew Research Center. "Total fertility rate by religion, 2010-2015", 26 mar. 2015, disponível em: http://www.pewforum.org/2015/04/02/religious-projections-2010-2050/pf_15-04-02_projectionsoverview_totalfertility_640px/.

[6] Cf., p. ex., Sarah Hayford e S. Philip Morgan, "Religiosity and fertility in the United States: the role of fertility intentions, *Social Forces*, 86, nº 3 (2008), p. 1163-88.

[7] Cf. Pew Research Center, "Religion and education around the world", 13 dez. 2016, disponível em: https://www.pewforum.org/2016/12/13/religion-and-education-around-the-world/.

[8] Cf. Pew Research Center, "In America, does more education equals less religion?", 26 abr. 2017, disponível em: https://www.pewforum.org/2017/04/26/in-america-does-more-education-equal-less-religion/.

[9] Cf. Pew Research Center, "One-in-five U.S. adults were raised in interreligious homes", 26 out. 2016, disponível em: https://www.pewforum.org/2016/10/26/one-in-five-u-s-adults-were-raised-in-interfaith-homes/.

secularizados têm duas vezes mais chances de se tornar cristãos que os meus de virem a não ter religião.[10] E a natureza das atuais crenças religiosas não se enquadra muito bem no conhecido adesivo inter-religioso "Coexist". Na América do Norte, em parte graças à religiosidade dos imigrantes, o cristianismo puro-sangue tem superado a fé baseada na teologia liberal.[11]

Contudo, talvez o maior golpe contra o secularismo venha da China, um país que se empenhou por imaginar, e impor, uma realidade "sem religião". Estimativas conservadoras de 2010 situam o número de cristãos chineses acima dos 68 milhões, o que representa 5% da enorme população da China.[12] E o cristianismo se espalha tão rapidamente por lá que alguns especialistas acreditam que, em 2030, a China pode ter mais cristãos que os Estados Unidos e, em 2050, tornar-se um país de maioria cristã.[13]

Fenggang Yang, um dos maiores sociólogos da religião da China, argumenta que precisamos nos submeter a uma mudança de paradigma semelhante a uma revolução científica à medida que vamos nos ajustando ao fracasso da hipótese da secularização.[14] Muito do discurso acadêmico repousa sobre a premissa de que a religião vem secando sob o sol calcinante da modernização. E o humanismo secular é tomado como o terreno comum sobre o qual todos podemos nos estabelecer. Esse quadro, no entanto, arruinou-se. Hoje, é preciso que acordemos para o fato de que o sonho de Lennon não passava de uma fantasia. E — o que é

---

[10] Pew Research Center, "Religious switching and intermarriage", in: *America's changing religious landscape*, 12 maio 2015, disponível em: https://www.pewforum.org/2015/05/12/chapter-2-religious-switching-and-intermarriage/.

[11] Pew Research Center, "The changing religious composition of the U.S.", in: *America's changing religious landscape*, 12 maio 2015, disponível em: https://www.pewforum.org/2015/05/12/chapter-1-the-changing-religious-composition-of-the-u-s/.

[12] Pew Research Center Global Religious Survey, 2010, apud Eleanor Albert. "Christianity in China", *Council on Foreign Relations* [site], 9 mar. 2018, disponível em: https://www.cfr.org/backgrounder/christianity-china.

[13] Cf. Antonia Blumberg, "China on track to become world's largest Christian country by 2015, experts say", *Huffpost*, 22 abr. 2014, disponível em: https://www.huffingtonpost.com/2014/04/22/china-largest-christian-country_n_5191910.html.

[14] Cf. Fenggang Yang, "Response by Fenggang Yang—Agency-driven secularization", in: Peter L. Berger, *The many altars of modernity: toward a paradigm for religion in a pluralist age* (Boston: De Gruyter Mouton, 2014), p. 128.

pior — era uma fantasia alimentada pela perspectiva enviesada do Ocidente branco e baseada na premissa de que o mundo seguiria a Europa Ocidental aonde quer que ela fosse. Assim, para a próxima geração, a questão que se coloca não é "Em quanto tempo a religião acabará?", mas, sim, "Ser cristão ou muçulmano?".

Para muita gente, trata-se de algo preocupante. Crença religiosa puro-sangue nos perturba. Antevemos extremismo e violência, o livre-pensamento sufocado e as mulheres subjugadas. Em alguns lugares do mundo, o ressurgimento de uma versão tradicionalista do islã produziu esses frutos desagradáveis. Para muitos que cresceram em um Ocidente que se secularizava, o cristianismo bíblico também suscita objeções tanto morais como intelectuais: O que será da ciência, do sofrimento, da sexualidade? E as Cruzadas? Como dizer que há apenas uma fé verdadeira? Como se pode assumir a Bíblia literalmente? A escravidão não é justificada pela Bíblia? Como um Deus amoroso seria capaz de mandar pessoas para o inferno?

Este livro é para você, em quem essas questões também ressoam. Posso sentir o peso delas. Se eu lhe der respostas presunçosas e simplistas, terei falhado. Há décadas tenho me relacionado, em profundidade, com amigos brilhantes que, por questão de princípios, rejeitam o cristianismo. Mas também passei anos trabalhando com professores cristãos, em importantes universidades não confessionais, atuantes em áreas que vão da Física à Filosofia. Desses, alguns cresceram na igreja; outros, porém, encontraram o cristianismo apenas posteriormente. Mas todos experimentaram a mesma coisa: a fé resistiu ao teste de suas pesquisas e os deixou mais convencidos de que o cristianismo representa nossa compreensão mais fiel da verdade e nossa maior esperança para este mundo. Este livro propõe-se a examinar de perto questões muito importantes, valendo-se das lentes que esses amigos me forneceram, e compartilhar a experiência com você.

Com frequência, ao observar algo a certa distância, nos enganamos. Olhe para o céu à noite, e você verá uma enorme escuridão.

Mas regule um telescópio na direção do ponto mais escuro, e um milhão de galáxias irromperá, visíveis. John Lennon sonhou com um mundo livre das religiões, um mundo no qual não haveria "nada pelo que matar ou morrer". Em compensação, contemplando a noite escura da segregação, Martin Luther King pregou uma mensagem oposta à de Lennon: que "há coisas tão caras, coisas tão preciosas, coisas tão verdadeiras e eternas, que por elas vale a pena morrer. E eu lhe afirmo que, se um homem ainda não descobriu algo pelo qual morreria, ele não está pronto para viver".[15]

[15] Martin Luther King Jr. (discurso proferido em um comício pela liberdade, Detroit, Michigan, 23 jun. 1963), *Stanford University* [site]. Acesso em: 27 ago. 2018. Disponível em: https://kinginstitute.stanford.edu/king-papers/documents/address-freedom-rally-cobo-hall.

CAPÍTULO **UM**

NÃO ESTAMOS MELHOR SEM RELIGIÃO?

A MAIORIA DOS CALOUROS da faculdade tenta se integrar. Mas eu fiquei de fora. Meus colegas do curso de Inglês eram extraordinariamente descolados. Alguns eram modelos, e outros estrelaram filmes — eu, nenhuma das duas coisas. Mas não foi apenas minha ausência de frente das câmeras que me diferenciou: eu cheguei à faculdade com uma cruz de madeira de sete centímetros pendurada no pescoço.

Um cara achou que eu estava sendo irônica, e nós começamos uma improvável amizade. Ele estava envolvido com drogas. Eu, com Jesus. Ambos amávamos livros. Eu poderia ter aumentado infinitamente minha credibilidade com ele se confessasse que andava secretamente apaixonada por uma porção de garotas. Mas eu não fiz isso. Ainda esperava que fosse apenas uma fase da qual eu sairia.[1] Assim, naquela época, eu não passava de um punhado de esquisitices sustentadas em nome da Bíblia, entre colegas perplexos, secularizados e ocasionalmente escandalizados.

[1] Abordaremos essa peça do quebra-cabeça no capítulo 9, "O cristianismo não é homofóbico?".

O grupo de alunos cristãos de Cambridge era maior e mais ativo do que as pessoas imaginavam. Batíamos à porta dos quartos para entregar folhetos evangelísticos e falar de Jesus. Mas a maioria dos observadores ocasionais do cenário de Cambridge, na virada do milênio, teria apostado que esses grupos acabariam diminuindo: o credo cristão em sua inteireza simplesmente deixara de ser viável em uma universidade de excelência.

NARRATIVAS NEOATEÍSTAS

Desde então, os neoateístas têm tecido uma teia para destruir a credibilidade da fé. Em 2004, Sam Harris publicou *A morte da fé: religião, terror e o futuro da razão*, seguido por *Carta a uma nação cristã*, em 2006. Nesse mesmo ano, Richard Dawkins lançou *Deus, um delírio*, que permaneceu na lista dos mais vendidos do *New York Times* por 51 semanas. Em 2008, o falecido Christopher Hitchens lançou seu *tour de force* neoateísta, *Deus não é grande: como a religião envenena tudo*. Munidos de uma poderosa retórica, esses homens pregavam que o cristianismo não era plausível nem desejável. Dawkins ridicularizava uma fé há muito refutada pela ciência. Hitchens procurou furar o balão esvaziado da opinião pública, que ainda imaginava o cristianismo como uma força positiva.

Fortalecidos por esses triunfos, os ateus corajosamente reivindicaram para si uma posição moral e intelectual superior — mesmo que isso significasse cruzar fronteiras. Em uma popular TED *talk* de 2011, "Ateísmo 2.0", o fundador da *School of Life*, Alain de Botton, defendeu um novo tipo de ateísmo, capaz de manter as vantagens da religião sem o lado negativo da crença. Ele salivava diante da tradição afro-americana de pregadores e da resposta eufórica da congregação: "Louvado seja Jesus, louvado seja o Senhor!". Em vez de abandonar o arrebatamento, de Botton sugeriu a audiências seculares que respondessem ao sermão ateísta enaltecendo *seus* heróis: "Louvado seja Platão, louvado seja Shakespeare, louvada seja Jane Austen!".[2] Imagine como Shakespeare, cujo mundo era fundamentalmente moldado pelo cristianismo, se sentiria ao ser escalado para o papel de ícone ateísta. Mas, no que diz respeito a Jane Austen, a resposta é clara: essa mulher de profunda, explícita e duradoura fé em Jesus ficaria completamente chocada.[3]

De modo semelhante, na edição de 2016 do "Reason Rally", concebido para mobilizar ateus, agnósticos e não religiosos, vários palestrantes invocaram a marcha de Martin Luther King em Washington — como se uma reunião que despreza o cristianismo tivesse agradado a um dos mais poderosos pregadores cristãos da história norte-americana. No mesmo ano, deparei com um artigo da *Atlantic* que prometia explicar "Por que os britânicos contam melhor histórias para crianças".[4] Como uma britânica vivendo nos Estados Unidos, li isso com grande interesse, mas apenas para descobrir que — esse era o argumento do artigo — as histórias infantis norte-americanas eram menos atraentes por serem *mais* cristãs. O autor citava *O senhor dos anéis* e *Crônicas de Nárnia* como exemplos de histórias moldadas pelo paganismo, deixando de notar que Tolkien e Lewis eram cristãos apaixonados cujas histórias foram baseadas na alegação de que Jesus morreu e ressuscitou. J. K. Rowling, outra autora mencionada como bom exemplo do velho e bom paganismo britânico, preferiu não revelar sua frágil fé cristã até que o último livro de Harry Potter fosse publicado, justamente por causa de sua inspiração cristã: ela receava que isso entregasse a história.[5] Há mais exemplos nessa linha. Em um estranhíssimo gesto de apropriação, a versão cinematográfica

[2] Alain de Botton, "Atheism 2.0", *TEDGlobal* [vídeo], jul. 2011, disponível em: https://www.ted.com/talks/alain_de_botton_atheism_2_0.

[3] Cf. Rebecca McLaughlin, "Jane Austen's answer to atheism 2.0", *The Gospel Coalition*, 22 jan. 2018, disponível em: https://www.thegospelcoalition.org/article/jane-austens-answer-atheism-2-0/.

[4] Colleen Gilliard, "Why the British tell better children's stories", *The Atlantic*, 6 jan. 2016, disponível em: https://www.theatlantic.com/entertainment/archive/2016/01/why-the-british-tell-better-childrens-stories/422859/.

[5] Cf. Jonathan Petre, "J. K. Rowling: 'Christianity inspired Harry Potter'", *The Telegraph*, 20 out. 2007, disponível em: https://www.telegraph.co.uk/culture/books/fictionreviews/3668658/J-K-Rowling-Christianity-inspired-Harry-Potter.html.

de 2018 de *Uma dobra no tempo*, de Madeleine L'Engle, expurgou suas muitas referências cristãs.

Enquanto isso, brilhantes contadores de histórias céticos têm capturado nossa imaginação. Lançado em 1985, o romance distópico de Margaret Atwood, *O conto da aia*, ressurgiu em uma adaptação para série televisiva muito popular, da plataforma de *streaming* Hulu. Nele, imagina-se uma Nova Inglaterra (os Estados Unidos) governada por uma seita pseudocristã, os Filhos de Jacó. Suspendem-se as contas bancárias das mulheres. Elas são proibidas de ler e de trabalhar fora. Aquelas ainda férteis mesmo depois da exposição à precipitação nuclear são destinadas a "comandantes", do sexo masculino, que buscam engravidá-las em uma cerimônia mensal supostamente baseada no episódio em que Abraão engravida a serva ("aia") de sua esposa, Sara. Parcialmente inspirada na Revolução Iraniana, de 1979, Atwood prevê um regime repressivo semelhante, mas de natureza supostamente cristã.

Voltando à minha pátria, a icônica série de ficção científica *Doctor Who* leva seus espectadores a incursões de tirar o fôlego, entre o comovente, o espirituoso e o profundo. Sob muitos aspectos, o Doutor é profundamente cristão, e *Doctor Who* é um dos meus programas favoritos de todos os tempos, mas é difícil ignorar suas mensagens anticristãs.[6] Seus "anjos lamentadores" se alimentam da vida humana. Seus "monges sem cabeça" são governados pela fé: a decapitação literalmente os privou de pensar. A igreja do século 51 consiste em uma organização militar. É bem longa a lista de histórias, programas e músicas muito persuasivos que nos convidam a rejeitar a religião, e acabamos esquecendo quanto do capital cultural que se toma como universal foi forjado pelo cristianismo.

Até certo ponto, é claro, nós, cristãos, cavamos nossa própria cova. Entrincheirar-se na guerra cultural levou muitos religiosos

---

[6] Cf. Rebecca McLaughlin, "How the hero of 'Doctor Who' is—and is not—like Jesus", *The Gospel Coalition*, 12 jan. 2018, disponível em: https://www.thegospelcoalition.org/article/hero-doctor-not-like-jesus/.

a perderem o contato com sua própria herança, ao passo que tanto cristãos como ateus assumem que o termo "secular" significa simplesmente "normativo". Foram os cristãos que inventaram as universidades, tendo fundado muitas das instituições educacionais mais reconhecidas do mundo com o objetivo de glorificar a Deus. Ainda assim, o estudo tem sido visto como uma ameaça à fé. Foram os cristãos que inventaram a ciência, a qual, contudo, é vista como uma antítese da fé.[7] Foram os cristãos que contaram algumas das melhores histórias *da História*. Mas, quando as tramas são muito boas, envolventes, mágicas, presumimos que os autores não podem realmente abraçar essa fé, que — supõe-se — sufoca as boas histórias.

Quais frutos isso trouxe para os alunos de hoje?

A GERAÇÃO DOS "SEM-RELIGIÃO" EM ASCENSÃO

Em 2016, na maior pesquisa já realizada entre calouros ingressantes em universidades norte-americanas, 30,9% deles afirmaram não ter qualquer filiação religiosa — um crescimento drástico de 10% desde 2006.[8] Esse grupo estava dividido entre aqueles que responderam "sem religião" (16%), os que se identificaram como agnósticos (8,5%) e os que afirmaram ser ateístas (6,4%). Embora o crescimento do grupo não religioso tenha sido rápido, isso não é desculpa para entregar a universidade ao secularismo. Dos graduandos norte-americanos, 69% ainda se identificam como religiosos, e 60,2%, como cristãos. De fato, assinalar um formulário de pesquisa não é prova de uma fé em exercício. Mas, quando mais estudantes se identificam como batistas que como ateus,

---

[7] Logo vamos desenterrar as origens cristãs da ciência, no capítulo 7, "A ciência não refutou o cristianismo?".

[8] Cf. Kevin Eagan et al., *The American freshman: national norms* 2016 (Los Angeles: Cooperative Institutional Research Program at the Higher Education Research Institute at UCLA, 2017), p. 38, disponível em: https://heri.ucla.edu/monographs/TheAmericanFreshman2016.pdf.

precisamos ser cautelosos com as defesas exageradas do avanço da secularização. Tampouco o declínio das filiações religiosas é um subproduto da diversidade: nos Estados Unidos, o ateísmo é muito representado por homens brancos, enquanto mulheres e estudantes não brancos tendem a ser religiosos.[9] De fato, em universidades historicamente negras, 85,7% dos estudantes se identificam como cristãos, e apenas 11,2%, como agnósticos, ateus ou sem religião.[10] Apesar disso, a proporção de estudantes sem filiação religiosa nos Estados Unidos tem crescido — e rápido. Assim, estariam os estudantes de hoje simplesmente acordando para o fato de que não precisam mais da religião?

Em uma perspectiva empírica, a resposta parece ser negativa.

RELIGIÃO: UMA DROGA MILAGROSA

Em 2016, o professor da Faculdade de Saúde Pública de Harvard Tyler VanderWeele e o jornalista John Siniff escreveram um artigo de opinião para o *USA Today* intitulado "Religião pode ser uma droga milagrosa".[11] O texto começa assim: "Se alguém pudesse conceber um elixir que melhorasse a saúde física e mental de milhões de norte-americanos — sem custos pessoais —, que valor a sociedade lhe daria?". Os autores prosseguem traçando os benefícios para a saúde física e mental relacionados com a participação regular em atividades religiosas — para a maioria dos norte-americanos, isso significa ir à igreja —, incluindo a redução das taxas de mortalidade em 20% a 30% ao longo de um período de quinze anos. A pesquisa sugere que aqueles que frequentam regularmente cultos religiosos são mais otimistas, apresentam índices mais baixos de depressão, são menos propensos a cometer

---

[9] Nos Estados Unidos, 68% daqueles que se identificam como ateus são homens, e 78% deles são brancos (o número de homens brancos corresponde a 66% da população geral). Cf. Michael Lipka, "10 facts about atheists", *Pew Research Center*, 1 jun. 2016, disponível em: http://www.pewresearch.org/fact-tank/2016/06/01/10-facts-about-atheists/.

[10] Cf. Eagan et al., *American freshman*, p. 38.

[11] Tyler VanderWeele e John Siniff, "Religion may be a miracle drug", *USA Today*, 28 out. 2016, disponível em: https://www.usatoday.com/story/opinion/2016/10/28/religion-church-attendance-mortality-column/92676964/.

suicídio, experimentam em sua vida um propósito maior, têm menos chance de se divorciar e têm mais autocontrole.[12]

De fato, precisamos apenas abrir o jornal para ver que crenças religiosas podem causar danos. Mas afirmar que a religião é ruim para você é como dizer "drogas fazem mal" sem diferenciar cocaína de remédio para pressão arterial. Em geral, o envolvimento religioso parece ser bom para sua saúde e felicidade. Inverta esses dados, e a secularização nos Estados Unidos se torna uma crise de saúde pública.[13]

O que torna o envolvimento religioso tão poderoso?

O PODER DOS RELACIONAMENTOS

Parte da resposta são os relacionamentos. A religião promove relacionamentos, e relacionamentos importam. O diretor do Harvard Study of Adult Development [Estudo do Desenvolvimento Adulto da Universidade de Harvard], um estudo sobre bem-estar conduzido há 75 anos, resume suas descobertas mais ou menos assim: "Bons relacionamentos nos fazem mais felizes e saudáveis. Ponto".[14] Ao longo de toda a pesquisa, os participantes imaginavam que sua felicidade dependia de fama, riqueza e grandes realizações. Mas, na verdade, as pessoas mais felizes e saudáveis priorizavam os relacionamentos com a família, os amigos e a comunidade.

Talvez não precisemos de uma pesquisa de 75 anos de duração para nos convencer de que a solidão é mortal. Nossa "sociedade

---

[12] Para uma revisão detalhada da literatura abordando o efeito do envolvimento religioso sobre a saúde e o bem-estar, cf. Tyler VanderWeele, "Religion and health: a synthesis", in: Michael J. Balboni e John R. Peteet, eds., *Spirituality and religion within the culture of medicine: from evidence to practice* (New York: Oxford University Press, 2017).

[13] VanderWeele resume sua pesquisa assim: "Relevância em saúde pública é frequentemente definida como uma função entre preponderância da exposição e dimensão do efeito. Com base nisso, o envolvimento religioso, como se argumenta nesta resenha, é um poderoso fator social de saúde" (VanderWeele, "Religion and health", p. 357).

[14] Robert Waldinger, "What makes a good life? Lessons from the longest study on happiness", *TEDxBeaconStreet* [vídeo], nov. 2015, disponível em: https://www.ted.com/talks/robert_waldinger_what_makes_a_good_life_lessons_from_the_longest_study_on_happiness.

das porções individuais" nos ensina a priorizar a variedade em detrimento do compromisso. Resistimos a nos comprometer por termos medo de perder alguma coisa; mas, agindo assim, perdemos o que mais importa. Mas apenas o poder de fazer parte de uma comunidade explica o impacto da religião? Frequentar semanalmente um clube de golfe local e apreciar um interesse comum com um grupo compatível produziriam resultados parecidos? Parece que não. O apoio comunitário, por si só, parece responder por menos de 30% do efeito positivo do envolvimento religioso.[15] Então, o que mais está em jogo?

OS BENEFÍCIOS DE SETE PRINCÍPIOS BÍBLICOS

Quero explorar sete mandamentos bíblicos contraintuitivos e como estão relacionados às descobertas da psicologia contemporânea. Essa não é uma lista exaustiva, nem estou afirmando que o cristianismo detém o monopólio desses princípios ou que efeitos positivos sobre saúde e felicidade são o teste definitivo para revelar a verdade. Mas, como este capítulo é intitulado "Não estamos melhor sem religião?", parece lógico examinar alguns dos princípios da maior religião do mundo e verificar como afetam nossa capacidade de crescer.

Realmente é mais bem-aventurado dar do que receber

Em nossa cultura baseada em posses, a exigência bíblica para que os cristãos sirvam, cedam e doem parece fora de lugar. A afirmação de que "há maior felicidade em dar do que em receber" (Atos 20:35) vai na contramão da nossa mentalidade individualista e focada em sucesso. Mas um número crescente de pesquisas sugere que dar é benéfico. O trabalho voluntário tem impacto positivo sobre nossa

[15] Cf., p. ex., Shanshan Li et al., "Association of religious service attendance with mortality among women", JAMA *Internal Medicine* 176, no 6 (2016), p. 777-85.

saúde mental e física.[16] Muitas vezes, cuidar dos outros produz mais benefícios físicos e psicológicos do que ser cuidado.[17] Ajudar colegas de trabalho também parece contribuir para a realização profissional.[18] E, finalmente, ser generoso em relação a dinheiro rende recompensas psíquicas.[19]

Muitos não religiosos estão intensamente envolvidos em servir e dar, ao passo que muitos cristãos entregam-se a uma vida autocentrada. Mas, como o psicólogo social — e ateu — Jonathan Haidt observa,

> Há muito pesquisas têm mostrado que, nos Estados Unidos, religiosos são mais felizes, saudáveis, longevos e generosos, tanto para a caridade como entre si, do que pessoas secularizadas. [...] Religiosos doam mais dinheiro aos seus próximos e instituições de caridade não religiosas que os não religiosos. Também doam mais de seu tempo e de seu sangue.[20]

Nenhum cristão faz jus ao exemplo radical de Jesus, que entregou sua vida para salvar seus inimigos. Muitas igrejas permitem

---

[16] Para uma síntese dessa pesquisa, cf. Caroline E. Jenkinson et al., "Is volunteering a public health intervention? A systematic review and meta-analysis of the health and survival of volunteers", *BMC Public Health* 13 (2013), p. 773. Cf. tb. Donald P. Moynihan, Thomas DeLeire e Kohei Enami, "Volunteering makes you happier, but why you volunteer also matters: other-oriented motivations and cumulative life-satisfaction", *Robert M. La Follette School of Public Affaris* [site], nov. 2017, disponível em: https://lafollette.wisc.edu/research/volunteering-makes-you-happier-but-why-you-volunteer-also-matters-other-oriented-motivations-and-cumulative-life-satisfaction.

[17] Cf., p. ex., Susan Brown et al., "Providing social support may be more beneficial than receiving it: results from a prospective study of mortality", *Psychological Science* 14, nº 4 (2003), p. 320-7.

[18] Donald P. Moynihan, Thomas DeLeire e Kohei Enami, "A life worth living: evidence on the relationship between prosocial motivation, career choice, and happiness", *American Review of Public Administration* 4, no 3 (2015), p. 311-26.

[19] Cf., p. ex., Lara B. Aknin et al., "Prosocial spending and well-being: cross-cultural evidence for a psychological universal", *Journal of Personality and Social Psychology* 104, no 4 (abr. 2013), p. 635-52.

[20] Jonathan Haidt, "Moral psychology and the misunderstanding of religion", *Edge*, 21. set. 2007, disponível em: https://www.edge.org/conversation/jonathan_haidt-moral-psychology-and-the-misunderstanding-of-religion. Haidt adverte: "Você não pode tomar os neoateístas como seus guias nessas lições. Os neoateístas conduzem avaliações tendenciosas da literatura disponível e concluem que não existem indícios suficientes de quaisquer benefícios da religião, à exceção daqueles relacionados à saúde".

uma forma autocentrada de cristianismo, que ignora a ética neotestamentária. Mas os débeis ecos de Cristo na vida dos cristãos parecem render dividendos — tanto social como individualmente.

Amor ao dinheiro frustra

Para aqueles de nós que foram criados sob uma dieta rigorosa de capitalismo, a crítica bíblica às riquezas é dura de engolir. Jesus ensinou que é mais difícil para um rico entrar no reino de Deus que um camelo passar pelo buraco de uma agulha (Mateus 19:23-24; Marcos 10:25; Lucas 18:24-25). O apóstolo Paulo chamou o amor ao dinheiro de "a raiz de todos os males" (1Timóteo 6:10). Mas, pelo menos nos Estados Unidos, o amor ao dinheiro ainda tem dominado. Na pesquisa *Calouros norte-americanos* de 2016, 82,3% dos calouros responderam que "ficar bem de vida financeiramente" é um objetivo de vida "essencial" ou "muito importante".[21] Isso representa um aumento de quase 10% na última década e superou "constituir família" como prioridade.[22] Para além dos anos como estudantes, muitos de nós vivem como se o dinheiro fosse nos comprar felicidade, sacrificando família e amizades no altar da carreira. Mas, como comenta Haidt, "a riqueza em si mesma tem apenas um pequeno efeito direto sobre a felicidade, porque acelera ainda mais a esteira do hedonismo".[23]

Um pouco de dinheiro pode fazer grande diferença para os muito pobres — uma realidade que se reflete na inegociável exigência bíblica de que aqueles que têm de mais devem compartilhar com aqueles que têm de menos. Mas, embora a literatura sobre o tema seja complexa, há indícios de que, além do nível básico de

[21] Eagan et al., *American freshman*, p. 47.

[22] A mesma pesquisa, mas em 2006, registrou que 75,5% dos estudantes apontavam que "constituir família" era um objetivo de vida "essencial" ou "muito importante", enquanto 73,4% responderam que "ficar bem de vida financeiramente" era "essencial" ou "muito importante".

[23] Jonathan Haidt, *The happiness hypothesis: finding modern truth in ancient wisdom* (New York: Basic Books, 2006), p. 89.

seguridade, mais riqueza está apenas ligeiramente relacionada com uma sensação de maior bem-estar.[24] Como o economista Jeffrey Sachs observa, no *Relatório sobre a felicidade no mundo* 2018, nos Estados Unidos "a renda *per capita* mais do que dobrou desde 1972, enquanto a felicidade (ou o bem-estar subjetivo — BES) permanece basicamente inalterada ou até mesmo diminuiu".[25] As advertências bíblicas contra o amor ao dinheiro acabam sendo mais verdadeiras do que imaginamos: invista sua vida em dinheiro, à custa de relacionamentos, e o retorno não será satisfatório.

Trabalhar funciona quando é um chamado

Embora a Bíblia trucide o amor ao dinheiro, não nos chama a uma vida ociosa. Antes, ela nos conta uma história em que os seres humanos são criados para estar em um relacionamento com Deus e uns com os outros, entregando-se a um trabalho com significado. No primeiro século, poucas pessoas tinham liberdade para escolher sua profissão. Se seu pai fosse carpinteiro, era bom você gostar de trabalhar com madeira! Mas, independentemente de sua situação ou *status*, as pessoas poderiam escolher *como* trabalhariam. O apóstolo Paulo encorajava os escravizados cristãos (uma parcela bem significativa da igreja primitiva) para que até mesmo *seu* trabalho fosse um chamado e os exortava a colocar o coração nisso, como se trabalhassem para o Senhor, e não para um senhor humano qualquer (Colossenses 3:23-24).[26] Assim, os cristãos são chamados a ver o trabalho como parte de sua *adoração* — seja projetando um edifício, seja varrendo o chão.

---

[24] Cf., p. ex., Daniel Kahneman e Angus Deaton et al., "High income improves evaluation of life but not emotional well-being", *Proceedings of the National Academy of Sciences* 287, no 38 (2010); e E. Diener et al., "Wealth and happiness across the world: material prosperity predicts life evaluation, whereas psychosocial prosperity predicts positive feeling", *Journal of Personality and Social Psychology* 99, nº 1 (2010), p. 52-61.

[25] John F. Helliwell, Richard Layard e Jeffrey D. Sachs, *World happiness report* 2018 (New York: Sustainable Development Solutions Network, 2018), p. 146.

[26] No capítulo 10, vamos explorar as passagens bíblicas que tratam de escravidão e veremos se a Bíblia justifica a posse de escravos.

Novamente, isso se mostra um bom conselho. Pesquisas na área da psicologia sugerem que precisamos de um trabalho significativo para nos desenvolver. Se trabalhamos apenas para ganhar dinheiro, nossa tendência é acabar insatisfeitos; mas, se colocarmos o coração em nosso trabalho e o enxergarmos como um chamado que reflete nossos valores, conectando-nos às pessoas e integrando um quadro maior, vamos experimentar verdadeira alegria. A professora de psicologia da Universidade da Pensilvânia Angela Duckworth conta uma parábola para ilustrar isso: "Três pedreiros são questionados: 'O que você está fazendo'. O primeiro responde: 'Estou empilhando tijolos'. O segundo diz: 'Estou construindo uma igreja'. E o terceiro fala: 'Estou levantando a casa de Deus'. O primeiro tem um emprego; o segundo, uma carreira; e o terceiro, um chamado".[27]

Podemos aplicar isso ao menos glamoroso dos empregos. Um estudo observou as atitudes de faxineiros esvaziando comadres e limpando vômito em um hospital. Aqueles que se viam como parte de um time cuidando dos doentes, indo além para realizar seu trabalho com excelência, viam seu trabalho como um chamado e o apreciavam muito mais do que aqueles que só trabalhavam para receber um salário.[28] Assim, não importa se estamos realizando uma cirurgia cerebral ou limpando vômito: podemos colocar nosso coração no trabalho, conectá-lo a um propósito maior e alcançar satisfação.

Realmente podemos ser felizes em qualquer circunstância

Essa visão de trabalho está atrelada a uma afirmação bíblica ainda mais contraintuitiva. Após muitas experiências físicas e psicológicas traumáticas, o apóstolo Paulo escreveu o seguinte enquanto estava preso: "Aprendi o segredo de viver contente em toda e

[27] Angela Duckworth, *Grit: the power of passion and perseverance* (New York: Scribner, 2016), p. 149

[28] Haidt, *Happiness hypothesis*, p. 222.

qualquer situação, seja bem-alimentado, seja com fome, tendo muito, ou passando necessidade. Tudo posso naquele que me fortalece" (Filipenses 4:12-13). Isso soa muito como pensamento positivo. Mas a psicologia contemporânea sugere que temos uma capacidade altamente desenvolvida de sintetizar felicidade, que Daniel Gilbert, professor de psicologia da Universidade de Harvard, chama de "sistema imune psicológico". Para ilustrá-lo, ele cita o polímata do século 17 Thomas Browne: "Sou o mais feliz dos homens vivos. Tenho em mim algo que pode converter pobreza em riqueza, adversidade em prosperidade. Sou mais invulnerável que Aquiles; a Fortuna não tem onde me ferir".[29]

Gilbert pergunta: "Que tipo de mecanismo notável tem esse sujeito em sua cabeça? Bem, ocorre que se trata do mesmo mecanismo notável que todos nós também temos". Gilbert (um ateu autodeclarado) não percebe que Browne estava se baseando em sua fé cristã para se tornar imune ao sofrimento. De fato, a obra de Browne, *Religio Medici*, que Gilbert cita, é um livro teológico de memórias estruturado em torno das virtudes cristãs da fé, da esperança e do amor.

Gilbert destaca outros indivíduos que encontraram alegria na adversidade, incluindo Moreese Bickham, um afro-americano que foi condenado, de maneira duvidosa, por assassinar dois policiais brancos, passando 37 anos na prisão. Quando foi solto, Bickham declarou: "Não lamento nem por um minuto. Foi uma experiência gloriosa".[30] Mais uma vez, Gilbert não menciona o fato de que Bickham foi sustentado por sua fé cristã ou de que ele agradeceu a Deus pelo dano que sofreu antes mesmo de ser preso: "Nunca tive um relacionamento pessoal com [Deus]", ponderou Bickham, "até

[29] Dan Gilbert, "The surprising science of happiness", TED2004 [vídeo], fev. 2004, disponível em: https://www.ted.com/talks/dan_gilbert_asks_why_are_we_happy. A citação vem de Simon Wilken, ed., *The works of Sir Thomas Browne: Pseudodoxia Epidemica*, livros 5-7, *Religio Medici* (London: Henry G. Bowen, 1852), p. 444.

[30] Citado por Kevin Sack, "After 37 years, inmate tastes freedom", *New York Times*, 11 jan. 1996, disponível em: http://www.nytimes.com/1996/01/11/us/after-37-years-in-prison-inmate-tastes-freedom.html.

eu me encontrar à beira da morte com uma bala cravada no alto da minha cabeça".[31]

A habilidade de sintetizar a felicidade não é restrita aos seguidores de Jesus. O budismo dedica muita atenção a ajudar as pessoas a manterem a paz interior diante da adversidade. Também há práticas judaicas e muçulmanas que se ancoram no bem-estar interior. Mas há uma notável correspondência entre o sistema imune psicológico que Gilbert descreve e o chamado bíblico ao contentamento.

Ser grato é bom para nós

A possibilidade de se contentar em todas as circunstâncias se relaciona com outra ética bíblica contraintuitiva. Paulo ordena aos cristãos: "Alegrem-se sempre. Orem continuamente. Deem graças em todas as circunstâncias" (1Tessalonicenses 5:16). Isso soa irrealista, até mesmo insensível. Paulo, porém, não estava escrevendo de uma confortável poltrona, mas, sim, com base em experiências profundas de sofrimento: espancamentos, naufrágio, rejeição, doença e a perspectiva de ser executado. Além disso, os psicólogos de hoje têm descoberto que a gratidão diária e consciente faz muito bem à pessoa. Em experiências comparativas, aqueles que mantinham diários de gratidão com regularidade semanal se exercitavam mais, relatavam menos sintomas de adoecimento físico, sentiam-se melhores a respeito de sua vida e eram mais otimistas com a semana seguinte do que aqueles que registravam aborrecimentos ou eventos neutros.[32] O professor de psicologia Robert Emmons chama a gratidão de "o fator esquecido no estudo da felicidade".[33]

---

[31] Citado em "Former death row prisoner Moreese Bickham dies at 98: he served 37 years for killing klansmen cops", *Democracy Now*, 5 maio 2016, disponível em: https://www.democracynow.org/2016/5/5/former_death_row_prisoner_moreese_bickham.

[32] Cf., p. ex., Robert A. Emmons e Michael E. McCullough, "Counting blessings versus burdens: an experimental investigation of gratitude and subjective well-being in daily life", *Journal of Personality and Social Psychology* 84, no 2 (fev. 2003), p. 377-89.

[33] Para uma introdução acadêmica à área, cf. Robert A. Emmons e Michael E. McCullough, eds., *The psychology of gratitude: studies in affective science* (Oxford: Oxford University Press, 2014).

A gratidão está cravada no coração do cristianismo. Os cristãos acreditam não apenas que Deus nos criou e todas as boas coisas que temos, mas também que nos oferece salvação como um dom gratuito, conquistado para nós pela morte de Jesus em nosso lugar. Para o cristão, portanto, agradecer não é apenas uma técnica positiva; é uma disposição profunda ao Deus doador de vida e salvador.

Domínio próprio e perseverança ajudam a nos desenvolver

Boa parte da cultura contemporânea gira em torno de gratificação instantânea. Os cristãos, no entanto, são chamados a viver uma vida marcada pela prolongada resistência e pelo custoso domínio próprio. Por exemplo, o apóstolo Pedro exortou seus leitores: "Por isso mesmo, empenhem-se para acrescentar à sua fé a virtude; à virtude, o conhecimento; ao conhecimento, o domínio próprio; ao domínio próprio, a perseverança; à perseverança, a piedade; à piedade, a fraternidade; e, à fraternidade, o amor" (2Pedro 1:5-7). Jesus chamou a vida cristã de caminho "estreito" (Mateus 7:14), e muitos textos bíblicos a caracterizam como uma corrida que devemos correr com resistência e paixão. Por exemplo, o autor de Hebreus exorta: "[...] corramos com perseverança a corrida que nos é proposta, tendo os olhos fitos em Jesus, autor e consumador da nossa fé. Ele, pela alegria que lhe fora proposta, suportou a cruz" (Hebreus 12:1-2).

Uma vez mais, a Bíblia julga muito bem a condição humana. Por menos glamorosos que sejam, perseverança e domínio próprio parecem ser os principais indicadores de desenvolvimento em uma variedade de índices.[34] De fato, a psicóloga Angela Duckworth sugere que a intensidade da *garra*, que ela define como "paixão e

---

[34] Cf., p. ex., Angela Duckworth e James J. Gross, "Self-control and grit", *Current Directions in Psychological Science* 23, no 5 (2014), p. 319. Para saber mais sobre a importância da autorregulação emocional, cf., p. ex., Laurence D. Steinberg, *Age of opportunity: lessons from the new science of adolescence* (Boston: Mariner, 2015), p. 16.

perseverança para alcançar metas a longo prazo", pode prever mais o sucesso de um indivíduo que inteligência social, boa aparência, saúde ou QI.[35]

Perdoar é fundamental

Quando um dos discípulos de Jesus sugeriu um limite máximo para o perdão — "Até sete vezes?" —, Jesus respondeu: "Não até sete, mas até setenta vezes sete" (Mateus 18:21-22). E ensinou seus seguidores a orar: "Perdoa-nos os nossos pecados, pois também perdoamos a todos os que nos devem" (Lucas 11:4). E, enquanto estava sendo pregado na cruz, Jesus orou pelos soldados que o executavam: "Pai, perdoa-lhes, pois não sabem o que estão fazendo" (Lucas 23:34). Jesus fundamentou o perdão humano no perdão divino, argumentando que uma pessoa perdoada também *deve* perdoar. Novamente, isso acaba sendo bom para nós. O ato de perdoar — em especial perdoar independentemente das atitudes de quem nos ofende — tem sido relacionado a vários resultados positivos para a saúde física e mental.[36]

No Novo Testamento, a ética do perdão anda lado a lado com o mandamento para não buscar vingança. Mas isso não significa, em última análise, abandonar a busca de justiça. Antes, trata-se do reconhecimento de que a justiça definitiva encontra-se tão somente nas mãos de Deus. É ordenado aos cristãos que protejam os fracos e vulneráveis, mas que não busquem justiça própria e reparação. Ao contrário, os cristãos devem perdoar da mesma forma que eles mesmos foram perdoados.

Como essas linhas contraintuitivas da sabedoria bíblica se entrelaçam no tecido da vida?

---

[35] Duckworth, *Grit*, p. 149.

[36] Para levantamentos de pesquisa, cf. Loren L. Toussaint, Amy D. Owen e Alyssa Cheadle, "Forgive to live: forgiveness, health, and longevity", *Journal of Behavioral Medicine* 35, no 4 (2012), p. 375-86; Loren L Toussaint, Everett L. Worthington e David R. Williams, eds., *Forgiveness and health: scientific evidence and theories relating forgiveness to better health* (Dordrecht: Springer, 2015).

VOCÊ PREFERE SER BOB OU MARY?

Em 2006, o mesmo ano em que Richard Dawkins publicou *Deus: um delírio*, o psicólogo ateu Jonathan Haidt publicou *A hipótese da felicidade: encontrando a verdade moderna na sabedoria antiga*. Em um dos momentos mais marcantes do livro, Haidt esboça dois perfis. Primeiro, conhecemos Bob: "Bob tem 35 anos, é solteiro, branco, atraente e atlético. Ele ganha US$ 100 mil por ano e mora no ensolarado sul da Califórnia. Ele é extremamente intelectualizado e passa seu tempo livre lendo e frequentando museus".[37]

Em seguida, encontramos Mary:

> Mary e seu marido moram em Buffalo, Nova York, onde ganham, juntos, uma renda de US$ 40 mil ao ano. Mary tem 65 anos, é negra, está acima do peso e é simples de aparência. Ela é muito sociável e passa seu tempo livre principalmente em atividades relacionadas à sua igreja. Ela tem-se submetido a diálise por causa de problemas renais.

Mary tem problemas de saúde, vive em relativa pobreza e, sem dúvida, suportou uma vida inteira de discriminação. Mas Haidt nos prepara uma surpresa: "Bob parece ter tudo, e poucos leitores deste livro prefeririam a vida de Mary à dele. No entanto, se você tivesse de apostar, devia apostar que Mary é mais feliz do que Bob". Haidt baseia seu diagnóstico em uma série de fatores, e o primeiro deles são as vantagens de Mary por ter um casamento estável e por causa de sua religião — os quais estão relacionados. Embora simplesmente identificar-se como cristão não reduza a possibilidade de um divórcio, frequentar regularmente a igreja parece ter um efeito protetivo relevante sobre o casamento.[38] A participação frequente na igreja e a recarga de bens psíquicos

---

[37] Haidt, *Happiness hypothesis*, p. 87.

[38] Para um resumo dessa pesquisa, cf. VanderWeele, "Religion and health", p. 368resultante disso

resultante disso fazem com que Mary consiga derrotar seu competidor mais privilegiado.

O que devemos fazer com esses dados que indicam que pessoas religiosas têm uma vantagem no que diz respeito à felicidade? O professor de psicologia Steven Pinker, da Universidade de Harvard, descarta isso com um gracejo de George Bernard Shaw: "O fato de um religioso ser mais feliz do que um cético é tão relevante quanto o fato de um homem bêbado ser mais feliz do que um sóbrio".[39] Mas é fácil sair dessa. Comparado aos sóbrios, quem bebe não é mais autocontrolado, nem mais propenso a cuidar dos outros, nem mais envolvido com o trabalho, tampouco tem mais chances de ser saudável e longevo ou de não se divorciar. É muito mais apropriada a metáfora do envolvimento religioso como um elixir para melhorar o bem-estar mental e físico.

PRECISAMOS DE ALGO MAIOR QUE NÓS MESMOS

Haidt resume nossas necessidades psicológicas básicas da seguinte forma: "Assim como as plantas precisam de sol, água e boa terra para florescer, as pessoas precisam de amor, trabalho e conexão com algo maior".[40] Esse "algo maior" pode assumir várias formas, mas o senso de conexão com Deus é a forma mais visceral. E esse tipo de conexão é difícil de se produzir. Podemos nos comprometer com uma ideologia política ou com uma causa ética, como buscar justiça racial ou fazer campanha contra violações aos direitos humanos. Essas coisas são boas em si mesmas e certamente trarão sentido à nossa vida. Mas, como veremos no capítulo 4, quando examinamos os fundamentos históricos e filosóficos de muitos de nossos compromissos éticos mais profundos, tropeçamos novamente no cristianismo.

---

[39] Steven Pinker, *Enlightenment now: the case for reason, science, humanism, and progress* (New York: Penguin, 2018), p. 287. [No Brasil: *O novo iluminismo: em defesa da razão, da ciência e do humanismo* (São Paulo: Companhia das Letras, 2018).]

[40] Haidt, *Happiness hypothesis*, p. 222.

E AGORA?

Começamos este capítulo imaginando se simplesmente estaríamos melhor sem religião. Meus colegas de Cambridge certamente imaginavam que sim. Mas, ainda que seja impossível explorar todos os dados relevantes, há evidências convincentes de que muitos bens individuais e sociais provêm do envolvimento religioso e de que o cristianismo em particular está bem alinhado com as descobertas da psicologia contemporânea.

Esse alinhamento prova que o cristianismo é verdadeiro? Certamente não! Em vez disso, levanta uma centena de questões — questões que os capítulos seguintes vão explorar. Mas os efeitos positivos do envolvimento religioso em nossa saúde física e mental devem nos fazer pensar antes de sairmos comprando a alegação de que a religião envenena tudo. Tyler VanderWeele, professor de Harvard e especialista mundialmente reconhecido em benefícios mentais e físicos do envolvimento religioso, acredita que o cristianismo oferece a melhor estrutura para entender os diferentes aspectos da realidade.[41] Ele sugere que "qualquer pessoa instruída deveria, em algum momento, examinar de forma crítica as alegações em favor do cristianismo e ser capaz de explicar por que acredita, ou não, nelas".

Não importa aquilo em que atualmente acreditamos, todos devemos colocar o cristianismo à prova: o sistema de crenças mais difundido no mundo, que deixou rastros intelectuais por toda parte, e que tem um tesouro de sabedoria contraintuitiva sobre como os seres humanos devem se desenvolver. Então comecemos.

---

[41] Para mais ideias do professor VanderWeele, cf. Tyler VanderWeele, "Evidence, knowledge and science: how does christianity measure up", *The Veritas Forum*, 12 fev. 2016, disponível em: http://www.veritas.org/how-does-christianity-measure-up/.

CAPÍTULO **DOIS**

O CRISTIANISMO NÃO ACABA COM A DIVERSIDADE?

SENGANGLU THAIMEI (para os amigos, Sengmei) é uma personagem para um artigo do *New York Times* que espera ser escrito. Nascida na tribo Rongmei, no extremo nordeste da Índia, ela é professora de literatura inglesa na Universidade de Déli e escreve contos que reimaginam as histórias tradicionais de sua tribo sob a perspectiva de mulheres marginalizadas. Com essa reelaboração subversiva das narrativas tribais, a professora Thaimei está profundamente empenhada em preservar a cultura tribal. E tal preservação é necessária. Como as outras tribos nagas, os rongmeis foram alcançados por missionários ocidentais no início do século 19. Hoje, mais de 80% da tribo é cristã, e as tradições tribais estão em declínio.

Para muitos, a ideia de que o cristianismo é uma religião ocidental branca, intrinsecamente vinculada ao imperialismo cultural, representa uma grande barreira ética para crer em Cristo. Celebramos a diversidade e lamentamos como a religião tem sido usada pelos ocidentais para destruir as culturas nativas.

Quando conheci Sengmei em junho de 2016, minha "culpa branca" entrou imediatamente em ação. Eu conhecia a história do imperialismo britânico na Índia, mas não sabia nada sobre as tribos nagas; e, se você está à procura de um clichê envolvendo atividade missionária, não há nada mais doloroso do que batistas norte-americanos brancos pregando para comunidades tribais remotas de caçadores de cabeças!

Contudo, a trajetória pessoal de Sengmei complica a situação. Criada por pais não religiosos, ela começou a seguir Jesus quando era uma adolescente, depois que um amigo rongmei a levou à igreja. Hoje, Sengmei é casada com um homem de uma tribo aparentada (os liangmais), que pastoreia uma igreja multiétnica e multicultural em Nova Déli, e sua paixão por literatura é superada apenas por sua paixão por compartilhar a fé.

A história de Sengmei ilustra uma verdade desconfortável: algumas das pessoas mais afetadas pelos erros dos cristãos ocidentais também estão entre os mais ardentes defensores do cristianismo bíblico. Na verdade, Sengmei me alertou para não dar muito crédito aos missionários ocidentais pela cristianização das tribos nagas. Os ocidentais viram apenas um punhado de convertidos — e foram eles que, efetivamente, evangelizaram suas tribos. (O povo rongmei foi alcançado mais tarde do que as outras tribos nagas, por missionários kukis.) Embora Sengmei lamente como a cultura ocidental veio embalada com o cristianismo, ela também tem clareza acerca dos efeitos positivos da cristianização, particularmente sobre a condição das mulheres da tribo.

Eu visitei a Índia para me encontrar com doze acadêmicos cristãos. Dez vieram de tribos nagas e representavam sete línguas locais diferentes. Embora não sejam incluídos no sistema de castas, os indianos tribais muitas vezes enfrentam discriminação racial, e o fato de a maioria ser cristã aumenta sua alienação em um país dominado pelo hinduísmo. Mas meus novos amigos estavam ansiosos para acabar com o equívoco de que o cristianismo é inerentemente ocidental. Como disse o professor de antropologia cultural e um orgulhoso membro da tribo naga, Kanato Chophi, "nós devemos abandonar essa ideia absurda de que o cristianismo é uma religião ocidental".

ALFABETIZAÇÃO É ALGO OCIDENTAL?

Talvez uma analogia ajude. Não é que não haja conexão entre o cristianismo e a cultura ocidental. O cristianismo dominou a Europa durante séculos. Muitos artefatos culturais produzidos no Ocidente — pinturas, peças de teatro, poemas e palácios — estão impregnados de ideias cristãs.

No entanto, se o cristianismo deteve o monopólio da cultura ocidental, a cultura ocidental nunca deteve o monopólio do cristianismo. De fato, chamar o cristianismo de "ocidental" é como chamar a alfabetização de "ocidental". Sem dúvida, a cultura ocidental foi moldada pela alfabetização, e os ocidentais têm procurado impor a alfabetização a outras pessoas — muitas vezes em detrimento de modos de vida tradicionais. Mas há pelo menos três razões pelas quais ninguém, em sã consciência, afirmaria que a alfabetização é inerentemente ocidental: primeiro, a alfabetização não teve origem no Ocidente; segundo, a maioria das pessoas alfabetizadas hoje não é ocidental; terceiro, é francamente ofensivo para a maior parte das pessoas no mundo sugerir que elas são alfabetizadas apenas por apropriação. As mesmas razões tornam indefensável a afirmação de que o cristianismo é uma religião ocidental. Além do mais, a própria Bíblia rejeita essa alegação.

A ÉTICA BÍBLICA DA DIVERSIDADE

Ao contrário das concepções populares, desde o início o movimento cristão foi multicultural e multiétnico. Jesus escandalizou seus companheiros judeus ao ultrapassar fronteiras raciais e culturais. Por exemplo, sua famosa parábola do bom samaritano chocou seus primeiros ouvintes porque ele escolheu um samaritano — membro de um odiado grupo étnico-religioso — como exemplo moral. O equivalente de hoje seria contar a um cristão branco, criado com pressuposições racistas e não bíblicas, uma história em que o herói é um muçulmano negro. Da mesma forma, o Evangelho de João registra a conversa de Jesus, à beira de um poço, com uma mulher samaritana, que mudou a vida dela. Judeus não se associavam a samaritanos — muito menos um rabino judeu a uma mulher samaritana moralmente comprometida! Mas Jesus não se importava com isso. Ou melhor, ele se importava profundamente com essa estrangeira marginalizada, religiosa e sexualmente suspeita.

A diversidade do movimento cristão iniciado por Jesus pegou fogo depois de sua ressurreição. Antes de deixá-los para retornar ao Pai, Jesus ordenou aos discípulos judeus: "Vão e façam discípulos de todas as nações" (Mateus 28:19); e no livro de Atos, que registra a primeira onda do cristianismo, o Espírito de Deus os capacitou a proclamar a mensagem de Jesus em diferentes idiomas. Aqueles que ouviram eram "de todas as nações debaixo do céu", incluindo pessoas dos atuais Irã, Iraque, Turquia, Egito e Itália (Atos 2:5-11).[1] Além disso, o apóstolo Paulo, um *superjudeu*, cuja missão era alcançar o mundo não judaico, derrubou as barreiras sociais de sua época. Ele escreveu à igreja em Colossos: "Nessa nova vida já não há diferença entre grego e judeu, circunciso e incircunciso, bárbaro e cita, escravo e livre, mas Cristo é tudo e está em todos" (Colossenses 3:11);[2] e aos gálatas: "Não há judeu nem grego, escravo nem livre, homem nem mulher; pois todos são um em Cristo Jesus" (Gálatas 3:28).

A diversidade socioeconômica também foi uma ética central desde o começo. Jesus fez do amor aos pobres o centro de seu ensino e de seu ministério, e seu irmão Tiago ordenou aos cristãos que, quando se reunissem, não tratassem os ricos melhor do que os pobres. "Mas se tratarem os outros com favoritismo", advertiu

[1] Partos (persas), medos (iranianos) e elamitas (iranianos); residentes da Mesopotâmia (Iraque), Capadócia (Turquia), Ponto (Turquia), Ásia e Frígia (Turquia); egípcios e romanos.

[2] Os citas um povo de uma região localizada no atual Irã.

ele, "estarão cometendo pecado e serão condenados pela Lei como transgressores" (Tiago 2:9). No capítulo 9, exploraremos a linguagem radicalmente próxima usada para descrever a igreja, unindo, em profunda comunhão, pessoas de diferentes raças, condições sociais e origens. A ideia de que o cristianismo é uma religião ocidental, cheia de privilégios brancos, e avessa à diversidade é totalmente inconciliável com o Novo Testamento.

O PRIMEIRO CRISTÃO AFRICANO

É um equívoco comum pensar que o cristianismo chegou à África pela primeira vez por meio de missionários brancos, na era colonial. Mas, no Novo Testamento, encontramos um africano extremamente educado, que se tornou um seguidor de Jesus séculos antes de o cristianismo ingressar na Grã-Bretanha ou nos Estados Unidos. Em Atos 8, Deus direciona o apóstolo Filipe à carruagem de um eunuco etíope. O homem era "um oficial importante, encarregado de todos os tesouros de Candace, rainha dos etíopes" (Atos 8:27). Ouvindo o etíope ler o livro de Isaías, Filipe lhe explica que Isaías profetizava sobre Jesus. Então, o etíope imediatamente abraça Cristo e pede para ser batizado (Atos 8:26-40). Essa história está inserida entre a primeira ocasião em que o apóstolo Paulo é mencionado e sua dramática conversão na estrada para Damasco. Ambas as histórias se destacam por serem obviamente orquestradas por Deus.

Não temos registros de como as pessoas reagiram quando esse oficial etíope, já em sua terra, trouxe a mensagem de Jesus à corte da rainha Candace. Mas sabemos que, no século 4, dois irmãos escravos precipitaram a cristianização da Etiópia e da Eritreia, o que levou à fundação do segundo Estado oficialmente cristão do mundo, meio século antes da cristianização de Roma.[3]

[3] Cf. Semere T. Habtemariam, "Two slave brothers birthed Africa's oldest state church", *Christianity Today*, 17 maio 2018, disponível em: https://www.christianitytoday.com/history/2018/may/africa-christianity-axum-empire-ethiopian-orthodox-tewahedo.html.

Também sabemos que o cristianismo fincou raízes no Egito ainda no primeiro século e se espalhou, no século 2, em direção à Tunísia, ao Sudão e a outras partes do continente africano. Além disso, a África deu à luz muitos pais da igreja, incluindo um dos teólogos mais influentes da história cristã: Agostinho de Hipona, no século 4. Hoje, embora a maior parte do norte da África seja dominada pelo islã, mais de 60% da população da África Subsaariana se identifica como cristã. Em 2050, essa parte do mundo poderá ser o lar de 40% daqueles que se autodenominam cristãos.[4] Tenho uma amostra disso em minha própria comunidade: quase metade das crianças do grupo cristão na escola pública primária na qual estudam minhas filhas são imigrantes africanos de primeira geração, a maioria da Etiópia e da Eritreia.

MEU COMPANHEIRO DE VOO

Estou voando enquanto escrevo. Sentado do meu lado, está um menino ganense de 12 anos, usando três pulseiras. Uma o identifica como menor desacompanhado. A outra diz: "Compromisso com a Bondade". E a terceira diz: "Caminhando com Jesus". Meu novo amigo mora nos Estados Unidos há um ano e frequenta uma igreja presbiteriana ganense. Ele me conta que há *muitos* cristãos na África, mas menos nos Estados Unidos, porque os norte-americanos acreditam em diversidade. Saliento que — ao contrário do que se acredita popularmente — o cristianismo é o sistema de crenças mais diverso da história, do ponto de vista étnico, cultural, socioeconômico e racial. Um bom exemplo disso é o fato de eu e meu amigo estarmos unidos pelo cristianismo, independentemente de idade, sexo, raça, cultura ou país de origem!

---

[4] Cf. Pew Research Center, "The future of world religions: population growth projections, 2015-2050", 2 abr. 2015, disponível em: http://www.pewforum.org/2015/04/02/religious-projections-2010-2050/.

ORIENTE MÉDIO: LAR DAS IGREJAS MAIS ANTIGAS, MAIS PERSEGUIDAS E DE MAIOR CRESCIMENTO NO MUNDO

Séculos de arte ocidental retratando um Jesus de pele clara nos levam a esquecer que o cristianismo veio do Oriente Médio. Os seguidores de Jesus foram chamados pela primeira vez de "cristãos" em Antioquia, cujas ruínas estão na atual Turquia. Hoje, essa região tem uma das menores proporções de cristãos. Mas o que lhes falta em número os cristãos do Oriente Médio, eles compensam em história.

O Iraque é o lar de uma das mais antigas comunidades cristãs contínuas do mundo — igrejas fundadas séculos antes do surgimento do islã. A rápida dizimação dessas antigas comunidades de fé é trágica. Em 1987, a população cristã do Iraque foi estimada em 1,4 milhão (cerca de 8% do total). Após a Guerra do Golfo, esse número caiu drasticamente. E, desde a ascensão do Estado Islâmico, alguns dos mais antigos assentamentos cristãos foram totalmente esvaziados em decorrência da perseguição. Se continuarmos a acreditar que o cristianismo é uma religião ocidental, não teremos como categorizar conceitualmente o que está acontecendo hoje, enquanto algumas das comunidades cristãs mais antigas do mundo estão sendo eliminadas.[5]

Contudo, a história da igreja do Oriente Médio não é apenas de retrocessos. Em 1979, havia cerca de quinhentos cristãos de origem muçulmana no Irã. Um ano depois, a Revolução Iraniana transformou um país de maioria muçulmana relativamente tolerante em um regime opressor. As mulheres foram privadas de direitos que antes desfrutavam, imãs extremistas se agarraram ao poder, e execuções públicas tornaram-se comuns. Isso levou a muita desilusão

[5] Cf. Peter Feaver e Will Inboden, "We are witnessing the elimination of Christian communities in Iraq and Syria", *Foreign Policy*, 6 set. 2017, disponível em: https://foreignpolicy.com/2017/09/06/we-are-witnessing-the-elimination-of-christian-communities-in-iraq-and-syria/.

religiosa entre os iranianos. Inúmeras pessoas buscaram refúgio no cristianismo, e hoje existem centenas de milhares de cristãos no Irã. Brotando de uma pequenina semente, a igreja iraniana é o movimento cristão que mais cresce no mundo.[6]

O CRISTIANISMO PERTENCE À ÍNDIA?

Se o cristianismo é a mais etnicamente diversificada entre as grandes religiões mundiais, o hinduísmo é a menos.[7] A Índia é o lar (ancestral) da maioria quase absoluta dos hindus.[8] Os muçulmanos formam a maior minoria religiosa, representando 14% dos indianos, enquanto os 26 milhões de cristãos na Índia correspondem a pouco mais de 2%.[9] Diante disso, o cristianismo realmente pertence à Índia?

O atual governo hindu nacionalista diria que não. Em parte, como reação à história da colonização por cristãos e muçulmanos, o governo tem buscado equacionar ser indiano e ser hindu. A história da dominação imperial britânica levou muitos a tomarem o cristianismo como sinônimo da cultura ocidental.

No entanto, a herança cristã da Índia é antiga. A igreja no sul da Índia reivindica uma linhagem que remonta ao primeiro século, quando, acredita-se, o apóstolo Tomé levou o evangelho para o país. Embora seja impossível verificar esse fato, o historiador Robert Eric Frykenberg conclui: "Parece certo que havia comunidades cristãs bem estabelecidas no sul da Índia não muito tempo depois dos

---

[6] Mark Howard, "The story of Iran's Church in two sentences", *The Gospel Coalition*, 30 jul. 2016, disponível em: https://www.thegospelcoalition.org/article/the-story-of-the-irans-church-in-two-sentences/. [No Brasil: "A história da igreja do Irã em duas frases", *Coalização pelo Evangelho*, 20 jun. 2017, disponível em: https://coalizaopeloevangelho.org/article/a-historia-da-igreja-do-irae-em-duas-frases/.]

[7] Cf. Pew Research Center, "The global religious landscape", 18 dez. 2012, disponível em: http://www.pewresearch.org/religion/2012/12/18/global-religious-landscape-exec/ .

[8] Os outros países de maioria hindu no mundo são o Nepal, que faz fronteira com a Índia, e a pequena nação insular de Maurício, no oceano Índico.

[9] Secretaria de Registro Geral e Comissão Censitária da Índia, "Census of India—India at a glance: religious compositions", disponível em: http://www.censusindia.gov.in/2011census/C-01.html, acesso em: 14 set. 2018.

séculos 3 e 4, e talvez muito antes".[10] Assim, o cristianismo lançou raízes na Índia séculos antes da cristianização da Grã-Bretanha.

Um dos pontos de tensão entre hinduísmo e cristianismo é justamente a questão da diversidade. O sistema tradicional de castas hindu categoriza as pessoas de acordo com um *status* social prescrito, vinculando isso à crença em Brahma, o deus hindu da criação. Acredita-se que os brâmanes (principalmente, sacerdotes e intelectuais) vieram da cabeça de Brahma; xátrias (a classe guerreira), de seus braços; vaixás (comerciantes), de suas pernas; e sudras (trabalhadores braçais), dos pés de Brahma. Mas também havia um grupo abaixo dos sudras: os dálites, ou intocáveis.

Em *Ants among elephants: an untouchable family and the making of modern India* [Formigas entre elefantes: uma família intocável e a formação da Índia moderna], Sujatha Gidla explica:

> Os intocáveis, cujo papel especial [...] é labutar em campos alheios ou executar trabalhos que a sociedade hindu considera imundos, não têm permissão para viver na aldeia. [...] Eles não podem entrar nos templos. Não lhes é permitido chegar perto de fontes de água potável usadas por outras castas. Estão proibidos de comer sentados ao lado de uma casta hindu ou usar os mesmos utensílios.

Gidla faz referência a milhares de outras "restrições e indignidades". O sistema de castas não é mais endossado oficialmente, e o atual presidente da Índia vem de uma família dálite.[11] Mas seus vestígios permanecem. "Todos os dias, em um jornal indiano", escreve Gidla, "você pode ler sobre algum intocável que foi espancado ou morto por usar sandálias [ou] andar de bicicleta".[12]

---

[10] Robert Eric Frykenberg, *Christianity in India: from beginnings to the present* (Oxford: Oxford University Press, 2010), p. 115.

[11] N.E.: A autora refere-se a Ram Nath Kovind, que governou a Índia de 2017 a 2022.

[12] Sujatha Gidla, *Ants among elephants: an untouchable family and the making of modern India* (New York: Farrar, Straus and Giroux, 2017), p. 4.

A Bíblia, ao contrário, insiste no fato de que todos os seres humanos têm o mesmo valor e a mesma dignidade. As primeiras igrejas uniram classes altas e baixas, ricos e pobres, escravizados e senhores, e pessoas de diferentes origens raciais, em uma comunhão desconfortável, que destruía barreiras. Tragicamente, muitas sociedades de maioria cristã falharam em cumprir essa promessa, recriando a estratificação, que rebaixa alguns e exalta outros. O tratamento dispensado aos intocáveis na Índia lembra, dolorosamente, a história negra nos Estados Unidos. Mas, como exploraremos mais adiante neste livro, segregação e estratificação racial não têm fundamento no cristianismo; na verdade, são particularmente condenadas por ele.

Dado esse contexto, talvez não seja surpreendente constatar que um número desproporcional de cristãos na Índia venha da classe dos intocáveis. Se o sistema de crença dominante dá pouco valor à sua vida, torna-se atraente uma fé que o eleva a ser um filho de Deus pelo qual vale a pena morrer. Madre Teresa exemplificou isso cuidando dos rejeitados da sociedade indiana. Ela descreveu seu ministério em Calcutá como um encontro com Jesus "no angustiante disfarce dos pobres", uma referência à contundente parábola de Jesus sobre as ovelhas e os bodes.[13] Mas, embora seu trabalho seja geralmente celebrado na Índia, o impacto do domínio colonial e a insensibilidade de muitos missionários ocidentais deixaram cicatrizes profundas por lá. Supõe-se que Gandhi tenha dito: "Gosto do seu Cristo. Não gosto dos seus cristãos. Seus cristãos são muito diferentes do seu Cristo". A mentalidade que combina cristianismo com domínio cultural ocidental não pertence à Índia. Mas o cristianismo bíblico, que estabelece uma base para a igualdade humana e o amor além das diferenças, certamente sim.

---

[13] Madre Teresa, in: Becky Benenate, ed., *In the heart of the world: thoughts, stories and prayers* (Novato, CA: New World Library, 1997), p. 23. [No Brasil: *No coração do mundo* (Rio de Janeiro: Ediouro, 1998).]

LINDAS VACAS!

Embora seguir Cristo em um país de maioria hindu apresente desafios, a conexão com uma cultura tão antiga pode ajudar na compreensão dos textos bíblicos.

Isso me ocorreu em uma conversa com uma amiga nepalesa, de origem hindu, na igreja. Perguntei a ela o que seu nome — Deepa — significa. Ela respondeu "Luz" e devolveu a pergunta. Disse a ela minha frase de sempre, que sempre provoca risos: "Rebecca tem três significados: boa esposa, alguém de beleza encantadora e vaca". Mas a resposta de Deepa me pegou de surpresa: "Uma vaca! Que adorável!". Expliquei a ela que no Ocidente chamar uma mulher de vaca não é um elogio! E ela me explicou que no Nepal as vacas são reverenciadas. Ou seja, mesmo quando se tratava de entender meu próprio nome de origem bíblica, eu estava em desvantagem cultural.

Se eu quiser apreciar a tessitura das Escrituras, preciso ouvir irmãos e irmãs que cresceram em culturas mais próximas daquela do antigo Oriente Médio do que a minha. Toda cultura tem seus pontos cegos. A diversidade nos ajuda a enxergar.

CHINA: A MAIOR NAÇÃO CRISTÃ DO MUNDO?

Embora a história da igreja na China provavelmente não recue no tempo tanto quanto a do Egito, da Índia ou do Iraque, há vestígios do cristianismo na região desde o século 8 d.C.[14] Durante a maior parte dos 1.200 anos desde então, o cristianismo não havia realmente conquistado qualquer base. Isto é, até bem recentemente. Hoje, apesar das frequentes repressões do governo, a igreja na China está crescendo de uma forma que quase ninguém

[14] Um monumento nestoriano, datado de 781, foi descoberto perto de Xian, Shaanxi, em 1623. Cf. Kathleen L. Lodwick, *How Christianity came to China: a brief history* (Minneapolis: Fortress, 2016), p. 2.

poderia prever. Digo *quase* ninguém porque, em certo sentido, um missionário ocidental enviado à China previu isso.

James Hudson Taylor morreu em Changsha, em 1905, cinquenta anos depois de pisar pela primeira vez em Xangai. Ao contrário de muitos outros missionários de sua época, Taylor se recusou a combinar cristianismo com cultura ocidental. Ele usava roupas chinesas, deixou crescer um rabo de cavalo (como era o costume dos homens chineses) e renunciou aos confortos ocidentais. Taylor tinha um profundo amor pelas pessoas a quem servia. Ele tinha formação médica e atendia regularmente duzentos pacientes por dia. Afirmou: "Descobri que existem três estágios em toda a grande obra de Deus: primeiro, é impossível; depois, é difícil; então, está feito".[15]

Taylor viveu entre os estágios um e dois da conversão do país que ele amava. Hoje parece que estamos vivendo entre os estágios dois e três. É difícil obter dados precisos sobre o número de cristãos na China. Por causa da perseguição do governo, muitos adoram em "igrejas domésticas" não oficiais. Mas, como observado em minha introdução, algumas estimativas conservadoras de 2010 apontam que os cristãos chineses são mais de 68 milhões, e que o número de protestantes chineses cresceu em média 10% ao ano desde 1979. Especialistas como Fenggang Yang preveem que haverá mais cristãos na China do que nos Estados Unidos em 2030 e que a China pode ser um país de maioria cristã em 2050.[16] Claro, há muita incerteza. A resistência do governo ao cristianismo parece estar aumentando. Mas, se a China mudar de comunista para cristã nos próximos trinta anos, as consequências para a política global podem ser imensas.

---

[15] Apud Leslie T. Lyall, *A passion for the impossible: the continuing story of the mission Hudson Taylor began* (London: OMF, 1965), p. 5.

[16] Antonia Blumberg. "China on track to become world's largest Christian country by 2025, experts say", *Huffpost*, 22 abr. 2014, disponível em: https://www.huffingtonpost.com/2014/04/22/china-largest-christian-country_n_5191910.html. Para um comentário sobre isso, cf. Jamil Anderlini, "The rise of Christianity in China", *Financial Times*, 7 nov. 2014, disponível em: https://www.ft.com/content/a6d2a690-6545-11e4-91b1-00144feabdco.

O INCIDENTE NO PARQUE

Quando minha primeira filha tinha 4 anos, estávamos brincando na areia do parque local. Uma mulher mais velha, falante de chinês, estava lá com seu neto. Minha filha perguntou seu nome e de onde ela vinha — depois se ela cria em Jesus. Eu me encolhi. A mulher respondeu: "Perdão, mas não entendi". Minha filha repetiu a pergunta: "Você crê em Jesus?". Orei pedindo que o chão se abrisse para me engolir. Então, com uma voz quase inaudível, expliquei que éramos cristãs e que às vezes minha filha gostava de perguntar se outras pessoas também criam em Jesus. A mulher respondeu: "Ah, se eu creio em Jesus? Sim! Creio! É a coisa mais importante do mundo! Estou tão feliz que vocês também creem!".

Olhei para uma mulher falante de chinês, mais velha, e presumi que ela não fosse cristã. Ela olhou para uma mulher branca, britânica e mais jovem, e presumiu o mesmo. Nós duas estávamos erradas.

FLUXO INVERSO

O zelo missionário de muitos cristãos asiáticos pode ser desconcertante para os ocidentais. Quando uma amiga minha do ensino médio se mudou para a Coreia do Sul para ensinar, suas postagens do Facebook eram salpicadas de queixas bem-humoradas sobre os habitantes locais tentando convertê-la. Amigos a convidavam para ir à igreja. Estranhos a abordavam na rua para lhe falar de Jesus. E (minha história favorita), viajando de trem, seu espaço pessoal foi invadido quando alguém enfiou um fone em seu ouvido para que ela pudesse ouvir um sermão. Ela queria dormir até tarde nas manhãs de domingo. Será que eles não poderiam deixar em paz uma simpática garota branca, ocidental e pós-cristã?

A experiência da minha amiga ilustra a necessidade de atualização do nosso imaginário, enraizada em uma mudança genuína de mentalidade. Muitos de nós associamos o cristianismo ao imperialismo ocidental branco. Existem razões para isso — algumas razões, inclusive, bastante feias e lamentáveis. Mas a maioria dos cristãos do mundo não é branca nem ocidental, e o cristianismo está ficando menos ocidental e menos branco a cada dia. Isso se deve, em parte, às atividades missionárias de não ocidentais. Por exemplo, apesar de sua pequena população e de os cristãos serem minoria (29%), a Coreia do Sul exporta o segundo maior número de missionários de qualquer país do mundo.[17] Como observou o professor de Direito da Universidade de Yale, e um dos principais intelectuais públicos negros, Stephen Carter, há "uma dificuldade endêmica para a esquerda secular de hoje: uma estranha recusa, mas muito frequente, de reconhecer a demografia do cristianismo". Carter aponta que, nos EUA, as mulheres negras são, de longe, o grupo demográfico mais cristão e, "em todo o mundo, as pessoas com maior probabilidade de serem cristãs são mulheres não brancas". Assim, ele adverte: "Quando você zomba dos cristãos, não está zombando de quem você imagina ser o alvo".[18] Aqueles de nós que cresceram no Ocidente devem aceitar o fato de que nossa cultura não é dona do cristianismo. Na verdade, muito pelo contrário.

Tive minha primeira experiência com esse fluxo inverso aos 16 anos. Eu tinha ido com o grupo de jovens da minha igreja para servir em um orfanato na Romênia. No domingo, prestamos culto em uma pequena igreja doméstica. A garota que liderava o louvor era da minha idade. Eu cresci em Londres, mas ela foi criada sob o comunismo, em uma fazenda da região rural da Romênia. Quando ela entrou na sala, com o violão pendurado no ombro, me abraçou e exclamou: "Irmã! Estou tão feliz que haja cristãos até mesmo na Inglaterra!".

---

[17] Cf. "Over 27,000 Korean missionaries ministering worldwide, according to study", *Christianity Daily*, 8 jun. 2016, disponível em: http://www.christianitydaily.com/articles/8179/20160608/over-27-000-korean-missionaries-ministering-worldwide-according-study.htm.

[18] Stephen L. Carter, "The ugly coded critique of Chick-fil-A's Christianity", *Bloomberg*, 21 abr. 2018, disponível em: https://www.bloomberg.com/view/articles/2018-04-21/criticism-of-christians-and-chick-fil-a-has-troubling-roots.

E OS ESTADOS UNIDOS?

Quando me mudei para os Estados Unidos e descobri que muitas pessoas associam o cristianismo evangélico ao racismo, fiquei perplexa. O Novo Testamento é um dos textos mais enfaticamente antirracistas já escritos. A comunhão além de diferenças raciais e étnicas é tão intrínseca à mensagem de Jesus quanto o cuidado com os pobres. No entanto, existe uma associação dolorosa entre racismo e certa linhagem norte-americana de cristianismo que fecha os ouvidos às Escrituras e confunde nacionalismo branco com fé bíblica.

Em uma entrevista de 1960, Martin Luther King lamentou: "Acho que é uma das tragédias de nossa nação — uma das mais vergonhosas — que o domingo, às 11 horas da manhã, seja um dos momentos mais segregados da semana".[19] Na mesma entrevista, Luther King declarou: "Qualquer igreja que se oponha à integração e que tenha um corpo segregado está se posicionando contra o espírito e os ensinamentos de Jesus Cristo". Leia o Novo Testamento e descubra que tentar casar o cristianismo bíblico com o nacionalismo branco é como tentar casar um gato com um rato: um está destinado a caçar o outro, não a acasalar.

Hoje, muitas vezes as igrejas norte-americanas falham em viver à altura dos ideais bíblicos de diversidade, tanto pela falta de integração entre norte-americanos negros e brancos como por conceberem a imigração como uma erosão da identidade cristã nos Estados Unidos. Na verdade, o oposto é que é verdadeiro: a maioria dos imigrantes que chegam aos EUA são cristãos, e a taxa demográfica racial que está erodindo a base cristã dos Estados Unidos corresponde aos brancos. Não podemos permitir que uma ênfase não bíblica nos brancos venha a definir nossa visão do que é o cristianismo. Em um artigo do *New Yorker*, de 2017, sobre o futuro do evangelicalismo, o pastor nova-iorquino e autor *best-seller* Tim Keller escreve:

---

[19] Martin Luther King Jr., "Entrevista no *Meet the Press*", 17 abr. 1960.

> A grande energia das igrejas no sul e no oriente globais começou a se espalhar pelas cidades da América do Norte, onde um novo, e multiétnico, evangelicalismo cresce de forma constante. Missionários não ocidentais plantaram milhares de novas igrejas urbanas desde os anos 1970. Aqui, em Nova York, em Manhattan, tenho observado milhares de igrejas que, fundadas nos últimos quinze anos, são estritamente evangélicas segundo nossos critérios, das quais apenas uma minoria é branca.[20]

As igrejas norte-americanas têm muito a caminhar para viver à altura das promessas bíblicas. Mesmo assim, minhas manhãs de domingo sempre trazem uma rica experiência de diversidade. À minha esquerda, um estudante chinês do MIT. À direita, um doutorando nigeriano de Harvard. Atrás, uma mulher afro-americana com seu filho adolescente. Na frente, um operário branco, na casa dos 60. Nosso pastor é branco e tem olhos azuis; sua esposa é uma indígena norte-americana. Ontem à noite, meu grupo de estudo bíblico era composto de catorze pessoas, criadas em oito países diferentes, espalhados por quatro continentes. Geralmente é muito difícil estabelecer laços além das diferenças. Mas isso é tão inerente à comunidade cristã quanto cantar.

O MOVIMENTO MAIS DIVERSO DE TODA A HISTÓRIA

O fato de o cristianismo ter sido um movimento multicultural, multirracial e multiétnico desde os seus primórdios não desculpa o modo de os ocidentais abusarem da identidade cristã para esmagar outras culturas. Após a conversão de Constantino, imperador romano, no século 4, o cristianismo ocidental deixou de ser a fé de uma minoria perseguida para se vincular ao poder político de um

[20] Timothy Keller, "Can evangelicalism survive Donald Trump and Roy Moore?", *The New Yorker*, 19 dez. 2017, disponível em: https://www.newyorker.com/news/news-desk/can-evangelicalism-survive-donald-trump-and-roy-moore.

grande império, sendo o poder talvez a mais perigosa droga para a humanidade.

Entretanto, ironicamente, nosso costume de equacionar cristianismo e cultura ocidental traz em si mesmo um viés ocidental. O último livro da Bíblia traça um panorama do fim do mundo, quando "uma grande multidão que ninguém podia contar, de todas as nações, tribos, povos e línguas" adorarão Jesus (Ap 7:9). Essa é a visão multicultural de cristianismo desde o princípio. Apesar de todos os desvios cometidos pelos cristãos ocidentais nos últimos dois mil anos, quando olhamos para o crescimento global da igreja atual, não é loucura imaginar que aquela visão pode ser afinal alcançada. Assim, se você se importa com a diversidade, não ignore o cristianismo: trata-se do movimento mais diverso, multiétnico e multicultural da história.

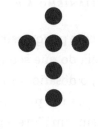

CAPÍTULO **TRÊS**

COMO VOCÊ PODE DIZER QUE SÓ HÁ UMA FÉ VERDADEIRA?

EM 2015, CONHECI UM PROFESSOR de ciências iraniano de uma renomada universidade. Perguntei-lhe como ele se tornara cristão.[1] Ele respondeu: "Pelo ministério de Johann Sebastian Bach!". Esse meu novo amigo havia crescido em uma família muçulmana. Mas, quando a Revolução Iraniana varreu o país, em 1980, ele deixou a fé de sua família. Além de se dedicar aos estudos em ciências, meu amigo era um flautista semiprofissional. A música erudita havia sido banida pelo novo governo, de modo que os amantes de música se aglomeravam em ambientes privados para saborear as sonatas ilícitas. Antes de um desses concertos secretos, meu amigo ensaiava uma sonata para flauta de Bach com seu mentor musical, mas era interrompido depois de alguns compassos: "Não consigo ouvir a cruz de Cristo no que você está tocando", reclamava o mentor.

[1]Meu amigo viaja regularmente ao Irã e poderia enfrentar repercussões negativas se fosse publicamente reconhecido como um convertido à fé cristã. Por isso, omitirei seu nome.

Meu amigo ficou perplexo: com pouquíssimo conhecimento do cristianismo, ele não tinha ideia do que seu mentor queria dizer com aquilo. De qualquer forma, o desafio fora lançado. Gradualmente, ele começou a apreender a tessitura profundamente cristã das obras de Bach; e, quando entrou em uma igreja pela primeira vez, alguns anos depois, experimentou a mesma realidade.

Na conferência em que nos conhecemos, dei uma palestra explorando o modo pelo qual professores cristãos podem aperfeiçoar sua capacidade de persuadir audiências céticas a considerarem Jesus. Meu amigo ficou preocupado. No Irã, ele testemunhou toda a força da coerção religiosa. Ele se convertera, do islã para o cristianismo, em parte como uma reação *contra* essa força. Agora como cristão, ele ansiava que outros viessem a conhecer Jesus. Mas encontrava-se em um conflito: não era errado tentar persuadir alguém a mudar de crença?

Meu amigo é especialista em diagnosticar câncer de mama. Por isso, eu lhe pedi que imaginasse a seguinte cena: ele está sentado diante de uma mulher de meia-idade, de baixa escolaridade; ela acabou de lhe contar que acha que *não* corre o risco de ter câncer de mama, por isso recusou-se a fazer uma mamografia. O que ele deveria responder?

A OFENSA UNIVERSAL

Quando questões envolvendo a verdade carregam consequências de vida ou morte, percebemos que convencer é um ato de amor. Mas que espécie de verdade é a verdade religiosa? As várias religiões do mundo fazem afirmações concorrentes sobre a realidade, ou apenas dão voz a diferentes expressões de uma mesma verdade? E, se alegam coisas conflitantes, a discordância não provoca hostilidade, ou pessoas de convicções contrárias podem viver juntas de maneira pacífica?

Aos nossos ouvidos contemporâneos, é simplesmente anátema a ideia de uma religião que reivindica ser *a* verdade. A maioria das afirmações religiosas pode contar apenas com o benefício da dúvida (pelo menos até a pessoa morrer ou o mundo acabar), de modo que a ideia de que elas podem ser objetivas e universais parece uma confusão entre categorias. Uma coisa é dizer que o cristianismo é verdadeiro para você, mas alegar que Jesus, corretamente, exige obediência de todo ser humano — independentemente de seu histórico cultural ou das crenças atuais — soa ofensivo e absurdo. É como diz um adesivo de para-choque: "Meu Deus é grande demais para qualquer religião".

O ELEFANTE NA SALA

A perspectiva de que todas as religiões constituem caminhos para a verdade é frequentemente ilustrada pela parábola de um antigo texto hindu. Conta-se de um grupo de cegos descrevendo um elefante. Um deles toca o dorso e compara o animal a uma cobra. Outro apalpa a orelha, que lhe parece um leque. O terceiro pousa a mão sobre a perna do elefante e diz que é como um tronco de árvore. O quarto empurra a lateral do animal e insiste que se trata de uma parede. O quinto segura a cauda e o acha parecido com uma corda. E o último apalpa uma de suas presas e declara que o elefante é como uma lança.

Essa história é um retrato vívido de nossas limitações individuais. É também um corretivo à nossa arrogância natural, além de aparentemente oferecer uma abordagem humilde disso, em uma estrutura que respeita todas as religiões da mesma forma. Mas, sob um exame mais cuidadoso, o paradigma do elefante cria mais problemas do que resolve. Eis sete deles.

O problema do respeito

O conto do elefante parece respeitoso: religiões não são certas nem erradas; cada uma delas detém um aspecto da verdade. Mas a narrativa só funciona porque o próprio narrador *não* é cego. Ele, ou ela, vê o quadro completo e sorri, com indulgência, para os religiosos cegos discutindo sobre suas crenças aparentemente contraditórias. Afirmar que cristianismo e islamismo ou islamismo e hinduísmo são apenas duas faces da mesma moeda da verdade conduz o pluralismo a uma atitude condescendente, de modo que não respeitamos os outros o bastante para levar suas crenças a sério. Reduza o paradigma do elefante, e ele lembra a crítica do físico Wolfgang Pauli ao artigo de um cientista iniciante: "Nem errado está!".

Por outro lado, dizer "acho que você está enganado a esse respeito" não precisa ser desrespeitoso, muito menos cruel. Para os cristãos, a quem se manda amar até mesmo os inimigos — ainda mais as pessoas de quem eles apenas discordam —, não deve ser assim. Um dos meus professores do seminário mais sábios e gentis falava assim: "Frequentemente se diz que você deve respeitar as crenças das pessoas. Mas isso está errado: o fundamental é que você respeite *as próprias pessoas*". De fato, quando examinamos a questão mais de perto, vemos que tentar convencer os outros a mudar de crença é um sinal de respeito. Assim, você as está tratando como seres pensantes, capazes de decidir aquilo em que devem acreditar, não consistindo apenas em produtos do ambiente cultural em que se encontram. Não devemos nos ofender quando as pessoas desafiam nossas crenças; devemos nos sentir lisonjeados!

Veja só a conversa que tive com um amigo judeu e ateu depois de um evento em Harvard do qual ambos participamos e no qual o chefe do departamento de Filosofia debateu a Bíblia com um importante estudioso do Novo Testamento. Esse amigo e eu temos debatido a respeito de questões de fé ao longo de vários anos, ainda que de modo intermitente. Nessa ocasião, eu lhe disse: "Sei que você acha loucura as coisas em que creio". Sua namorada de então (uma alma mais delicada que qualquer um de nós dois) interveio: "Não, estou certa de que ele não acha que suas crenças são *loucura*!". Mas eu insisti: "Sim, ele acha, sim! Eu creio que o universo inteiro gira em torno de um judeu palestino do primeiro século que morreu crucificado e supostamente ressuscitou dentre os mortos. Não é loucura mesmo?". Meu amigo ateu concordou. Salientei que seu ateísmo científico, especialmente quando combinado com sua crença na igualdade universal entre os seres humanos, requeria que ele também cresse em algumas loucuras. Esse amigo é um dos sujeitos mais inteligentes que conheço: ele bem que poderia ganhar um prêmio Nobel algum dia. Mas creio que ele está enganado a respeito das perguntas mais importantes que podem ser feitas — e ele pensa que eu também estou enganada! Não apenas ligeiramente enganada, mas completa e profundamente enganada.

Esse tipo de franqueza não funcionaria na maioria dos relacionamentos. Todos somos mais governados pelas emoções que pela racionalidade, e as emoções ficam à flor da pele em debates que envolvem crenças. Mas discordância não é sinal de desrespeito. Na verdade, quanto mais respeito alguém, mais debato com essa pessoa, porque levo suas ideias a sério. Nossa sociedade, no entanto, parece estar renunciando à arte do debate no contexto das amizades; em vez disso, nos cercamos de pessoas que pensam exatamente como nós.

Isso tem acontecido em todo o espectro político. Em um artigo de opinião do *New York Times* intitulado "The dangers of echo chambers on campus" [Os perigos da câmara de eco no *campus*], o jornalista ganhador do prêmio Pulitzer Nicholas Kristof confessou: "Nós [liberais] defendemos a tolerância, exceto em relação a conservadores e cristãos evangélicos. Queremos ser inclusivos com pessoas que não se parecem conosco — desde que pensem como nós".[2] Aí está um risco para todos nós. Se nosso compromisso com a diversidade não for superficial, devemos cultivar amizades profundas com gente inteligente da qual discordamos em aspectos fundamentais.

Sem dúvida, é perfeitamente possível esconder *bullying* sob a bandeira da liberdade de expressão e da franca discordância. Em conversas com pessoas menos escolarizadas, ou pertencentes a minorias religiosas, devemos nos manter sensíveis à dinâmica

---

[2] Disponível em: https://www.nytimes.com/2016/12/10/opinion/sunday/the-dangers--of-echo-chambers-on- campus.html.

de poder em jogo. Não podemos atropelar os outros, seja para defender o cristianismo, seja para defender o ateísmo ou qualquer outra convicção. Mas, apesar de todos os riscos envolvidos em levar bem a sério as crenças das pessoas a ponto de discordar delas, há um risco ainda maior em não fazer isso. Começamos acreditando que nossos amigos não estão nem mesmo errados, então deixamos de provar nossas próprias crenças, e finalmente, quando as crenças implicam consequências de vida e de morte, fracassamos em amar nossos amigos.

Existem, porém, de fato, consequências em discordâncias que envolvem verdades religiosas, ou a verdade religiosa se resume a uma mera preferência cultural? Afirmar "O cristianismo é verdadeiro, mas o hinduísmo, o islamismo e o budismo, não" é como dizer "Pare de fumar; isso pode matar você" ou é mais parecido com "Minha avó cozinha melhor que a sua"?

O problema da verdade

Em 2016, a palavra do ano do *Oxford English Dictionary* foi *post-truth* [pós-verdade]: "relativo a ou indicativo de circunstâncias em que fatos objetivos têm menos influência em moldar a opinião pública que apelos a emoção ou convicção pessoal".[3] No mesmo ano, norte-americanos de todas as convicções lamentaram-se ao verem, com horror, histórias sem qualquer fundamento ganharem alcance político. Ainda assim, a mentalidade da pós-verdade tem ocupado, há décadas, o centro de nossa visão da religião. O que estamos vendo não são as consequências disso na vida pública? Ou a crença religiosa pertence a uma categoria distinta, por ser pessoal?

O movimento #MeToo estourou em 2017. Milhares de mulheres deixaram o silêncio para revelar abusos e assédios sofridos por mãos-bobas de homens poderosos. Na entrega do Globo de Ouro, Oprah Winfrey fez um discurso apaixonado elogiando as mulheres

[3] Disponível em: https://en.oxforddictionaries.com/definition/post-truth.

que se manifestaram: "O que eu sei com certeza", declarou, "é que dizer a verdade é a nossa arma mais poderosa".[4]

A verdade de uma violação sexual é, sem dúvida, pessoal; é, em um sentido muito importante, "a sua verdade". Mas, se essa verdade não for também objetiva, é mentira. As mulheres que se manifestaram merecem elogios, em última instância, não por contarem a verdade *delas*, mas por dizerem *a* verdade. Com frequência, é difícil provar a verdade — e, por isso, tragicamente tantas mulheres não se manifestam, temendo que não acreditarão em seu testemunho oposto ao de um homem mais poderoso. Mas ninguém duvida que aí está a verdade, à espera de ser revelada — verdade que é pessoal *e* objetiva.

É claro que, de certa maneira, nossas convicções religiosas são diferentes das crenças que temos a respeito de nossas histórias pessoais. Somos testemunhas oculares de nossa própria vida de um modo que não podemos ser da história antiga, sobre a qual muitas vezes a fé repousa. Ainda assim, às vezes descobrimos que as crenças a respeito de nossas próprias narrativas estão erradas. Imagine uma mulher descobrindo que seu marido a tem traído ao longo de anos. Repentinamente, ela é forçada a mudar suas crenças a respeito de sua própria vida à medida que vai reinterpretando as antigas informações à luz dessa nova. Nesse sentido, uma crença a respeito da própria vida e uma crença religiosa foram cortadas de um mesmo tecido. Ambas são pessoais. Ambas estão fundamentadas na melhor evidência que temos. Ambas reivindicam ser verdadeiras. Mas ambas também estão sujeitas a erro.

É minha convicção pessoal que Jesus é Deus encarnado, minha única esperança na vida e na morte. Essa crença me molda profundamente, e eu experimentei muitas coisas que aparentam confirmá-la. Mas, se meus amigos ateus estiverem certos, então minha fé em Jesus é um engano. Por mais que eu creia, minha vida acabará quando eu morrer. Jesus não voltará nem me chamará de

[4] CNN *Entertainment*, 10 jan. 2018, disponível em: https://www.cnn.com/2018/01/08/entertainment/oprah-globes-speech-transcript/index.html.

volta à vida. Vou simplesmente apodrecer. Não podemos categorizar crenças religiosas como puramente subjetivas simplesmente por serem pessoais. O físico Neil deGrasse Tyson fez uma piada famosa com Stephen Colbert: "O bom da ciência" é que "é verdadeira, acredite ou não nela".[5] Mas isso não se limita à ciência; trata-se do bom da verdade. Ponto final.

De fato, a existência da verdade científica expõe outra falha na mentalidade segundo a qual verdades religiosas não podem ser verdadeiras ou falsas. O que acontece quando crenças religiosas se chocam com evidências científicas? Meus amigos cientistas são os primeiros a reconhecer que a ciência não *prova* hipóteses; antes, procura desenvolver hipóteses que se encaixem nos dados disponíveis. Quanto mais a ciência avança, mais somos confrontados com dados contraintuitivos — particularmente em micro e macroescala. Por exemplo, coisas que percebemos como sólidas (como a cadeira na qual estou sentada agora mesmo) acabam se revelando compostas de 99,9999% de espaço vazio. No entanto, embora muitos de nós defendam o direito de um religioso manter crenças não científicas (por exemplo, a de que o Sol gira em torno da Terra), não pensamos que isso coloque em xeque a realidade da verdade objetiva na ciência e, sob aspectos importantes, gostaríamos de convencer essa pessoa a mudar de ideia.

O problema da história

A incompatibilidade entre as diferentes religiões se torna nítida quando examinamos a história. E a verdade histórica é desafiadora: todos nós trazemos nossos vieses individuais e culturais para tratar das questões históricas, e frequentemente as fontes têm sido distorcidas ou, de modo seletivo, destruídas. Mas não podemos abandonar a busca da verdade objetiva na história. Há muita coisa em jogo.

---

[5] Disponível em: https://www.salon.com/2014/03/11/neil_degrasse_tyson_science_is_true_whether_or_not_you_believe_in_it/.

Sentimos isso mais intensamente quando as pessoas negam fatos históricos vitais. Por exemplo, embora sejam irrefutáveis as evidências de que o regime de Hitler exterminou sistematicamente seis milhões de judeus, há muitas tentativas de negar essa verdade. Essas tentativas devem ser rejeitadas. Do mesmo modo, com a história da escravidão nos Estados Unidos, que retomaremos no capítulo 10, ou o assassinato de Martin Luther King. Essas coisas aconteceram. São fatos históricos, muito claros, e devem ser reconhecidos como tais, independentemente da perspectiva adotada. Mas e quanto às questões que envolvem história antiga?

Quanto mais voltamos no relógio histórico, mais difícil fica ter certeza de algo. Por exemplo, temos evidências convincentes de que Júlio César foi assassinado em 15 de março de 44 a.C. É possível que nossas fontes não sejam confiáveis e que Júlio César tenha sido assassinado em 15 de fevereiro ou que nem tenha sido assassinado. Mas, embora tenhamos menos certeza a respeito desse evento histórico do que a respeito de eventos mais recentes ou de maior escala, isso não entrega o assassinato de Júlio César ao reino da realidade subjetiva. Júlio César foi, ou não foi, assassinado em 15 de março de 44 a.C.

Que luz isso lança sobre a verdade religiosa?

A reivindicação central de verdade, sobre a qual o cristianismo triunfa ou fracassa, é a de que Jesus foi fisicamente ressuscitado dentre os mortos. Há evidências históricas nesse sentido, por mais escandaloso que isso pareça. Teorias alternativas (como veremos no capítulo 6) são surpreendentemente improváveis, e o extraordinário fenômeno da igreja primitiva irrompendo de um pequeno grupo de desanimados e covardes seguidores de um rabino crucificado clama por foco de incêndio.[6] Mas, acreditemos ou não que as evidências

[6] Para uma abordagem histórica séria da ressurreição, cf. N. T. Wright, *The resurrection of the Son of God* (Minneapolis: Fortress, 2003). [No Brasil: *A ressurreição do Filho de Deus* (São Paulo: Paulus, 2020).] Para um breve artigo de um professor do MIT, cf. Ian Hutchinson, "Can a scientist believe in the resurrection?", *The Veritas Forum*, disponível em: http://www.veritas.org/can-scientist-believe-resurrection-three-hypotheses/.

sejam fortes, trata-se ainda de uma reivindicação histórica. Assim como Júlio Cesar foi ou não assassinado em 15 de março de 44 a.C., Jesus ressuscitou ou não dentre os mortos por volta do ano 33. O fato de crermos ou não na ressurreição pode *nos* mudar, mas não muda a realidade objetiva daquilo que se passou dois mil anos atrás. E essa é uma questão a respeito da qual as três grandes religiões monoteístas discordam. Os cristãos acreditam que Jesus ressuscitou dentre os mortos. Os muçulmanos acreditam que Jesus não morreu, mas foi levado aos céus. E os judeus (além de ateus e agnósticos, a propósito) acreditam que Jesus morreu e permanece morto. Essas alegações são mutuamente excludentes. Nesse âmbito fundamental, a verdade religiosa não pode ser separada da verdade histórica. Mesmo reduzindo nosso escopo às religiões monoteístas, afirmar que todas elas são igualmente verdadeiras é descolar-se da história.

O problema da conversão

Meu amigo Praveen Sethupathy é professor de Genética na Universidade Cornell. Quando ele era calouro (também em Cornell), um colega de turma lhe perguntou no que ele acreditava, e ele respondeu que era hindu; mas a pergunta o perturbou. Os pais de Praveen tinham emigrado da Índia para os Estados Unidos. E ele cresceu dentro da cultura hindu, embora tivesse pouco conhecimento das crenças hinduístas. Assim, ele começou a investigar. Praveen vasculhou os antigos textos hindus, apreciando sua riqueza. Mas o processo o sensibilizou para o fato de que outras religiões alegavam como verdade coisas diferentes. Com a mentalidade de um cientista em formação, ele não queria partir do pressuposto de que a religião por ele herdada era a certa, por isso passou a examinar outras crenças e a ler outros textos religiosos. Nos Evangelhos, Praveen encontrou algo que o surpreendeu: Jesus, o suposto herói da história, em seu clímax, é pendurado nu e desfigurado, da forma mais patética possível, em uma cruz — bem diferente do super-herói hindu Krishna. No entanto, de algum modo, a inversão de poder materializada nesse homem crucificado atraiu

Praveen. Depois de alguns meses lendo, questionando e examinando as evidências, ele começou a seguir Jesus.

Essa mudança foi perturbadora para a família de Praveen. Como membros de uma minoria racial e religiosa nos Estados Unidos, eles temiam que Praveen estivesse rejeitando sua herança indiana e imaginaram se logo ele trocaria seu nome (impregnado da tradição hindu) por um nome ocidental como Pedro ou João. Mas Praveen lhes assegurou que seguir Jesus não implicava rejeitar a cultura que ele amava: "Tornar-me cristão não tinha nada que ver com rejeitar minha herança indiana ou receber um nome diferente. Antes, dizia respeito a abraçar a presença de Deus entretecida na história da humanidade, o amor de Cristo e seu sacrifício por nós, além da necessidade desesperada que temos dele".[7] Certamente havia aspectos de sua herança hindu que ele precisaria deixar para seguir Cristo. Mas Praveen orgulhava-se de ser indiano e da rica cultura da qual ele vinha e que ele planejava passar adiante a seus filhos.

Praveen voltou-se para o cristianismo depois de um período de cuidadosa reflexão. Agora, como professor de Genética, ele estava acostumado a avaliar evidências e formular hipóteses para se ajustar aos dados. Permanece sua firme convicção de que Jesus é o Filho de Deus e o Salvador do mundo. E, por mais que ele ame sua herança hindu, não acredita que as alegações fundamentais do hinduísmo sejam verdadeiras. Pergunte a Praveen como ele pode afirmar que só há uma fé verdadeira, e ele responderá que não tem escolha: afirmar que o hinduísmo e o cristianismo são, em última instância, compatíveis é cometer violência contra ambos.

Do outro lado do espectro, tenho amigos que cresceram como cristãos, mas já não creem mais. Alguns foram feridos por experiências ruins na igreja. Outros perderam a fé naquilo que o cristianismo afirma. Alguns são agora agnósticos; outros, ateus. Eu me preocupo com eles e desejo que retornem a Jesus. Mas nem

---

[7] SETHUPATHY, Praveen. "My name means 'skillful'", *The Curator Magazine*, 4 mar. 2013, disponível em: http://www.curatormagazine.com/author/praveensethupathy/.

em sonho eu lhes diria que o cristianismo e o ateísmo são dois caminhos diferentes que conduzem à mesma verdade. Quando eles declaram que não creem em Jesus, eu os respeito o bastante para acreditar neles.

O problema da ética

Meus amigos secularizados celebram a diversidade religiosa e defendem os direitos das minorias religiosas a praticarem sua fé. É um belo instinto esse. Mas o que acontece quando crenças religiosas se chocam com o cerne da ética secular? Muitos que acreditam que todas as religiões são igualmente verdadeiras, ou pelo menos que ninguém deveria afirmar que sua religião é *a* verdadeira, também sustentam crenças éticas fundamentais: por exemplo, que racismo é errado, que as pessoas deveriam ser livres para expressar sua sexualidade, ou que homens e mulheres devem ser igualmente valorizados. Poucos pensam que estas sejam crenças culturalmente contingentes. Mas, se dissermos a nossos amigos muçulmanos tradicionalistas "Defendemos seu direito de ser muçulmano, desde que você aceite papéis iguais para homens e mulheres, a legitimidade do casamento entre pessoas do mesmo sexo e a liberdade de seus adolescentes de terem experiências sexuais", estamos realmente defendendo o direito deles de praticar sua fé? Ainda que escolhêssemos conceder a alguns religiosos licença para acreditar em coisas que consideramos eticamente problemáticas, especialmente quando elas fazem parte de minorias étnicas e não exercem poder político, poucos de nós colocaríamos nossas crenças éticas mais profundas na sacola do "verdadeiro-para-mim-mas-não-para-você". Mais uma vez, há coisa demais em jogo.

O problema do monoteísmo

É tentador, em um caldeirão cultural, imaginar que viver ao lado de pessoas de diferentes religiões é um fenômeno exclusivamente contemporâneo. Mas pessoas com diferentes crenças religiosas coexistem há milênios, às vezes em conflito; outras vezes, em paz. O politeísmo foi uma forma de negociar a diferença religiosa, permitindo que diferentes tribos adorassem seus próprios deuses locais e que os deuses territoriais fossem integrados em um conjunto mais amplo. Certamente isso não impediu a violência inter-religiosa ou o desejo de conquista, como se verifica pelos impérios grego e romano. Mas houve a possibilidade de acomodação: os deuses de todos podiam ser deuses sem necessariamente ferir a dignidade de ninguém.

Esse potencial de acomodação acabou comprometido, no entanto, com o surgimento de uma fé ferozmente monoteísta. O judaísmo introduziu a crença elementar de que o Deus aliançado com Israel havia criado os céus e a terra; a afirmação corajosa de que esse Deus era o único Deus verdadeiro; e o mandamento fundamental de adorar somente a ele. O cristianismo e, mais tarde, o islamismo construíram sobre esses mesmos fundamentos, afirmando que havia apenas um Deus verdadeiro e universal, que revelara a si mesmo de modo único, e que os demais chamados deuses não passam de ídolos.

Judaísmo, cristianismo e islamismo têm sustentado, por milênios, que há apenas uma fé verdadeira entre a panóplia de outros "deuses". Os primeiros judeus afirmaram isso entre religiões pagãs e politeístas do antigo Oriente Médio, enquanto os primeiros cristãos afirmaram o mesmo entre religiões pagãs e politeístas do Império Romano. O monoteísmo é, em sua essência, exclusivo e universal. Proclama que há apenas um Deus verdadeiro, criador do universo, que exige a obediência de todo ser humano. Afirmar que o monoteísmo se ajusta à abordagem do tipo "todas-as-religiões-são-uma" é como sustentar que alguém pode estar em dois lugares ao mesmo tempo: é possível, mas apenas se você matar a pessoa e desmembrar seu corpo!

O problema de Jesus

O último problema com a abordagem do elefante é aquele relativo a Jesus. Embora seja possível encaixar algumas religiões entre si, especialmente aquelas que têm múltiplos deuses, o cristianismo é como uma peça de quebra-cabeça tirada do conjunto errado: por mais que tentemos dobrar as pontas, não se encaixa. Esse problema decorre quer das declarações do próprio Jesus — por exemplo, sua famosa afirmação "Eu sou o caminho, a verdade e a vida. Ninguém vem ao Pai, a não ser por mim" (João 14:6) —, quer das ações pelas quais ele reivindicou ser Deus em carne, reivindicação que tanto judeus como muçulmanos consideram blasfema.

Um dos meus exemplos favoritos da singularidade de Jesus aparece no começo de seu ministério. Ele estava ensinando em uma casa tão cheia de gente que ninguém mais poderia se enfiar lá dentro. Determinados a colocar seu camarada paralítico bem na frente daquele curandeiro, um grupo de amigos fez um buraco no telhado e o desceu por ali. Jesus olhou para o homem e disse: "Filho, os seus pecados estão perdoados" (Marcos 2:5). A multidão deve ter ficado confusa: por que Jesus estava falando de perdão diante de um homem que claramente precisava de cura? E os líderes religiosos estavam indignados: "Por que esse homem fala assim? Está blasfemando! Quem pode perdoar pecados, a não ser somente Deus?" (Marcos 2:7).

Jesus perguntou: "Que é mais fácil dizer ao paralítico: 'Os seus pecados estão perdoados', ou: 'Levante-se, pegue a sua maca e ande'?" (Marcos 2:9). Então, ele provou sua autoridade para perdoar pecados dizendo ao paralítico que se levantasse. Observe que ele não negou a premissa na queixa dos líderes religiosos: apenas Deus tem o direito de perdoar pecados. Mas ele demonstrou que a conclusão deles estava errada: Jesus tinha esse direito porque era Deus encarnado.

Mais tarde, Jesus olhou nos olhos de uma mulher enlutada e disse: "Eu sou a ressurreição e a vida. Aquele que crê em mim, ainda que morra, viverá; e quem vive e crê em mim não morrerá eternamente" (João 11:25-26). Esse não é o ensino de um bom homem. Como o professor de Oxford e escritor C. S. Lewis argumentou, esse é o ensino de um maníaco egocêntrico, ou de um perverso manipulador, ou do próprio Deus encarnado.

Vez após vez, os Evangelhos registram Jesus operando coisas que apenas Deus pode fazer: dando ordem ao vento, perdoando pecados, alimentando multidões, ressuscitando mortos. Sua reivindicação universal é finalmente enfatizada em suas palavras de despedida aos discípulos: "Foi-me dada toda a autoridade nos céus e na terra. Portanto, vão e façam discípulos de todas as nações, batizando-os em nome do Pai e do Filho e do Espírito Santo, ensinando-os a obedecer a tudo o que eu lhes ordenei. E eu estarei sempre com vocês, até o fim dos tempos" (Mateus 28:18-20).

Jesus reivindica domínio sobre todo o céu e toda a terra. Ele se apresenta não como um caminho possível para Deus, mas como o próprio Deus. Podemos optar por não crer nele. Mas ele não pode ser uma verdade entre muitas. Ele mesmo não nos deixou essa opção.

CAPÍTULO **QUATRO**

RELIGIÃO NÃO PREJUDICA A MORALIDADE?

EM 2014, O ESTADO ISLÂMICO atacou uma aldeia yazidi de língua curda, no Iraque. Nadia Murad, de 21 anos, foi levada a um mercado de escravos em Mossul e comprada por um juiz cujo trabalho envolvia condenar pessoas à morte pelos menores delitos. O juiz estuprava Nadia diariamente e batia nela quando ela o contrariava. Quando ela tentou fugir, ele a entregou a seus guardas, para um estupro coletivo. "Você é minha quarta *sabiyya* [escrava]", disse o juiz a Nadia. "As outras três são muçulmanas agora. Fiz isso por elas. Yazidis são infiéis — por isso agimos assim. É para te ajudar."[1]

Lemos um relato desses com horror e repulsa. Mas as atitudes do juiz não eram injustas segundo seu código moral. O "Departamento de Pesquisa e Fátua"[2] estudou os yazidis e concluiu que eles eram descrentes e que, portanto, sua escravização estaria

[1] "Nadia Murad's tale of captivity with Islamic State", *The Economist*, 30 nov. 2017, disponível em: https://www.economist.com/news/books-and-arts/21731804-young-yazidi-iraqi-was-raped-daily-her-abuse-blessed-jihadist-groups-twisted.

[2] "Fátua é um pronunciamento legal no Islã, emitido por um especialista em lei religiosa, sobre um assunto específico. Normalmente, uma fátua é emitida a pedido de um indivíduo ou juiz, com o fim de esclarecer uma questão em que a *fiqh*, a jurisprudência islâmica, é pouco clara. (N.R.)

justificada pela *sharia*. Um livreto informativo intitulado "Perguntas e respostas sobre a captura de cativos e escravos" orientava os combatentes. Eis alguns dos exemplos:

> *Pergunta*: É permitido ter relações sexuais com uma escrava que ainda não atingiu a puberdade?
> *Resposta*: É permitido ter relações sexuais com uma escrava que ainda não atingiu a puberdade se ela estiver apta à relação sexual.
> *Pergunta*: É permitido vender uma cativa?
> *Resposta*: É permitido comprar, vender ou doar cativas ou escravas, pois elas são apenas propriedade.[3]

O plano para erradicar os yazidis tinha duas vertentes: matar os homens e as mulheres mais velhas, estuprar e escravizar as mulheres jovens. Os homens do Estado Islâmico realizavam não apenas seus desejos, mas também seus deveres religiosos.

PROBLEMAS COM A ALEGAÇÃO DE QUE A RELIGIÃO PREJUDICA A MORALIDADE

Em 1999, o físico ganhador do Prêmio Nobel Steven Weinberg afirmou o seguinte: "Religião é um insulto à dignidade humana. Com ou sem ela, você teria gente boa fazendo o bem e gente má fazendo o mal. Mas, para que gente boa faça o mal, é preciso haver a religião".[4]

A princípio, essa lógica parece convincente. Embora possamos duvidar de que o juiz que abusou de Nadia Murad fosse, de algum modo significativo, uma "boa pessoa", não podemos negar a longa lista de males perpetrados por pessoas de todas as religiões.

---

[3] Nadia Murad, *The last girl: my story of captivity, and my fight against the Islamic State* (New York: Duggan, 2017), p. ix-x. [No Brasil: *Eu serei a última: a história do meu cativeiro e a minha luta contra o Estado Islâmico* (São Paulo: Objetiva, 2017).]

[4] Essa observação amplamente reimpressa sobre religião, feita em uma conferência científica em abril de 1999, em Washington, D.C., rendeu a Weinberg o prêmio "Emperor Has no Clothes", da Freedom from Religion Foundation. *Freedom from Religion Foundation*, disponível em: https://ffrf.org/outreach/awards/emperor-has-no-clothes-award/item/11907-steven-weinberg. Acesso em: 14 set. 2018.

E às vezes podemos entrever alguma virtude subjacente a atos de violência religiosamente motivados: por exemplo, o homem-bomba suicida que mostra grande coragem a serviço de sua causa, acreditando, verdadeiramente, que age em prol do bem quando destrói a si mesmo e aos outros. Mas, embora a religião certamente motive alguém a ferir o outro, muitas vezes pelo autossacrifício, há três problemas com a alegação de que a religião prejudica a moralidade.

O primeiro problema é a falta de especificidade. Religião é um termo abrangente, que vai do Estado Islâmico à comunidade *amish*, do sacrifício pagão de crianças à meditação budista. Afirmar que a religião prejudica a moralidade é como dizer que a filosofia prejudica a moralidade: precisamos avaliar cada tradição religiosa, e diferenciar entre uma e outra, como fazemos com o marxismo e o libertarianismo. Ninguém olharia para os genocídios cometidos por Stalin e diria "a filosofia prejudica a moralidade" ou mesmo "o socialismo prejudica a moralidade", embora haja claramente uma espécie de tecido conjuntivo ligando o socialismo e a filosofia marxista que motivou as ações perversas de Stalin. Para fazer qualquer declaração substancial sobre religião e moralidade, devemos ser mais específicos.

O segundo problema com a alegação de que a religião prejudica a moralidade é que não corresponde aos dados disponíveis. É claro, há milhões de exemplos, diários, de religiosos agindo imoralmente — às vezes de até mesmo de modo dramático, a ponto de capturar as manchetes. Mas também há indícios significativos de que a prática religiosa envolve uma série de benefícios morais. Em seu livro *The character gap: how good are we*? [A lacuna do caráter: quão bons realmente somos?], de 2018, o filósofo Christian Miller observa que "literalmente *centenas* de estudos" relacionam envolvimento religioso com melhor êxito moral.[5] Por exemplo, os sociólogos Christopher Ellison e Kristen Anderson descobriram que os índices de violência doméstica, em uma amostragem dos

[5] Christian B. Miller, *The character gap: how good are we*? (Oxford: Oxford University Press, 2018), p. 239.

Estados Unidos, foram quase duas vezes maiores entre homens que não frequentavam a igreja em comparação àqueles que lá estão uma ou mais vezes por semana.[6] Envolvimento religioso também foi associado a taxas mais baixas para outros 43 tipos de crime.[7] Nos Estados Unidos, os frequentadores regulares de cultos religiosos doam 3,5 vezes mais dinheiro por ano que os não religiosos, além de prestarem serviços voluntários duas vezes mais.[8]

Estudos como esses raramente chegam aos noticiários. "Cristão doa para a caridade", essa é uma manchete improvável. E, como o psicólogo ateu Jonathan Haidt adverte, "você não pode usar os novos ateus como seu guia" nessas questões, uma vez que "os novos ateus conduzem análises tendenciosas da literatura e concluem que não há boas evidências sobre quaisquer benefícios na religião, exceto os relacionados à saúde". Mas o peso da evidência, como observa Haidt, não favorece a hipótese "religião prejudica a moralidade": "Mesmo que você isente os liberais seculares da caridade por eles votarem em governos que promovem programas de bem-estar social", nota ele, "é terrivelmente difícil explicar por que eles doam tão pouco sangue, por exemplo".[9]

O terceiro problema é ainda mais profundo. Ele assume que há uma escala universal de moralidade, dimensionada por verdades autoevidentes, com as quais todos nós (cristãos, ateus, muçulmanos, hindus, budistas e judeus) podemos assentir. Mas, como a história de Nadia Murad nos lembra com terrível pungência, essa escala não existe.

---

[6] Christopher Ellison e Kristen Anderson, "Religious involvement and domestic violence among U.S. couples", *Journal for the Scientific Study of Religion* 40, nº 2 (2001), p. 269-86. Para resultados semelhantes, cf. D. M. Fergusson et al., "Factors associated with reports of wife assault in New Zealand", *Journal of Marriage and the Family* 48, nº 2 (1986), p. 407-12; e C. G. Ellison, J. P. Bartkowski e K. L. Anderson, "Are there religious variations in domestic violence?", *Journal of Family Issues* 20, no 1 (1999), p. 87-113.

[7] Cf. T. D. Evans et al., "Religion and crime reexamined: the impact of religion, secular controls, and social ecology on adult criminality", *Criminology* 33, nº 2 (1995), p. 195-217.

[8] Para um resumo dessa pesquisa, cf. Arthur Brooks, *Who really cares* (New York: Basic Books, 2006).

[9] Jonathan Haidt. "Moral psychology and the misunderstanding of religion", *Edge*, 21 set. 2007, disponível em: https://www.edge.org/conversation/jonathan_haidt-moral-psychology-and-the-misunderstanding-of-religion.

E A DECLARAÇÃO UNIVERSAL DOS DIREITOS HUMANOS?

A crença em uma moralidade universal independente surge, em parte, de um mal-entendido muito comum da Declaração Universal dos Direitos Humanos. A composição e a ampla adoção desse documento constituem uma conquista extraordinária, mas alcançada não sem um fundamento teológico. Eleanor Roosevelt, que presidiu o comitê, era uma cristã devota, fortemente motivada por sua fé.[10] Charles Malik, que representava o Líbano, de maioria muçulmana, e se tornou um dos principais proponentes da declaração, era um teólogo grego ortodoxo. Apesar da insistência do representante chinês Peng-chung Chang para que todas as referências diretas a Deus fossem removidas do documento, a declaração foi criticada mais tarde exatamente por causa de sua influência judaico-cristã.

Embora grande parte dos países de maioria muçulmana tenha assinado a declaração em 1948, a influente Arábia Saudita não o fez. O representante saudita alegou que a declaração violava a lei islâmica e não acolhia os contextos culturais e religiosos de países não ocidentais. Da mesma forma, em 1982, o então representante do Irã, Said Raja'i Khorasani, considerou a declaração uma "compreensão secularizada da tradição judaico-cristã" que "não poderia ser implementada pelos muçulmanos" e "não estava de acordo com o sistema de valores reconhecido pela República Islâmica do Irã".[11] Embora Khorasani não represente, de forma alguma, a visão de todos os muçulmanos, essa tensão não é um desafio pequeno, tendo em vista que o islã é o segundo sistema de crenças mais difundido no mundo.

---

[10] Para saber mais sobre a importância frequentemente negligenciada da fé cristã de Eleanor Roosevelt, cf. o artigo da professora de direito de Harvard Mary Anne Glendon, "God and Mrs. Roosevelt", *First Things*, maio 2010, disponível em: https://www.firstthings.com/article/2010/05/god-and-mrs-roosevelt.

[11] Apud Sohrab Behdad e Farhad Nomani, eds., *Islam and the everyday world: public policy dilemmas*, Routledge Political Economy of the Middle East and North Africa (London: Routledge, 2006), p. 75.

O problema de universalizar os direitos humanos não está limitado ao tradicionalismo muçulmano. A oficialmente ateia Coreia do Norte lidera a lista dos abusos contra os direitos humanos, enquanto a China, também oficialmente ateia, e a Índia, de maioria hindu, ocupam o topo da lista de países a serem observados.[12] Muitos dos ideais consagrados na declaração não são universalmente reconhecidos. Então, por que eles nos parecem autoevidentes? Para responder a essa questão, temos de ampliar nossas lentes históricas.

AS ORIGENS DOS DIREITOS HUMANOS

A ideia de que todos os seres humanos são dotados de mesmo valor estava longe de ser normativa no mundo antigo. No pensamento greco-romano, os homens livres tinham dignidade e valor inerentemente maiores que as mulheres, os escravos ou as crianças, e era uma prática rotineira os bebês com deficiência serem descartados. Platão e Aristóteles apoiavam a eugenia direta, tendo o último declarado: "É preciso haver uma lei para que nenhuma criança deformada viva".[13] Pisou neste mundo um rabino judeu, do século primeiro, que elevou as mulheres, valorizou as crianças, amou os pobres e abraçou os doentes. A insistência dos primeiros cristãos na fraternidade para além de fronteiras raciais e étnicas, e mesmo da dicotomia entre escravo e livre, veio a ser a centelha de um novo imaginário moral.[14] Valores que muitos de nós, no Ocidente, hoje consideram universais e independentes do pensamento religioso na verdade não brotaram da terra durante o Iluminismo, mas cres-

---

[12] Cf. Human Rights Risk Index 2016-Q4, *Reliefweb*, dez. 2016, disponível em: https://reliefweb.int/report/world/human-rights-risk-index-2016-q4.

[13] Aristóteles, *The politics*, ed. Stephen Everson (Cambridge: Cambridge University Press, 1988), p. 192. [No Brasil: *Política*. Tradução de Maria Aparecida de Oliveira Silva (São Paulo: Edipro, 2019).] Cf. tb. Platão, *The Republic*. Tradução de Allan Bloom (New York: Basic Books, 1968), p. 140. [No Brasil: *A República: ou sobre a justiça*. 2. ed. Tradução de Anna Lia Amaral de Almeida Prado (São Paulo: Martins, 2014).]

[14] Para uma exposição detalhada disso, cf. Ronald E. Osborn, "The great subversion: the scandalous origins of human rights, or human rights and the slave revolt of morals", *The Hedgehog Review* (University of Virginia) 17, nº 2 (verão de 2015), p. 91-100.

ceram da disseminação gradual das crenças cristãs e de sua respectiva influência.[15]

Sem dúvida, muitos estudiosos secularizados têm buscado estabelecer uma base para os direitos humanos que não esteja presa a amarras religiosas. Em *Humanism and the death of God* [Humanismo e a morte de Deus], o filósofo Ronald Osborn faz um levantamento das recentes incursões nesse território. Mas acaba concluindo: "Os valores humanistas centrais da inviolável dignidade humana, dos direitos humanos inalienáveis e da intrínseca igualdade humana" não podem ser sustentados por um naturalismo científico que, afinal, sempre afundará no niilismo. Antes, devem ser assegurados por "uma visão de personalidade *tal como* aquela encontrada de um modo histórico sem precedentes" no cristianismo.[16] Osborn localiza essa visão não apenas na crença de que todos os seres humanos foram criados "à imagem de Deus" (uma crença comum às religiões abraâmicas), mas também na crença especificamente cristã de que Deus se tornou humano, na pessoa de "um pobre trabalhador braçal de um cantão derrotado do império, torturado até a morte pelas autoridades políticas e religiosas de seus dias".[17]

O cientista político Stephen Hopgood é pessimista quanto ao futuro dos direitos humanos no cenário atual: "O mundo no qual as regras globais eram consideradas seculares, universais e inegociáveis", argumenta, "tinha como premissa um sólido consenso mundial em torno dos direitos humanos — mas justamente esse consenso é ilusório".[18] Hopgood afirma: "O terreno dos direitos humanos está se desfazendo bem debaixo de nossos pés",

[15] Para um exame das raízes cristãs dos direitos humanos, cf. Kyle Harper, "Christianity and the roots of human dignity", in: *Christianity and Freedom*, vol. 1, *Historical perspectives*, ed. Timothy Samuel Shah e Allen D. Hertzke. Cambridge Studies in Law and Christianity (Cambridge: Cambridge University Press, 2016), p. 123-48.

[16] Ronald Osborn, *Humanism and the death of God* (Oxford: Oxford University Press, 2017), p. 1-5.

[17] Osborn, *Humanism and the death of God*, p. 6.

[18] Stephen Hopgood, *The endtimes of human rights* (Ithaca, NY: Cornell University Press, 2013), p. x.

predizendo que, conforme a influência norte-americana sobre o mundo diminui e a China emerge como a nação mais poderosa do mundo, a preocupação com os direitos humanos declinará. Essa parece ser uma notícia terrível. Mas, se os direitos humanos nos alcançaram por meio da herança cristã, talvez possamos ser mais otimistas em relação a um mundo no qual a China há de desempenhar um papel maior bem na hora em que o cristianismo ganha influência por lá.

Para ser clara, muita gente não religiosa está apaixonadamente comprometida com os direitos humanos, e muitos filósofos seculares defendem os direitos humanos e a igualdade como o caminho mais eficaz para as sociedades humanas se organizarem. Mas, quando se trata de fornecer fundamentação filosófica robusta para os direitos humanos de uma perspectiva secularizada, é difícil encontrar material de construção. Podemos citar dados sociais e econômicos para argumentar que as sociedades parecem prosperar quando se atribui um valor mais alto à vida humana ou quando se defende a igualdade entre as pessoas. Mas, com isso, o que se oferece é um fundamento mais pragmático que moral. Rejeitando qualquer fundamento cristão aos direitos humanos, o falecido intelectual ateu Christopher Hitchens declarava: "Como saber se, de fato, existem direitos humanos? Eu não sei. Eu não sei se existem tais coisas. [...] Nossa [base para os direitos humanos] é tão frágil quanto nossa posição como primatas neste planeta tão duvidoso".[19]

A CONVERSÃO ACIDENTAL DE PETER SINGER

A percepção de que a igualdade humana não tem nenhum fundamento secular firme surgiu gradualmente entre uma das poucas pessoas que conheciam tanto a mim como meu marido antes mesmo de nos conhecermos. Sarah, Bryan e eu éramos doutorandos

---

[19] "Hitchens and Haldane—Why human rights?", *The Veritas Forum* [vídeo], 17 fev. 2011, disponível em: https://www.youtube.com/watch?v=yo_JJGcx-Ks.

em Cambridge. Sarah era uma historiadora brilhante: inteligente, gentil, atraente, descolada e, como muitos de nossos amigos da pós-graduação, polidamente hostil à fé cristã. Depois da pós-graduação, passamos a uma amizade apenas pelo Facebook, e então fiquei bem surpresa, alguns anos depois, quando soube que Sarah se casara com um homem declaradamente cristão. Eu tive de mandar uma mensagem perguntando o que acontecera. Essa é a sua história.

Sarah cresceu na Austrália, em um lugar amoroso e não religioso. Quando ela foi para a Universidade de Sidney, já era uma crítica do cristianismo; e, quando começou a cursar a pós-graduação no King's College, em Cambridge, se encaixou perfeitamente. O King's College é a Califórnia das faculdades de Cambridge, conhecido por suas festas e orientação política progressista: o punhado de cristãos de lá (incluindo meu marido, que cresceu em Oklahoma) não chegava a fazer um arranhão na armadura antirreligiosa do corpo estudantil, tendo Sarah permanecido muito confortável em seu ateísmo. Mas, em uma reviravolta bizarra, bastou que ela mudasse de Cambridge para Oxford e assistisse a uma série de aulas do filósofo ateu e compatriota australiano Peter Singer para ter sua vida mudada.

Singer, professor de Princeton, é um dos raros filósofos seculares que enfrenta, de cabeça erguida, o fato de faltar fundamento para os direitos humanos no ateísmo. Em vez de basear o valor humano unicamente na condição de *Homo sapiens*, ele argumenta que os seres devem ser valorizados de acordo com suas faculdades: autoconsciência, capacidade de sofrer e assim por diante. Segundo as estimativas de Singer, "um bebê de uma semana não é um ser racional e autoconsciente, e há muitos animais cujas racionalidade, autoconsciência, percepção e capacidade em geral excedem as de um bebê humano de uma semana ou um mês de idade". Portanto, "a vida de um recém-nascido tem menos valor [...] que a vida de um porco, um cachorro ou um chimpanzé".[20]

[20] Peter Singer, *Practical ethics*, 2. ed. (Cambridge: Cambridge University Press, 1999), p. 169. [No Brasil: *Ética prática*, 4. ed. (São Paulo: Martins Fontes, 2018).]

Singer não é desumano. Em *The life you can save: how to do your part to end world poverty* [A vida que podemos salvar: como fazer sua parte para acabar com a pobreza no mundo] (2010), ele lança, em nome dos pobres, um desafio radical aos ricos do mundo, colocando muito de seu próprio dinheiro naquilo que ele diz. Mas, conforme Sarah ouvia as aulas de Singer, experimentou "uma estranha vertigem intelectual":

> Eu estava comprometida com a crença de que o valor universal dos seres humanos era maior do que uma concepção bem-intencionada do liberalismo. Mas eu sabia, com base nos meus próprios estudos [...] que as sociedades sempre tiveram concepções diferentes do valor humano, ou mesmo da falta dele. A premissa da igualdade humana não é uma verdade autoevidente; é, de modo profundo, historicamente contingente. Comecei a perceber que as implicações do meu ateísmo eram incompatíveis com quase todo valor que me era caro.[21]

Certa tarde, Sarah percebeu que sua mesa na biblioteca ficava na seção de teologia. Ela pegou um livro de sermões e se surpreendeu ao descobrir quão intelectualmente atrativo, complexo e profundo o cristianismo podia ser.

O próximo golpe veio em um jantar do corpo docente. Sarah se sentou ao lado de um professor de ciências, Andrew Briggs, que perguntou se ela acreditava em Deus.[22] Sem saber bem como responder, Sarah disse que era agnóstica. E ele retrucou: "Você realmente quer ficar em cima do muro para sempre?". Essa pergunta a fez perceber que, se a questão da igualdade humana era mesmo

---

[21] Sarah Irving-Stonebraker, "How Oxford and Peter Singer drove me from atheism to Jesus", *The Veritas Forum*, 22 maio 2017, disponível em: http://www.veritas.org/oxford-atheism-to-jesus/.

[22] O professor Briggs é coautor de um fascinante livro sobre ciência e cristianismo, intitulado *The penultimate curiosity: how science swims in the slipstream of ultimate questions* (Oxford: Oxford University Press, 2016).

importante, ela precisava pensar mais sobre a questão de Deus: "Eu não sei" não era mais bom o suficiente.

Depois de Oxford, Sarah assumiu o cargo de professora assistente na Universidade Estadual da Flórida. Lá, ela conheceu cristãos cujas vidas haviam sido profundamente marcadas por Jesus: eles alimentavam os sem-teto, administravam centros comunitários e abrigavam trabalhadores agrícolas migrantes. Finalmente, pouco antes de seu aniversário de 28 anos, ela entrou em uma igreja pela primeira vez na vida, buscando seriamente Deus. Logo ela estava capturada: finalmente se sentia conhecida por completo e incondicionalmente amada. Sarah descreveu seu novo entendimento das coisas da seguinte forma:

> O cristianismo, finalmente, ficou claro, não se parecia nada com a caricatura que outrora eu fizera dele. [...] Deus quer gente quebrada, não hipócrita. E salvação não diz respeito a fazermos nosso caminho, por meio de boas obras, para algum lugar nas nuvens. Ao contrário, não há nada que possamos fazer para nos reconciliar com Deus. Como historiadora, isso fez muito sentido para mim. Eu estava ciente demais dos ciclos de pobreza, violência e injustiça na história humana para supor que algum projeto utópico nosso, científico ou não, fosse capaz de nos salvar.[23]

Sarah descobriu que o anseio por justiça que a havia atraído para "ideologias de esquerda radicais" era, afinal, mais satisfeito pela mensagem radical de Jesus, que abandonou seus direitos e abraçou o sofrimento, a humilhação e a morte para salvar os outros. "Viver como uma cristã", escreve ela, "é um chamado para fazer parte dessa criação nova e radical. Não estou passivamente esperando um lugar nas nuvens. Fui redimida por Cristo, de modo que agora tenho um trabalho a fazer". A crença arraigada de Sarah

[23] Irving-Stonebraker, "Singer drove me from atheism".

na igualdade humana e seu desejo por justiça a deixaram insatisfeita com o ateísmo. Ela estava com "saudade moral" de um lugar que nunca havia conhecido.

MÁ-FÉ

Paul Offit, professor de pediatria e de vacinologia na Universidade da Pensilvânia, fez uma descoberta paralela. O doutor Offit tinha boas razões para pensar que religião prejudica a moralidade. Em 1991, uma epidemia de sarampo varreu a Filadélfia. Centenas de crianças ficaram doentes. Nove morreram. Offit era médico do Hospital Infantil da Filadélfia. Mas o que diferenciava esses pacientes com sarampo de outras crianças doentes era quanto o sofrimento das primeiras era desnecessário. Duas igrejas da Filadélfia, cujas escolas vizinhas reuniam centenas de crianças da região, haviam recusado vacinação e atendimento médico. Assim, a doença logo se instalou e se espalhou.

Esse incidente foi um entre muitos que levaram Offit a escrever um livro intitulado *Bad faith: how religious belief undermines modern medicine* [Má-fé: como a crença religiosa sabota a medicina moderna]. Não sendo religioso, ele supôs que iria "repercutir os mesmos temas que haviam sido repercutidos por ateus militantes como Richard Dawkins, Christopher Hitchens e Sam Harris: que a religião é ilógica e potencialmente nociva".[24] Mas, quando Offit leu a Bíblia e explorou a história da medicina, mudou de ideia. A forma que Jesus defendia as crianças o levou às lágrimas. Ele concluiu:

> Independentemente de você acreditar ou não na existência de Deus [...] você tem que ficar impressionado com o homem

---

[24] Paul A. Offit, "Why I wrote this book: Paul A. Offit, M.D., *Bad faith: when religious belief undermines modern medicine*", *Hamilton and Griffin on Rights* [blog], 17 mar. 2015, disponível em: http://www.hamilton-griffin.com/2015/03/17/why-i-wrote-this-book-paul-a-offit-m-d-bad-faith-when-religious-belief-undermines-modern-medicine/.

conhecido como Jesus de Nazaré. Na época de Jesus, por volta de 4 a.C. a 30 d.C., abuso infantil, como observado por um historiador, era "o vício flagrante do Império Romano". Infanticídio era comum. Abandono também. Hipócrates, que viveu cerca de quatrocentos anos antes de Jesus, costumava escrever sobre como, do ponto de vista ético, os médicos deveriam interagir com seus pacientes. Mas ele nunca menciona as crianças. Isso porque as crianças eram propriedade, nem um pouco diferentes dos escravos. Mas Jesus defendeu as crianças e cuidou delas quando as pessoas à sua volta tipicamente não o fariam.[25]

Offit agora chama o cristianismo de "o maior avanço contra o abuso infantil" da história, observando, entre outras coisas, que o primeiro imperador cristão de Roma proibiu o infanticídio no ano de 315 d.C. e criou uma forma incipiente de assistência social em 321 d.C., para que famílias pobres não tivessem de vender suas crianças.[26] Offit acabou mudando o título de seu livro de *How religious belief undermines modern medicine* [Como a crença religiosa sabota a medicina moderna] para *When religious belief undermines modern medicine* [Quando a crença religiosa sabota a medicina moderna], reconhecendo o impacto maciço que o cristianismo teve sobre a medicina e a ética.

O ATEÍSMO NÃO PODE FUNDAMENTAR A MORALIDADE

Apesar de as marcas históricas do cristianismo estarem por toda parte, desde os direitos humanos até a pediatria, será que não ficaríamos melhor no mundo atual com uma moralidade comum, fundamentada em crenças seculares? Há dois problemas com essa aspiração. Se o mundo fosse uma única democracia na qual todo

---

[25] Offit, ibidem.

[26] Paul A. Offit, *Bad faith: when religious belief undermines modern medicine* (New York: Basic Books, 2015), p. 127.

ser humano tivesse um voto e nós pedíssemos a esse eleitorado para apontar um sistema de crenças apto a fundamentar a moralidade, o cristianismo venceria. Ele também representaria a coalizão mais diversa. Por que buscaríamos construir a moralidade global sobre o ateísmo se este representa uma proporção muito pequena da população mundial, concentrada sobretudo entre pessoas vivendo sob regimes comunistas?

Contudo, o segundo problema é ainda mais profundo.

Em 2012, o professor de Filosofia Alex Rosenberg, da Universidade Duke, abordou uma série de questões de uma perspectiva ateísta em *The atheist's guide to reality: enjoying life without illusions* [O guia do ateísta para a realidade: aproveitando a vida sem ilusões]:

- *Deus existe?* Não.
- *Qual é a natureza da realidade?* O que dela afirma a física.
- *Qual é o propósito do universo?* Nenhum.
- *Qual é o sentido da vida?* Idem.
- *Por que estou aqui?* Puro acaso.
- *Oração funciona?* Claro que não.
- *Existe alma? Ela é imortal?* Tá brincando?
- *Existe livre-arbítrio?* Sem chance!
- *O que vai acontecer quando eu morrer?* Tudo provavelmente continuará existindo como antes, com exceção de nós.
- *Qual a diferença entre certo e errado, bom e mau?* Não há nenhuma diferença moral entre eles.
- *Por que eu devo ser ético?* Porque isso faz com que você se sinta melhor do que não sendo.
- *Aborto, eutanásia, suicídio, pagar impostos, ajuda externa ou qualquer tema de que você não goste são coisas proibidas, permitidas ou algumas vezes obrigatórias?* Tanto faz.[27]

---

[27] Alex Rosenberg, *The atheist's guide to reality: enjoying life without illusions* (New York: Norton, 2011), p. 2-3.

Embora eu não conheça pessoalmente o professor Rosenberg, estou certa de que ele ficaria chocado com as perguntas e respostas do livreto do Estado Islâmico, citado no começo deste capítulo (confira a página 71), tanto quanto você e eu. Mas, de acordo com as respostas morais que ele simplesmente extrai do ateísmo, há uma resposta correta à pergunta "É permitido ter relações sexuais com uma escrava que ainda não atingiu a puberdade?": Tanto faz.

Para ser clara, isso não significa que os ateus não possam construir e viver segundo estruturas morais baseadas na igualdade humana. Muitos conseguem. Mas esse não é o produto lógico do ateísmo. Como o ateu Alex Byrne, professor de filosofia do MIT, observa: "Você pode sustentar, de modo consistente, o ateísmo ao lado da ideia de que a ciência não lhe diz praticamente nada sobre a natureza da realidade, nem lhe fornece uma perspectiva sobre moralidade, a natureza humana ou o que seja".[28] O ateísmo *per se* não apenas é incapaz de produzir um arcabouço moral, como também um cientista ateu precisa cobrir um buraco em sua cosmovisão no que diz respeito à visão da humanidade de uma perspectiva científica *versus* uma perspectiva ética. Alan Lightman, outro professor do MIT e um popular escritor científico, articula seu agnosticismo assim:

> Nossa consciência e nossa autopercepção criam a ilusão de que somos feitos de alguma substância especial, que somos uma espécie de potência subjetiva especial, uma "egoidade", uma existência única. Mas, de fato, nada somos senão ossos, tecidos, membranas gelatinosas, neurônios, impulsos elétricos e substâncias químicas.[29]

---

[28] Alex Byrne, "Is atheism a worldview?", *The Veritas Forum* [vídeo], 19 set. 2016, disponível em: https://www.youtube.com/watch?v=oeynhmPHqB4.

[29] "Alan Lightman shares his worldview", *The Veritas Forum* [vídeo], 16 set. 2011, disponível em: https://www.youtube.com/watch?v=6Ny3oCgaRmU.

Isso pode parecer incrivelmente honesto. Mas, se a ciência é tudo o que temos, nosso senso de identidade é apenas uma ilusão, e não há agência moral; moralidade não é mais que preferência. "Somos um bando de átomos, como árvores ou *donuts*", prossegue Lightman. Então, coma um *donut* ou uma criança. Tanto faz.

Lightman não é uma voz solitária clamando no deserto em nome do abandono do conceito do eu. Sam Harris, um popular representante do novo ateísmo, argumenta em seu livro *Free will* [Livre-arbítrio], de 2012, que o livre-arbítrio nada mais é que um delírio e que "a ideia de que nós, como seres conscientes, somos profundamente responsáveis pela natureza de nossa vida mental e pelo comportamento posterior simplesmente não pode ser encontrada na realidade".[30] Nem Lightman nem Harris chegam à conclusão moral de que "tanto faz". Mas, dadas as suas crenças a respeito do que é o ser humano, somos deixados com a pergunta persistente: "Por que não?". Respostas puramente pragmáticas não servirão.

Acaso essa compreensão da humanidade é um resultado necessário da ciência? De jeito nenhum. Outro professor do MIT, mundialmente reconhecido por seu trabalho em física de plasma, Ian Hutchinson, explica sua visão das coisas da seguinte forma:

> Sou um conjunto de elétrons e *quarks* interagindo por meio da cromodinâmica quântica e das forças eletrofracas; sou uma mistura heterogênea de elementos químicos [...]. Sou um sistema de processos bioquímicos guiados por códigos genéticos; mas também sou um vasto e espantosamente complexo organismo de células cooperativas; sou um mamífero, com pelos e sangue quente; sou uma pessoa, um marido, um amante, um pai; e sou um pecador salvo pela graça.[31]

---

[30] Sam Harris, *Free will* (New York: Free Press, 2012), p. 13.
[31] Ian Hutchinson, *Can a scientist believe in miracles? An MIT professor answers questions on God and science* (Downers Grove, IL: InterVarsity Press, 2018), p. 32.

Hutchinson começou a seguir Jesus quando era um estudante de graduação no King's College, em Cambridge. Suas crenças cristãs lhe oferecem uma cosmovisão segundo a qual os seres humanos não podem ser reduzidos a seus componentes científicos, mas são criados à imagem de Deus, dotados de agência moral e amados por seu Criador com um amor que chega à morte sacrificial.

E O ALTRUÍSMO EVOLUTIVO?

Nesse ponto, os cristãos tradicionalmente invocam a evolução para esclarecer a questão. Observam que a competição, a violência e a erradicação dos fracos alimentam o motor da evolução; por isso, se você reduzir os seres humanos a seus componentes científicos, excluindo outros níveis de significado, a evolução se mostra incompatível com um sistema de crenças em que as pessoas têm o mesmo valor. Mas uma nova fronteira da ciência evolutiva tem-se desenhado nos últimos anos, dando a alguns ateus a esperança de que a ciência possa, afinal, vir a fundamentar nossa moralidade. Martin Nowak, que dirige o Programa de Dinâmica Evolutiva de Harvard, é um pioneiro na área do altruísmo evolutivo. Ele argumenta que os seres humanos são preparados pela evolução não apenas para competir, mas também para cooperar — até mesmo, às vezes, para sacrificar seus próprios interesses pelo bem dos outros.

Nowak descreve cinco mecanismos de cooperação: reciprocidade direta ("Eu coço suas costas, e você coça as minhas"), reciprocidade indireta ("Eu coço suas costas, e alguém coçará as minhas"), seleção espacial ("Eu coopero na minha rede de relações"), seleção multinível ("Se a maioria das pessoas na minha tribo cooperar, venceremos as outras") e seleção de parentesco ("Eu vou me sacrificar pelos membros do meu clã").[32] Esses mecanismos elevam o

---

[32] Esses mecanismos encontram-se resumidos na obra de Martin A. Nowak com Roger Highfield, *Supercooperators: altruism, evolution, and why we need each other to succeed* (New York: Free Press, 2012), p. 270-1.

comportamento humano para além do mero egoísmo. Mas são capazes de fundamentar nossas crenças morais?

O psicólogo ateu Steven Pinker revela uma das falhas inerentes a essa conclusão. Ele assinala que, se virtude é o mesmo que "sacrifícios que beneficiam um grupo em competição com outros [...] então o fascismo seria a mais virtuosa das ideologias".[33] Pinker descreve assim nosso senso moral inato: "Qualquer senso de empatia que a natureza nos legou por padrão se aplica a um círculo muito restrito de indivíduos: basicamente, nossa família e os aliados próximos dentro de nosso clã ou aldeia".[34]

Humanista secular convicto, Pinker acredita que os direitos humanos universais podem ser fundamentados pela razão, sem apelo a Deus, por meio da expansão progressiva desse círculo. Ele reconhece que a ciência não pode fazer esse trabalho por nós, mas compara a descoberta dos princípios morais objetivos à dos princípios matemáticos. A natureza nos deu os conceitos de um, dois, três e muitos. Depois nós viemos a descobrir o resto. Talvez princípios éticos objetivos e universais também estejam ao nosso alcance.

Pinker admite que é um desafio para ateus acreditarem em uma moralidade *objetiva*: que certo e errado existem, independentemente de preferências pessoais ou culturais. Mas ele faz ecoar Platão para argumentar que invocar Deus não ajuda em nada:

> Deus tem boas razões para designar alguns atos como morais e outros como imorais? Senão — seus preceitos são caprichos divinos —, por que deveríamos levá-los a sério? [...] E se, por outro lado, Deus é forçado, por motivos morais, a emitir alguns preceitos, não outros — se o mandamento de torturar uma criança nunca foi uma opção —, então por que não recorrer diretamente a esses motivos?[35]

---

[33] Steven Pinker, "The false allure of group selection", *Edge*, 18 jun. 2012, disponível em: https://www.edge.org/conversation/steven_pinker-the-false-allure-of-group-selection.

[34] "What is the source of morality", *The Veritas Forum* [vídeo], 28 dez. 2010, disponível em: https://www.youtube.com/watch?v=TDkJku5s5jY.

[35] Steven Pinker, "The moral instinct", *New York Times*, 13 jan. 2008, disponível em: https://www.nytimes.com/2008/01/13/magazine/13Psychology-t.html.

Contudo, trata-se de uma incompreensão do teísmo. Ao contrário de nós, o Deus da Bíblia não chegou tarde à cena do crime do universo, tentando encontrar sentido moral no mundo. Ele é o Criador. De uma perspectiva teísta, só há algo como uma criança — que pode nos fazer exigências morais — porque Deus criou as crianças em geral. Tomando emprestada de Pinker sua analogia científica, assim como Deus imaginou livremente os princípios físicos que governam o universo, ordenou livremente as leis morais que nos regem. Princípios éticos seriam caprichos divinos se as leis da gravidade também fossem. Em uma cosmovisão teísta, moralidade e realidade brotam da mesma fonte.

Em um artigo sobre evolução e cooperação, Nowak (ele mesmo um católico) aponta o amor de Deus como um fundamento para o universo sob todos os aspectos: "O poder criativo de Deus e seu amor são necessários para que ele queira que cada momento exista. [...] Um Criador e Sustentador atemporal traz toda a trajetória do mundo à existência".[36]

Longe de minar a possibilidade de um Criador amoroso, os vislumbres de um instinto moral em nosso passado biológico se enquadram bem na crença em um Deus que quer que nós amemos como ele mesmo ama.[37]

CIÊNCIA, ÉTICA E COERÊNCIA

A questão da coerência é central para o desafio da moralidade ateia. O ponto não é que não religiosos não possam construir e viver em situações que sustentem a igualdade humana. Eles podem. Mas o humanismo secular de hoje oferece uma cosmovisão na qual moralidade e realidade entram em discordância: seres humanos

---

[36] Martin Nowak, "How might cooperation play a role in evolution?", *Big Questions Online*, 13 jan. 2014, disponível em: https://www.bigquestionsonline.com/2014/01/13/how-might-cooperation-play-role-evolution/.

[37] Nowak explorou as implicações teológicas de sua pesquisa sobre cooperação. Cf. Martin A. Nowak e Sarah Coakley, eds., *Evolution, games, and God: the principle of cooperation* (Cambridge, MA: Harvard University Press, 2013).

são uma coleção de átomos operando sob a falsa crença de que também são agentes morais. E, ainda assim, os seres humanos têm o mesmo valor, imenso e inalienável.

O cristianismo, ao contrário, afirma que o Deus que criou as estrelas e as galáxias também nos criou para um relacionamento especial com ele, chamando-nos a um tipo de amor radical e abnegado que transborda de seu próprio coração. A fé em um Deus amoroso e racional, que criou os seres humanos à sua imagem e nos chama a amar tanto nosso próximo como nosso inimigo, não é apenas a origem histórica de nossas crenças sobre a igualdade humana, mas também sua melhor justificativa. No entanto, os cristãos não podem reivindicar qualquer superioridade moral inata. Ser cristão implica reconhecer seu total fracasso moral e entregar-se à misericórdia do único homem verdadeiramente bom que já viveu. Mas, como minha amiga Sarah descobriu, a cosmovisão cristã oferece fundamento para o altruísmo e motivo para ousar acreditar que a justiça completa é mais do que um anseio delirante da mente iludida de um conjunto de átomos a que você enganosamente costuma se referir como "eu".

CAPÍTULO **CINCO**

RELIGIÃO NÃO CAUSA VIOLÊNCIA?

EM 1930, ENTRE AS DUAS grandes guerras, o famoso filósofo britânico Bertrand Russell fez a seguinte afirmação:

> A religião nos impede de eliminar as causas fundamentais da guerra; a religião nos impede de ensinar a ética da cooperação científica no lugar das velhas e cruéis doutrinas do pecado e da punição. É possível que a humanidade esteja no limiar de uma era de ouro; mas, se assim for, primeiro será necessário matar o dragão que guarda a porta, e esse dragão é a religião.[1]

Olhando para a história humana em toda a sua amplitude, não podemos deixar de reconhecer aquilo de que Russell está falando. Gente de todas as principais religiões se envolveram em atos terrivelmente violentos, muitas vezes apelando a ordens divinas

[1] Bertrand Russell, *Has religion made useful contributions to civilization? An examination and a criticism* (Chicago: Watts, 1930). Republicado em Russell, *Why I am not a Christian: and other essays on religion and related subjects* (s.l.: Touchstone, 1967), p. 47. [No Brasil: *Por que não sou cristão* (Porto Alegre: LP&M Editores, 2011).]

para justificar a violência. Talvez a própria religião seja o problema e, se matarmos esse dragão, os seres humanos venham a depor suas espadas.

Este capítulo confrontará casos famosos e esquecidos de violência motivada por questões religiosas. Também examinará exemplos de violência generalizada que extrapolam religião, sugerindo uma causa alternativa para a violência que atinge pessoas de todas as crenças. Por último, considerará a violência que se encontra no cerne da fé cristã.

Mas, primeiro, o dragão da religião.

"EU NÃO PODERIA SER CRISTÃO POR CAUSA DAS CRUZADAS"

Ontem à noite, tive uma conversa sobre fé com um sem-teto bem ponderado. Estávamos conversando depois de uma refeição que nossa igreja oferece semanalmente àqueles que lutam para sobreviver. A certa altura da conversa, ele citou as Cruzadas como uma razão para não aceitar o cristianismo. Já ouvi várias vezes a mesma coisa de amigos com PhDs. O que devemos fazer com essa famosa mancha no currículo do cristianismo?

A recusa à violência escorria da boca de Jesus. "Se alguém o ferir na face direita", instruiu ele os discípulos, "ofereça-lhe também a outra" (Mateus 5:39). E, quando esses mesmos discípulos tentaram resistir com espadas à prisão do Mestre, Jesus os repreendeu e curou a vítima (Lucas 22:50-51). Seu mandamento radical "Amem os seus inimigos e orem por aqueles que os perseguem" (Mateus 5:44) inverte o roteiro pautado pela natureza humana, que tem moldado a maioria dos sistemas éticos na história: a moralidade se aplica ao meu grupo; os estranhos podem ser destruídos sem isso deixar de ser algo virtuoso. E as palavras de Jesus ganharam vida enquanto soldados romanos o pregavam na cruz e ele orava para que eles fossem perdoados (Lucas 23:34). Seus primeiros seguidores continuaram nesse caminho de amor diante da violência, e muitos foram ao encontro da própria morte por proclamarem Jesus como Senhor. Mas como tudo isso se encaixa nos últimos dois mil anos de história cristã? Acaso as palavras de Jesus seriam apenas uma focinheira para o dragão, uma focinheira que podia ser facilmente arrancada?

As Cruzadas, retratadas como a violenta e gratuita imposição da religião ocidental a pacíficos muçulmanos do Oriente, são geralmente o primeiro exemplo quando nos lembramos dos atos de violência cometidos por cristãos e buscamos paradigmas para o conflito entre muçulmanos e cristãos. Embora as Cruzadas tenham ocorrido quase mil anos atrás, sua linguagem tem sido empregada tanto por cristãos como por muçulmanos desde o 11 de Setembro. George W. Bush alertou: "Esta cruzada, esta guerra contra o terrorismo. Vai demorar um pouco";[2] e Osama bin Laden escreveu: "Esperamos que esses irmãos venham a ser os primeiros mártires na batalha do islã nesta era contra a nova cruzada judaica e cristã, liderada pelo comandante da Cruzada Bush sob a bandeira da cruz".[3] Assim, o que as Cruzadas medievais têm — se é que têm — a ver com os conflitos do presente?

Para começar a responder a essa pergunta, devemos expor alguns mal-entendidos comuns. O historiador Thomas Madden chama as Cruzadas de "um dos eventos mais mal-entendidos da história ocidental" e observa que histórias populares recentes das Cruzadas têm reciclado "mitos há muito desmentidos pelos historiadores".[4] Central a essa mitologia é a ideia mencionada de que as Cruzadas foram uma tentativa gratuita dos cristãos ocidentais de impor sua fé a muçulmanos do Oriente que eram amantes da paz. O oposto é que é verdadeiro. As Cruzadas foram, nas palavras do

[2] "Remarks by the president upon arrival", *The White House* [site], 16 set. 2001, disponível em: https://georgewbush-whitehouse.archives.gov/news/releases/2001/09/20010916-2.html.

[3] Citado em um comunicado divulgado à rede de notícias árabe Al *Jazeera* pedindo aos paquistaneses que resistissem a um ataque norte-americano ao Afeganistão, publicado por *The Guardian*, 24 maio 2001, disponível em: https://www.theguardian.com/world/2001/sep /24/afghanistan.terrorism22.

[4] Thomas F. Madden, *The new concise history of the Crusades*, ed. rev. (Oxford: Roman and Littlefield, 2006), p. viii.

historiador Robert Louis Wilken, "uma contraofensiva cristã à ocupação de terras que tinham sido cristãs por séculos antes da chegada do islã".[5]

Enquanto o movimento cristão começou com uma enfática não violência, o próprio Maomé liderou as primeiras forças militares muçulmanas. Madden descreve o período entre a fundação do islã e a primeira Cruzada da seguinte forma:

> Com enorme energia, os guerreiros do islã atacam os cristãos logo após a morte de Maomé. E foram extremamente bem-sucedidos. Palestina, Síria e Egito — uma das regiões mais cristianizadas do mundo — rapidamente sucumbiram. No século 8, as forças muçulmanas conquistaram todo o norte da África e a Espanha, também regiões cristãs. No século 11, os seljúcidas conquistaram a Ásia Menor (Turquia moderna), que fora cristã desde o tempo de São Paulo.[6]

Jerusalém foi tomada, pela primeira vez, por forças muçulmanas em 637, cinco anos depois da morte de Maomé. Mas seu líder, o califa Omar, continuou a permitir que os peregrinos cristãos visitassem os lugares santos, mediante o pagamento de uma taxa. Quando a cidade foi capturada por muçulmanos cristãos, em 1076, no entanto, a atmosfera mudou. Os peregrinos foram atacados, o patriarca da cidade foi sequestrado e os lugares santos foram profanados. Clamores pela ajuda dos cristãos orientais levaram o Papa Urbano II a convocar, em 1095, uma conferência de lideranças europeias na França; e, depois de oito dias de deliberação, os cristãos ocidentais resolveram intervir. Essa conferência empreendeu a primeira Cruzada. Seu objetivo era retomar Jerusalém.

---

[5] Robert Louis Wilken, "Christianity face to face with Islam", *First Things*, jan. 2009, disponível em: https://www.firstthings.com/article/2009/01/christianity-face-to-face-with-islam.

[6] Thomas F. Madden, "The real history of the Crusades", *Crisis*, 19 mar. 2011, disponível em: https://www.crisismagazine.com/2011/the-real-history-of-the-crusades.

A primeira Cruzada alcançou seu objetivo: Jerusalém caiu. Mas, sob muitos outros aspectos, foi desastrosa. Houve uma perda maciça de vidas antes mesmo de os cruzados chegarem a Jerusalém. Quando os remanescentes finalmente chegaram, estavam exaustos e famintos. A própria Jerusalém estava bem abastecida, de modo que o cerco causou mais prejuízo aos de fora dos muros da cidade que aos de dentro. Mas, quando Jerusalém foi tomada, a brutalidade se estendeu além das normas medievais de guerra. Dezenas de milhares de muçulmanos foram mortos, inclusive mulheres e crianças.

Embora devamos compreender o desejo de retomar Jerusalém em seu contexto histórico, além dos séculos de conquistas muçulmanas a que os cristãos orientais vinham resistindo, a matança desnecessária de mulheres e crianças representou um assombroso fracasso da ética cristã. Alguns tentaram comparar a queda de Jerusalém à derrota de Jericó diante de Josué, no Antigo Testamento, quando apenas a prostituta Raabe e sua família foram poupadas por ter ela ajudado os espias. Mas, embora no Antigo Testamento o povo de Deus tenha sido orientado a executar o juízo de Deus sobre as demais nações (e vice-versa), o Novo Testamento mudou o paradigma. Jesus ensinou sistematicamente a não violência e, na cruz, tomou sobre si toda a força do juízo de Deus sobre as nações. É possível elaborar um argumento cristão para a intervenção militar em nome da proteção dos vulneráveis: defender uma minoria religiosa perseguida (sejam cristãos na Jerusalém do século 11, sejam judeus na Alemanha do século 20) certamente estaria dentro desse escopo. Mas as orientações repetidas do Novo Testamento contra a violência fazem da matança indiscriminada de civis algo injustificável de qualquer perspectiva que se possa reconhecer como cristã.

A mácula da crueldade se faz ainda mais vívida pela violência dos cruzados contra os judeus ao longo do caminho. Como Madden assinala, esses foram "incidentes isolados em violação direta da lei da Igreja Católica e condenados tanto por clérigos quanto pelas autoridades seculares".[7] Os acessos de violência antissemita, no entanto, ilustram apetite por assassinato. Além disso, em um passo chocante aos olhos contemporâneos, a quarta Cruzada envolveu o saque de Constantinopla, a maior cidade cristã do mundo de então. Isso foi, em parte, uma revanche contra a maioria ortodoxa cristã oriental por um massacre anterior de cristãos latinos. Mas expôs a trágica realidade da história cristã: apesar dos laços bíblicos de fraternidade além das diferenças, apesar do mandamento de Jesus para que seus seguidores amassem até mesmo seus inimigos, apesar do próprio repúdio de Jesus à violência e apesar do modo que os primeiros cristãos alegremente enfrentaram o martírio, os últimos dois mil anos têm visto cristãos repetidamente envolvidos em violência uns contra os outros.

Isso continuou durante o período da Reforma e em nosso passado mais recente, desde o conflito entre católicos e protestantes na Irlanda do Norte até o genocídio de Ruanda, em 1994, quando centenas de milhares de tútsis foram massacrados pelo governo de maioria hutu em um país com um dos maiores índices de cristãos autodeclarados na África.[8]

Sem dúvida, muitos atos de violência foram perpetrados por cristãos ao longo dos séculos. Em alguns casos — quando cometidos em defesa dos vulneráveis —, podem ter sido justificáveis segundo a ética cristã. Em outros, eram totalmente incompatíveis com os ensinos de Jesus.[9] Mas até hoje os padrões éticos segundo os quais julgamos episódios de violência como os das Cruzadas (em toda a sua complexidade) são aqueles que nos foram fornecidos pelo cristianismo, os quais rompem com a lógica de "eles e nós" da ética tribal, insistindo na humanidade e no valor dos próprios inimigos.

---

[7] Thomas F. Madden, "Crusaders and historians", *First Things*, jun. 2005, disponível em: https://www.firstthings.com/article/2005/06/crusaders-and-historians.

[8] Para detalhes sobre a cumplicidade cristã no genocídio, cf. Timothy Longman, *Christianity and genocide in Rwanda* (Cambridge: Cambridge University Press, 2011).

[9] Na fase inicial do exercício do poder político por cristãos, o teólogo do século 4 Agostinho de Hipona formulou critérios para uma "guerra justa" e condenou especificamente atos de violência visando à conversão.

Contudo, apesar disso, não podemos nos voltar para uma religião mais pacífica do que o cristianismo? Para muitos dos meus amigos que abandonaram o monoteísmo, mas quiseram manter a identidade espiritual, há uma resposta óbvia.

E O BUDISMO?

Muitos de nós veem o budismo como uma exceção no cenário religioso global. Se o islã e o cristianismo evocam visões de *jihads* e cruzadas, o budismo sugere meditação pacífica. Sem dragão por aqui. Mas, se ficamos chocados com as táticas do Estado Islâmico, devemos nos assustar com a violência contra muçulmanos *rohingyas* em Mianmar, de maioria budista.

Quando os soldados chegaram à aldeia de Hasina, mantiveram tanto ela como as outras mulheres sob a mira de armas enquanto executavam homens e meninos. Depois conduziram as mulheres e meninas, cinco por vez, a uma cabana. "Eu tentava esconder minha bebê sob o tecido, mas viram a perna dela", lembra Hasina. "Agarraram minha bebê pela perna e a jogaram no fogo."[10] Depois de espancar e estuprar as mulheres, os soldados trancaram a porta e atearam fogo na cabana. O Médicos sem Fronteiras estima que nove mil *rohingyas*, incluindo mil crianças, morreram em ataques desse tipo. E, enquanto escrevo, o genocídio continua.

Um artigo do *New York Times* de 2018, intitulado "Why are we surprised when Buddhists are violent?" [Por que nos surpreendemos quando budistas são violentos?], nos lembra que "não faltam exemplos históricos de violência em sociedades budistas". O artigo menciona a guerra civil no Sri Lanka, de 1983 a 2009, alimentada pelo "nacionalismo especificamente budista"; a violência na Tailândia moderna; a violência do próprio séquito do Dalai Lama; e "um corpo crescente de literatura acadêmica em torno

---

[10] Apud Nicholas Kristof, "Is this genocide?", *New York Times*, 15 dez. 2017, disponível em: https://www.nytimes.com/2017/12/15/opinion/sunday/genocide-myanmar-rohingya-bangladesh.html.

da cumplicidade bélica das instituições budistas com o nacionalismo japonês da Segunda Guerra Mundial".[11] A questão não é que o budismo seja particularmente capaz de induzir à violência. Milhões de budistas levam uma vida pacífica. Mas, se imaginamos o budismo como uma religião livre de sangue, estamos nos enganando, ignorando a violência perpetrada pelo budismo — particularmente quando direcionada aos muçulmanos. O dragão "mindful" também cospe fogo.

Silêncio, um filme de Martin Scorsese, de 2016, chamou nossa atenção para a outra cabeça, contraintuitiva, do dragão. Tendemos a romantizar as religiões orientais tradicionais. Mas *Silêncio* deu voz à perseguição aos cristãos (tanto os de origem europeia quanto os japoneses) pelas mãos do governo xintoísta-budista do Japão do século 17. Dezenas de milhares de cristãos foram executados de maneiras tão atrozes que os relatos de martírio têm dificuldade de descrever. Tamanhas violência e brutalidade nessa escala deveriam marcar nossa consciência. Ainda assim, esquecemos. De fato, nossa amnésia coletiva em relação ao massacre de cristãos no Japão seiscentista contrasta fortemente com nossa vívida memória das Cruzadas, quinhentos anos antes. A perseguição aos cristãos no Japão é outra peça redonda que tentamos encaixar no buraco quadrado de nossos estereótipos.

O restante deste livro poderia escavar a montanha de violência cometida por religiosos sem mal chegar à superfície. Com certeza, alguns dragões cospem mais fogo *per capita* que outros: a violência perpetrada em nome do islã é difícil de ignorar, tanto nos mil e quatrocentos anos desde a sua fundação como no mundo contemporâneo. Mas, sob a análise da história da violência, nenhuma das grandes religiões mundiais fica sem sangue nas mãos. Embora os judeus tenham vivido dispersos e perseguidos por séculos a fio, resistindo à opressão e à violência nas mãos das maiorias, o

[11] Dan Arnold e Alicia Turner, "Why are we surprised when Buddhists are violent?", *New York Times*, 5 mar. 2018, disponível em: https://www.nytimes.com/2018/03/05/opinion/buddhists-violence-tolerance.html.

conflito israelo-palestino em curso nos fará parar antes de dizer que os judeus têm um histórico não violento. Então, Bertrand Russell estava certo? Podemos concluir, com segurança, que matar o dragão da religião inaugurará uma era de ouro de paz?

SONHO COMUNISTA, PESADELO COMUNISTA

A defesa dos pobres e oprimidos por parte de Jesus ressoou ao longo dos séculos. Ele afirmou ter vindo "pregar boas-novas aos pobres" (Lucas 4:18), e os primeiros cristãos levaram isso bem a sério. Partilhavam o que tinham. Quem possuía terras e casas as vendia, e o dinheiro era distribuído entre os necessitados (Atos 4:32-35). Por volta do século 4, os cristãos criaram hospitais, estabeleceram sistemas de bem-estar social e cuidaram daqueles em necessidade.[12] De fato, o teólogo João Crisóstomo argumentou, com base nas Escrituras, que deixar de fazer caridade equivalia a roubar os pobres e que, à medida que o cristianismo se espalha, também deve espalhar-se o cuidado em relação aos desvalidos.[13]

Contudo, ao se voltar para a Europa do século 19, Karl Marx viu quão longe as nações supostamente cristãs estavam da promessa bíblica. Ele concluiu que o cristianismo não era uma chave para libertar os pobres, mas uma droga para tranquilizá-los. "A religião", escreveu ele, "é o soluço da criatura oprimida, o coração de um mundo sem coração e a alma de uma situação sem alma. É o ópio do povo. A abolição da religião como felicidade *ilusória* do povo é exigida para sua felicidade *real*."[14] A remoção da religião era, portanto, um passo no caminho para a justiça.

No entanto, o sonho de Marx parece um trapo esfarrapado quando confrontado com o pesadelo violento e opressivo do

---

[12] O primeiro hospital conhecido foi fundado em 370 por Basílio, bispo de Cesareia, que usou sua fortuna para montar um local para cuidar dos enfermos.

[13] Cf. João Crisóstomo, *Four discourses, chiefly on the parable of the rich man and Lazarus*, homilia 2, capítulo 4.

[14] Karl Marx, *Early writings*, trad. Rodney Livingstone e Gregor Benton (London: Penguin, 1992), p. 244. [No Brasil: *Crítica da filosofia do direito de Hegel* (São Paulo: Boitempo, 2005).]

comunismo. Sessenta e um milhões de pessoas morreram na antiga União Soviética. Trinta e cinco milhões delas foram massacradas na República Popular da China. Combine isso com "democídios"[15] e abusos aos direitos humanos perpetrados por Estados comunistas menores (Coreia do Norte, Camboja, Vietnã e assim por diante), e o influente cientista político R. J. Rummel conclui:

> De todas as religiões, seculares ou não, a do marxismo tem sido de longe a mais sangrenta. [...] O marxismo significou terrorismo sangrento, expurgos assassinos, campos de prisioneiros e trabalho forçado mortíferos, deportações que levam à morte, fome provocada pelo próprio ser humano, execução sem julgamento e julgamentos fraudentos, assassinato em massa e genocídio.[16]

Rummel considera o grande número de assassinados na Rússia soviética e na China comunista "impossível de digerir" e o atribui a um "cálculo do marxismo".[17] Antes de concluir que a religião é o problema, temos de reconhecer que uma ideologia declaradamente antirreligiosa conduziu milhões a cometerem atrocidades. Diferentemente do fascismo, a ideologia marxista não estava fundada em crenças claramente perniciosas, mas no desejo por justiça para todos. Os massacres comunistas sugerem que — pelo menos às vezes — matar o dragão da religião pode soltar uma fera ainda mais terrível.

A RELIGIÃO DE HITLER

Nenhuma discussão que envolva religião e violência é completa sem dar conta do Holocausto. Esse genocídio partiu de um país de maioria cristã por séculos e, pela forma que os cristãos se fizeram

[15] N. T.: "Democídio" é um neologismo, usado pelo politólogo Rudolph Joseph Rummel, para indicar um genocídio cometido pelo próprio governo do grupo assassinado.
[16] R. J. Rummel, "The killing machine that is Marxism", WND [site], 15 dez. 2004, disponível em: https://www.wnd.com/2004/12/28036/.
[17] R. J. Rummel, *Death by government*, ed. rev. (New York: Transaction, 1997), p. 101.

cúmplices, é uma vergonha eterna para nós. Por isso, precisamos nos perguntar: de que dragão ideológico emerge o Holocausto? Se os males do comunismo constituem uma mancha para o ateísmo, os males do nazismo são uma mácula cristã?

Hitler era diabolicamente consciente do poder da religião. Alegando proteger a Alemanha do comunismo ateu, invocou Deus em seus primeiros discursos e declarou, em *Mein Kampf* [Minha luta]: "Acredito hoje que minha conduta está de acordo com a vontade do Criador Todo-Poderoso".[18] Em 1933, logo depois de assumir o poder, ele capitaneou a assinatura de um pacto entre o Vaticano e o *Reich* alemão que protegia ostensivamente as liberdades e os interesses da Igreja. Se Marx viu a abolição da religião como um bloco necessário para a construção da justiça, Hitler trabalhou para se aproveitar do poder da religião em benefício de seus próprios fins. Mas, apesar de os cristãos terem sido incapazes de se opor à ascensão devastadora de Hitler, a religião da qual ele se aproveitou não foi o cristianismo. De fato, segundo Baldur von Schirach, líder da Juventude Hitlerista, "a destruição do cristianismo era explicitamente reconhecida como um propósito do movimento nacional-socialista".[19]

Em vez de rejeitar o cristianismo de uma vez, os nazistas defenderam o que chamavam de "cristianismo positivo", mudando a Bíblia para que ela se encaixasse em seus desígnios. Primeiro, Jesus ganhou uma nova identidade ariana. Embora o Novo Testamento seja enfático sobre a identidade judaica de Jesus, Hitler declarou: "Não posso imaginar Cristo senão loiro e de olhos azuis, mas o demônio apenas com uma carranca judia".[20] As Bíblias

---

[18] Adolf Hitler, *Mein Kampf—My struggle*, ed. Rudolf Hess, trad. James Murphy (s.l.: Haole Library, 2015), p. 38.

[19] Apud Joe Sharkey, "Word for word/The case against the Nazis; how Hitler's forces planned to destroy German Christianity", *New York Times*, 13 jan. 2002, disponível em: https://www.nytimes.com/2002/01/13/weekinreview/word-for-word-case-against--nazis-hitler-s-forces-planned-destroy-german.html.

[20] *Völkischer Beobachter*, 28 abr. 1921, apud Richard Steigmann-Gall, *The holy Reich: Nazi conceptions of Christianity, 1919-1945* (Cambridge: Cambridge University Press, 2004), p. 37.

da época do nazismo removeram o Antigo Testamento e editaram os Evangelhos para extirpar referências ao fato de Jesus ser judeu, sua priorização missional aos israelitas e seu cumprimento das Escrituras hebraicas. Isso exigiu uma ginástica editorial extraordinária. O Novo Testamento é um documento profundamente judaico, e tentar desvincular Jesus do Antigo Testamento é como tentar desvincular Shakespeare da língua inglesa. De fato, uma grande questão para os primeiros cristãos era a possibilidade ou não de ser cristão sem primeiro *tornar-se* judeu. Embora a resposta seja claramente negativa, ela foi dada pelo apóstolo Paulo, autodeclarado "verdadeiro hebreu" (Filipenses 3:5).

Além de seu trabalho antijudaico de picotar, os nazistas editaram os textos neotestamentários de outras maneiras a fim de alinhá-los à sua ideologia. Por exemplo, no transformador Sermão do Monte, foi eliminada a profunda compaixão pelos fracos, para que se tornasse uma mensagem militarista.[21] Por fim — o que foi o mais impressionante —, os nazistas substituíram Jesus pelo próprio Hitler.

Joseph Goebbels, ministro da Informação e Propaganda, disse de Hitler: "Estamos testemunhando o maior milagre da história. Um gênio está construindo um novo mundo!".[22] A versão nazista dos Dez Mandamentos proclamava "Honra teu *Führer* e Mestre". A Juventude Hitlerista aprendia orações semelhantes ao Pai-nosso, que, no entanto, se dirigiam ao *Führer*:

> Adolf Hitler, és nosso grande *Führer*.
> Teu nome faz o inimigo tremer.
> Teu III Reich vem, tua vontade apenas é lei sobre a terra.
> Que ouçamos dia após dia tua voz.
> Comanda-nos por tua liderança,

[21] Para uma visão geral das Bíblias da era nazista, cf. Susannah Heschel, *The Aryan Jesus: Christian theologians and the Bible in Nazi Germany* (Princeton, NJ: Princeton University Press, 2010), p. 106-10.

[22] Apud Jean-Denis G. G. Lepage, *Hitler Youth, 1922-1945: an illustrated history* (Jefferson, NC: McFarland.: 2008), p. 87

pois obedeceremos até o fim e com a nossa vida.

Nós te louvamos! Salve, Hitler![23]

A Juventude Hitlerista era chamada para nada menos que a adoração: "Teu nome, meu *Führer*, é a felicidade dos jovens, teu nome, meu *Führer*, é para nós vida eterna".[24] Assim, a Alemanha nazista foi fundada sobre uma nova religião, com um novo messias e uma ideologia que não poderia estar mais distante da fé cristã.

Tragicamente — por convicção ou coerção —, muitos pastores alemães compraram a mentira. Pior ainda: venderam-na. O espírito do povo alemão fora esmagado pela Primeira Guerra Mundial, e a promessa de Hitler de restabelecer o orgulho nacional era muito sedutora. Além disso, uma horrorosa inclinação antissemita que perseguira o cristianismo europeu por séculos, alimentada pela profunda decepção de Martinho Lutero com o fato de a Reforma Protestante não haver produzido uma conversão maciça dos judeus a Jesus, facilitou que muitos cristãos alemães engolissem a crescente culpabilização dos judeus. Certos líderes cristãos alegavam: "O Deus eterno criou para nossa nação uma lei que lhe é peculiar. Ela tomou forma no líder Adolf Hitler e no Estado nacional-socialista criado por ele".[25] O preço pelo inconformismo era alto. As igrejas que não apoiaram o regime foram invadidas por turbas nazistas, acompanhadas da Gestapo, a polícia secreta. Era inegável o afastamento do verdadeiro cristianismo.

Em 1937, dois anos antes do início da Segunda Guerra Mundial, o papa escreveu uma encíclica aos católicos alemães na qual acusava Hitler de "uma guerra de extermínio" contra a igreja. "Cuidado, veneráveis irmãos", escreveu ele, "com esse crescente abuso, tanto na fala quanto na escrita, do nome de Deus como se

---

[23] Apud Lepage, *Hitler Youth*, p. 87.

[24] Ibidem.

[25] "Directives of the Church Movement German Christians (Movement for a National Church) in Thuringia", in: *The Nazi years: a documentary history*, ed. Joachim Remak (Long Grove, IL: Waveland, 1990), p. 95-6.

fosse um rótulo vazio, a ser afixado em qualquer criação [...] da especulação humana”.[26] Expondo o conflito entre o cristianismo e o nacionalismo, ele escreveu: “Ninguém, senão mentes superficiais, poderia tropeçar em conceitos como o de um Deus nacional, de uma religião nacional; ou tentar encerrar, nas fronteiras de um único povo, nos estreitos limites de uma única raça, Deus, o Criador do universo”. Opondo-se à remoção, nas Bíblias, do Antigo Testamento, que era “simplesmente a palavra de Deus”, o papa declarou: “Nada além de ignorância e orgulho poderia cegar alguém para os tesouros acumulados no Antigo Testamento”. Ele condenou, ainda mais, a reescrita dos Evangelhos: “O cume da revelação alcançado no evangelho de Cristo é final e permanente. Não conhece nenhum retoque de mãos humanas; não admite substitutos ou alternativas arbitrárias como os que certos líderes pretendem extrair do chamado mito da raça e do sangue”. Além disso, o papa enfaticamente denunciou o culto messiânico em torno de Hitler:

> Se algum homem ousar, em sacrílega desconsideração das diferenças essenciais entre Deus e sua criação, entre o Deus-homem e os filhos do homem, colocar um mortal, seja ele o maior de todos os tempos, ao lado de Cristo, ou acima dele, ou contra ele, deve ser chamado de profeta do nada.

Muita tinta já foi gasta na questão de quão cúmplice o papa foi do avanço de Hitler. Mas a mensagem dessa carta é inequívoca: os nazistas mutilaram o cristianismo até deixá-lo irreconhecível.

No mesmo ano, milhares de protestantes se opuseram às táticas nazistas. Setecentos pastores foram presos. Muitos deles foram executados ou mandados para campos de concentração. O líder mais famoso foi o pastor e teólogo Dietrich Bonhoeffer, um dos

---

[26] Papa Pio XI, “Mit Brennender Sorge: on the Church and the German Reich”, *Papal Encyclicals Online*, 20 fev. 2017, disponível em: http://www.papalencyclicals.net/pius11/p11brenn.htm.

primeiros a identificar a natureza horrenda da postura nazista em relação aos judeus. Ele desafiou os cristãos a enxergarem os judeus como o "próximo que caiu nas mãos de assaltantes" da parábola de Jesus sobre o bom samaritano — ou seja, aquele a quem Cristo nos manda resgatar a qualquer custo. E o custo foi alto. Em 1939, Bonhoeffer escreveu: "Quando Cristo chama um homem, ele o convida a vir e morrer".[27] Em 1945, ele foi executado em um campo de concentração em Flossenbürg, dias antes da libertação pelas forças aliadas.

Dois estudantes, Hans e Sophie Scholl, estavam entre muitos outros cristãos que morreram por se opor a Hitler. Eles iniciaram um movimento de resistência chamado "A Rosa Branca" e publicaram panfletos denunciando as deportações em massa e a execução de judeus como "o mais terrível crime contra a dignidade humana, um crime sem paralelo em toda a história"; e ousadamente proclamaram: "Cada palavra que vem da boca de Hitler é uma mentira".[28] "Nós lutamos com nossas palavras", disse Sophie. Os irmãos pagaram pelo desafio. Em 18 de fevereiro de 1943, Sophie parou no alto da escadaria, diante do pátio da universidade, e lançou folhetos ao ar, observando-os cair pelos degraus. Um zelador a viu e a denunciou à Gestapo. Sophie e Hans foram presos, interrogados e decapitados.

Pouquíssimos cristãos mostraram esse tipo de coragem. Muitos se submeteram, como os sapos do ditado, à lenta fervura da propaganda nazista. Mas o contraste radical entre o "cristianismo positivo", endossado pelo nazismo, e qualquer fé biblicamente reconhecível levou muitos à ação, apesar do preço da resistência. Como Bonhoeffer observou a um amigo quando foi levado à execução: "Este é o fim, mas para mim é o princípio da vida".[29]

---

[27] Dietrich Bonhoeffer. *Life together*, trad. John W. Doberstein (New York: HarperCollins, 1954), p. 8. [No Brasil: *Vida em comunhão* (São Leopoldo: Sinodal, 2011).]

[28] Apud Richard Hurowitz, "Remembering the White Rose", *New York Times*, 21 fev. 2018, disponível em: https://www.nytimes.com/2018/02/21/opinion/white-rose-hitler-protest.html.

[29] Bonhoeffer, *Life together*, p. 13.

A CIÊNCIA DE HITLER

Hitler chegou ao poder três anos depois de Russell ter declarado que "a religião nos impede de ensinar a ética da cooperação científica no lugar das velhas e cruéis doutrinas do pecado e da punição". Mas, se Hitler deu origem a uma religião para embasar sua ideologia racista, também procurou justificá-la pela ciência. Ele argumentou, em *Mein Kampf*:

> Se a natureza não deseja que os indivíduos mais fracos se acasalem com os mais fortes, ela deseja ainda menos que uma raça superior se misture com uma inferior; porque nesse caso todos os seus esforços, ao longo de centenas de milhares de anos, para estabelecer um estágio evolucionário superior podem resultar inúteis.[30]

Na visão de Hitler, a raça ariana era simplesmente superior, e manter a pureza racial consistia em uma ética evolutiva:

> O mais forte deve dominar o mais fraco, e não acasalar com ele, o que significaria o sacrifício da própria natureza superior. Apenas o que nasceu fraco pode enxergar crueldade nesse princípio, e ele assim vê apenas por ser de uma natureza mais débil e ter uma mente mais estreita; pois, se tal lei não dirigisse o processo de evolução, então o desenvolvimento superior da vida orgânica simplesmente não seria concebível.[31]

Como veremos no capítulo 7, tem-se reivindicado a evolução como um fundamento científico para perspectivas tão divergentes quanto as do comunismo, do capitalismo e do calvinismo. Além disso, a compreensão que Hitler tinha da evolução era mais um

---

[30] Hitler, *Mein Kampf*, p. 125.
[31] Ibidem.

produto de pensadores intermediários que uma derivação direta do próprio Darwin.[32] Mas podemos observar a lógica horrenda: se a evolução depende da sobrevivência dos mais aptos, talvez uma raça possa reivindicar ser mais apta e superar as demais. De fato, para recordar a observação de Steven Pinker mais uma vez, sob as muitas abordagens atuais da ética legadas a nós pela evolução, a virtude é o mesmo que "sacrifícios que beneficiam o próprio grupo em competição com outros" e, nesses termos, o fascismo de Hitler era "a mais virtuosa das ideologias".[33]

O FILÓSOFO DE HITLER

Uma das maiores influências intelectuais de Hitler foi o filósofo alemão do século 19 Friedrich Nietzsche. Nietzsche viu que, embora Deus tenha sido declarado funcionalmente morto por parte do Iluminismo racionalista, a Europa ainda negociava com base na ética cristã. Em *Crepúsculo dos ídolos*, ele escreveu: "Quando se abandona a fé cristã, subtrai-se de si mesmo também o *direito* à moral cristã. Esta *não* é absolutamente algo evidente em si. [...] Se arrancarmos dele [cristianismo] um conceito central, a fé em Deus, despedaçamos também o todo: já não temos mais nada de necessário nas mãos".[34] Nietzsche reconheceu a ideologia mais tarde esposada por Hitler como antagônica ao cristianismo, tanto em suas origens como em seus valores.

---

[32] Embora Darwin acreditasse que a evolução implicava uma hierarquia das raças, ele fez tão só uma breve referência aos judeus, notando similaridades entre eles e os arianos, a que Hitler se opôs fortemente. Cf. Robert J. Richards, *Was Hitler a Darwinian? Disputed questions in the history of evolutionary theory* (Chicago: University of Chicago Press, 2013), p. 202.

[33] Steven Pinker, "The false allure of group selection", *Edge*, 18 jun. 2012, disponível em: https://www.edge.org/conversation/steven_pinker-the-false-allure-of-group-selection.

[34] Friedrich Nietzsche, "Skirmishes of an untimely man", cap. 8 de *The twilight of the idols*, in: *The portable Nietzsche*, ed. e trad. Walter Kaufmann (New York: Penguin, 1976), p. 515-6. [No Brasil: "Incursões de um extemporâneo", *Crepúsculo dos ídolos, ou Como se filosofia com o martelo*. Tradução, notas e posfácio de Paulo César de Souza (São Paulo: Companhia das Letras, 2006), p. 65.]

> O cristianismo, de raiz judaica e compreensível apenas como produto deste solo, representa o *movimento oposto* a toda moral do cultivo, da raça, do privilégio: é a religião antiariana *par excellence*: o cristianismo, a revalorização de todos os valores arianos [...] o evangelho pregado aos pobres, aos baixos, a revolta geral de todos os pisoteados, miseráveis, malogrados e desfavorecidos contra a "raça".[35]

Em *Assim falou Zaratustra*, Nietzsche imaginou um Übermensch, ou "Além-do-homem", que se ergueria acima do bem e do mal, jogando fora a "moral de escravo". Zaratustra comparava a relação evolutiva entre símios e seres humanos à relação entre os seres humanos e o Übermensch.[36] Hitler mapeou essa ideia até os alemães arianos e rejeitou a moralidade da fraqueza oferecida pelo cristianismo.[37]

ACERTANDO AS CONTAS COM O NAZISMO

A filosofia de Hitler baseava-se em ciência pobre e ia além de seu escopo. A ideia de que há uma hierarquia evolutiva das raças é cientificamente insustentável. Mas a crença de Hitler na hierarquia racial foi sustentada por muitos cientistas de seus dias, tanto na Alemanha como fora dela. Temos de ser cautelosos quando nos sugerem que podemos substituir a ciência pela religião e esperar que um mundo melhor emerja daí. A ciência não foi pensada para nos oferecer uma moralidade. Ela pode nos ajudar a construir

[35] Friedrich Nietzsche, "The 'improvers' of mankind", cap. 6 de *The twilight of the idols*, in: *The portable Nietzsche*, p. 504-5. [No Brasil: "Os 'melhoradores' da humanidade", *Crepúsculo dos ídolos, ou Como se filosofia com o martelo*, p. 52.]

[36] "O homem é uma corda estendida entre o animal e o Além-do-homem — uma corda sobre um abismo" (Friedrich Nietzsche, *Thus spake Zarathustra*, trad. Thomas Common (1909), prólogo, seção 4). [No Brasil: *Assim falou Zaratustra* (São Paulo: Companhia de Bolso, 2018).]

[37] Para um excelente tratamento da relação de Hitler com a filosofia nietzschiana, cf. Ronald Osborn, *Humanism and the death of God: searching for the good after Darwin, Marx, and Nietzsche* (Oxford: Oxford University Press, 2017), p. 128-75.

armas químicas e medicamentos quimioterápicos, mas não pode nos dizer quando e como usá-los. Como vimos no capítulo anterior, a ciência não pode fundamentar a crença de que os seres humanos têm o mesmo valor.

Se colocarmos o nazismo na conta do dragão da religião (seja ela qual for), então a ciência contemporânea também deverá ajudar a pagar. Hitler invocou ambas. Além disso, como Nietzsche apontou, não podemos nos agarrar a verdades morais supostamente autoevidentes, como a de igualdade humana ou de repúdio à violência e ao racismo, sem um fundamento filosófico: "Quando se abandona a fé cristã, subtrai-se de si mesmo também o *direito* à moral cristã".[38]

E A DEMOCRACIA?

E se estivermos fazendo a pergunta errada? Talvez a religião seja totalmente irrelevante diante do problema da violência, e a resposta seja simplesmente estabelecer a democracia liberal. O próprio Hitler, no entanto, alcançou o poder em uma suposta democracia, de modo que a democracia não é uma medida profilática garantida contra ditadores genocidas. De qualquer modo, a democracia liberal tem provado estar relacionada a uma série de benefícios. Como Pinker observa, as democracias "têm taxas de crescimento mais altas, menos guerras e genocídios, cidadãos mais saudáveis e escolarizados, e quase nenhuma fome".[39]

A democracia surgiu em Atenas, no século 5 a.C. Mas a democracia ateniense não estava fundada em reivindicações universais de liberdade e igualdade. O sufrágio era limitado aos cidadãos adultos e homens, e "condicionado à homogeneidade de proprietários que falavam a mesma língua, cultuavam as mesmas

---

[38] Nietzsche, *The portable Nietzsche*, p. 515.

[39] Steven Pinker, *Enlightenment now: the case for reason, science, humanism, and progress* (New York: Penguin, 2018), p. 200. [No Brasil: *O novo iluminismo: em defesa da razão, da ciência e do humanismo* (São Paulo: Companhia das Letras, 2018).]

divindades e estavam dispostos a prestar serviço militar em defesa da cidade-Estado".[40] Os filósofos eram céticos. Platão se opunha à democracia argumentando ser tolo dividir o poder além das elites capacitadas. Aristóteles via a democracia como um avanço em relação à monarquia apenas se o monarca fosse um tirano em vez de um rei benevolente.[41] Desde então, a democracia se disseminou, aos trancos e barrancos, com muitas falsas primaveras. Mas, para nós no Ocidente de hoje, a democracia parece ser um bem autoevidente, tão natural à modernidade quanto a ciência e a internet. Há dois problemas nessa visão.

Primeiro, esquecemos a relação do cristianismo com o crescimento e a difusão da democracia. E esse caminho não foi reto nem suave. Os cristãos tanto ajudaram a cultivar ideais democráticos de igualdade como perpetuaram ideias repressivas de estatismo e elitismo.[42] Não devemos romantizar um passado complexo. No entanto, foi a ética bíblica da igualdade humana independente de condições sociais, sua insistência em que os líderes são servos e seu realismo sobre a natureza humana que tornaram as nações cujo terreno público tenha sido cultivado pelo cristianismo capazes de adotar a distribuição do poder representada pela democracia. A complexa unidade que conhecemos como Estados Unidos é um bom exemplo disso.

Além disso, a ligação entre cristianismo e democracia é evidente fora do Ocidente. O cientista político Robert Woodberry mostrou que a prevalência histórica de missionários protestantes "explica cerca de metade das variações nas democracias da África, Ásia, América Latina e Oceania, e remove o impacto da maioria das variáveis que dominam as pesquisas estatísticas atuais".[43]

---

[40] John W. de Gruchy, *Christianity and democracy: a theology for a just world order* (Cambridge: Cambridge University Press, 1995), p. 16.

[41] De Gruchy, *Christianity and democracy*, p. 17.

[42] Cf. John Witte, ed., *Christianity and democracy in global context* (Boulder, CO: Westview, 1993).

[43] Robert D. Woodberry, "The missionary roots of liberal democracy", *American Political Science Review* 106, nº 2 (2012), p. 244.

Os missionários têm sido "um catalisador crucial para o desenvolvimento e a difusão da liberdade religiosa, a educação massiva, a imprensa de massa, os jornais, as organizações voluntárias e as reformas coloniais, criando, assim, as condições que possibilitam uma democracia estável".[44] Essa correlação é um exemplo dos efeitos positivos que surgiram da atividade missionária.

O segundo fator que esquecemos quando percebemos a democracia liberal como a forma natural de governo é sua compatibilidade questionável com o segundo mais disseminado sistema de crenças. Diferentemente do cristianismo, o islã prescreve uma estrutura política e um conjunto de leis que têm dificuldade de se harmonizar com a democracia. Em 2017, apenas seis dos 57 Estados-membros da Organização para a Cooperação Islâmica eram considerados democracias pelo *Índice de Democracia 2017*, da Economist Intelligence Unit — todas elas substancialmente "falhas". Essa tensão é subjacente à má interpretação ocidental da chamada Primavera Árabe, de 2010-2012. Os ocidentais assistiam, ansiosos, a esses fatos, na expectativa de que os protestos que haviam tomado seis países de maioria muçulmana dessem à luz democracias liberais. Na Tunísia (onde os protestos começaram) foi isso que aconteceu. Mas Líbia, Síria, Iêmen e Iraque entraram em guerras civis — causando milhares de mortes de civis e a aflitiva ascensão do Estado Islâmico —, enquanto os protestos no Bahrein eram reprimidos. Há muitas razões para isso. Mas uma delas é que muitas das facções que protestavam eram lideradas por muçulmanos conservadores em busca de derrubar os regimes seculares e instaurar a *sharia* em vez de estabelecer democracias liberais.

A democracia não é algo que simplesmente acontece, nem é inevitável sua difusão. O relatório *Índice de Democracia 2017*, da revista *The Economist*, registrou que a pontuação média indicativa de democracia caiu de 5,52, em 2016, para 5,48, em 2017 (em uma

---

[44] Woodberry, "Missionary roots of liberal democracy", p. 244. Esse resultado é consistente em diferentes continentes e subamostras e robusto para mais de cinquenta indicadores de controle e análises de variáveis instrumentais.

escala de 0 a 10).[45] Como o islã continuará a se difundir nas próximas décadas, podemos presumir que a democracia recuará ainda mais. Para nascer e sobreviver, a democracia precisa encontrar ninho entre fundamentos filosóficos adequados. Certamente muitas nações democráticas no Ocidente passaram por um processo substancial de secularização. Mas os países nos quais a fé e a prática cristãs declinam ainda se agarram à herança filosófica cristã, que exige igualdade entre os seres humanos, liberdade religiosa e cuidado com os pobres. Mesmo na Índia, a maior democracia do mundo, com uma população cristã proporcionalmente pequena, o modelo democrático vigente procede de uma tradição que combina liberalismo britânico e exemplos norte-americanos, os quais, por sua vez, apoiam-se em sua herança cristã.[46] Quaisquer que sejam as crenças sobre Jesus, se ansiamos pela disseminação mundial da democracia, a difusão do cristianismo — e, o que não é menos importante, seu crescimento na China — pode ser nossa maior esperança.

O PROBLEMA MAIS PROFUNDO

Entretanto, isso nos traz de volta ao problema diagnosticado por Marx: o fracasso dos cristãos em cumprirem a promessa do Novo Testamento. Certamente, o cristianismo tem grande impacto sobre a paz e a justiça, um impacto sem paralelo entre outras cosmovisões. Mas os registros do fracasso cristão também são extensos. Por que os cruzados se entregaram a matanças desnecessárias? Por que tantos ministros alemães apoiaram Hitler? Como os Estados Unidos, de maioria cristã, aceitaram a escravidão? A lista continua. Acredito que há duas razões primárias para o fracasso de

[45] Cf. tb. "Democracy continues its disturbing retreat", *The Economist*, 31 jan. 2018, disponível em: https://www.economist.com/graphic-detail/2018/01/31/democracy-continues-its-disturbing-retreat.

[46] Cf. Sumit Ganguly, "The story of Indian democracy", *Foreign Policy Research Institute* [site], 1º jun. 2011, disponível em: https://www.fpri.org/article/2011/06/the-story-of-indian-democracy/.

nações supostamente cristãs viverem de acordo com os ensinos de Jesus. E ambas foram previstas pelo próprio Jesus.

Primeiro, não podemos pressupor que qualquer um que se identifique como cristão seja autenticamente um — particularmente em sociedades nas quais afirmar ser um seguidor de Jesus não é um passaporte para o martírio, mas um meio de acesso ao poder. Descrevendo o juízo final, Jesus falou de muitos que se surpreenderão com a própria condenação, quando sua negligência no cuidado dos pobres e oprimidos revelará seu fracasso em seguir Cristo.[47] Segundo, a Bíblia nos ensina a esperar o fracasso moral da parte dos cristãos. Não somos naturalmente boas pessoas que se comportam mal apenas se forem privadas de formação apropriada e educação ou em razão das circunstâncias. Antes, somos intrinsecamente pecadores, pessoas que se desviam para o egoísmo como um carro com o volante desalinhado. Vejo isso diariamente ao olhar para meu próprio coração. Embora os cristãos sejam libertados, pela morte de Jesus, da punição pelo pecado que cometeram, a Bíblia é clara quanto ao fato de que eles não estão livres da praga do pecado até o retorno de Jesus. Posso esperar ver sinais de crescimento em minha vida. Mas devo me preparar mentalmente para enfrentar uma luta contínua e vitalícia com o pecado. Como o apóstolo João declarou: "Se afirmarmos que estamos sem pecado, enganamos a nós mesmos, e a verdade não está em nós" (1João 1:8).

Para muitos de nós no Ocidente atual, nosso egoísmo não é satisfeito pela violência. Minha vida não melhoraria se eu cometesse um assassinato. Mas me coloque em uma situação na qual a violência me beneficia, e quem sabe o que sou capaz de fazer! Gostaria de pensar que eu daria minha vida para resistir aos nazistas. Mas minha coragem moral nunca foi testada até esse ponto; e, quanto mais velha fico, menos confio em minha própria virtude. No capítulo anterior, vimos boas evidências de que a cosmovisão cristã geralmente ajuda as pessoas a serem mais amorosas e

[47] Cf., p. ex., Mateus 25:41-45.

menos violentas. Mas, mesmo no microcosmo de uma igreja, os cristãos são confrontados pelo fracasso moral. Como disse Bonhoeffer, "tão certo como Deus deseja nos conduzir ao conhecimento da genuína comunhão cristã, deve ser nossa entrega a um grande senso de desilusão com os outros, com os cristãos em geral e, tendo sorte, com nós mesmos".[48] A desilusão não é o fim da vida cristã. É seu princípio.

A VIOLÊNCIA CENTRAL DA FÉ CRISTÃ

Cravado no coração do cristianismo, está um símbolo de violência extrema — a execução brutal e torturante de um homem inocente, promovida pelo Estado. Os cristãos acreditam que essa execução foi orquestrada pelo próprio Deus. Com base nisso, alguns argumentam que o cristianismo glorifica a violência. Mas o significado da cruz é precisamente o oposto. A violência é o uso do poder pelo forte para ferir o fraco. Na cruz, o mais poderoso daqueles que já viveram submeteu-se à mais brutal das mortes para salvar os desprovidos de poder. O cristianismo não glorifica a violência, mas a humilha.

Encravar a violência na cruz responde ao nosso problema mais fundamental, que não é falta de educação, democracia ou oportunidade, mas a terrível realidade que a Bíblia chama de pecado. E a estranha afirmação de que Jesus ressuscitou nos oferece a esperança de que o mal não triunfará no final e de que qualquer um que desistir de sua vida para seguir Cristo a achará. Essa crença, quando se está cheio dela, conduz à ação. Foi ela que levou os cristãos do século 4 a criar lugares nos quais os pobres e os doentes poderiam ser assistidos — locais que agora chamamos de hospitais. Foi ela que levou Martin Luther King a crer que a resistência não violenta poderia triunfar sobre a opressão violenta. E é ela que ainda leva os cristãos de hoje a se sacrificar, em todo o mundo, para

---

[48] Bonhoeffer, *Life together*, p. 27.

servir a outras pessoas. Em um artigo de opinião do *New York Times* intitulado "Evangelicals without the blowhards" [Evangélicos sem os fanfarrões], o jornalista ganhador do Pulitzer e ativista pelos direitos humanos Nicholas Kristof escreve: "Vá para as linhas de frente, em casa ou fora, nas batalhas contra a fome, malária, estupros em presídios, fístula obstétrica, tráfico humano ou genocídio, e algumas das pessoas mais corajosas que você encontrará são cristãos evangélicos (ou católicos conservadores, semelhantes em muitos sentidos) que verdadeiramente vivem sua fé".[49]

A religião provoca violência? É certo que sim. Mas milhões de pessoas são conduzidas, por sua fé, a amar e servir a outras. E o cristianismo, em particular, tem servido como um fertilizante para a democracia, uma motivação para a justiça e uma ordem para a cura. Se acreditamos que o mundo seria menos violento sem ele, talvez precisemos checar os fatos de que dispomos.

---

[49] Nicholas Kristof, "Evangelicals without blowhards", *New York Times*, 31 jun. 2017, disponível em: http:// www.nytimes.com/2011/07/31/opinion/sunday/kristof-evangelicals-without-blowhards.html.

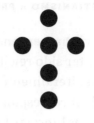

CAPÍTULO **SEIS**

COMO VOCÊ PODE ACEITAR A BÍBLIA LITERALMENTE?

JÁ PARTIRAM SEU CORAÇÃO? O meu, já. Eu poderia lhe contar o que aconteceu. Mas, em vez disso, vou contar o que não aconteceu. Ninguém chamou uma ambulância. Nem checou minha pressão arterial. Muito menos tentou uma reanimação cardiorrespiratória.

Se você já ficou de coração partido, sabe que a dor pode ser tão real quanto a de uma parada cardíaca. Mas e se eu tivesse um ataque do coração, meu marido ligasse para o 192, e o atendente respondesse: "Sinto muito por saber do coração da sua esposa; não tente fazer nada; apenas abrace-a, ouça e faça que ela saiba que você a ama"?

Nossa vida pode depender de distinguir verdades literais de metáforas. Se uma amiga lhe contasse que iria matar o marido, você provavelmente deduziria que ela está aborrecida com ele e planeja expressar essa contrariedade com palavras bem intensas! Se seu irmão dissesse que "literalmente" morreu de vergonha quando a garota de quem ele gostava leu o cartão de Dia dos Namorados dele, você não se surpreenderia com sua ressurreição.

Mas, se ele dissesse que vinha pensando em suicídio por estar com o coração partido por ter sido rejeitado, você provavelmente consideraria suas palavras literalmente. Tanto a linguagem literal como a figurativa podem corresponder à realidade. Podemos contar mentiras com palavras literais e falar a verdade por meio de metáforas. De fato, quando se trata da Bíblia, algumas das verdades mais profundas são expressas metaforicamente.

Neste capítulo, examinaremos o equívoco segundo o qual é incoerente ler algumas passagens bíblicas literalmente e outras não, a suposição de que nem sempre "tomar a Bíblia literalmente" nos dá licença para nos desviar de suas afirmações de milagres, a questão das contradições nos evangelhos e a ideia de que o Novo Testamento não é uma fonte confiável sobre o judeu do primeiro século conhecido como Jesus de Nazaré.

É INCOERENTE LER ALGUMAS PASSAGENS LITERALMENTE E OUTRAS, NÃO?

Nossa vida está repleta de metáforas. Arrebentamos as costas de trabalhar. Amamos de todo o coração. Pesquisas recentes em comunicação comprovaram o que os poetas sabem há milênios: nós, seres humanos, achamos as metáforas memoráveis, persuasivas e comoventes. Nosso cérebro está programado para imagens verbais que comparem uma coisa ou uma experiência à outra. Essas imagens inflamam nossa imaginação e nos conectam aos seus autores, reunidos pela experiência compartilhada que faz a metáfora funcionar. Como uma piada interna ou uma linguagem comum, metáforas constroem relacionamentos. É por isso que amantes escrevem poesia.

De alguma maneira, nos esquecemos disso quando se trata da Bíblia. Em uma pesquisa de 2014, perguntaram a pastores norte-americanos qual das alternativas a seguir refletia, com mais precisão, a visão que eles tinham da Bíblia.

- *"A Bíblia é a própria palavra de Deus e deve ser tomada literalmente, palavra por palavra"* (28%).

- *"A Bíblia é a palavra inspirada de Deus, mas nem tudo nela deve ser tomado literalmente"* (47%).
- *"A Bíblia é um livro antigo de fábulas, lendas, histórias e preceitos morais registrados por homens"* (21%).[1]

Instintivamente, esperamos que essas declarações categorizem os pastores em uma ordem decrescente da seriedade com que levam a Bíblia. Mas, se você ler as palavras do próprio Jesus, logo perceberá que "tomar a Bíblia literalmente, palavra por palavra" é muitas vezes perder de vista o principal.

Quando Jesus diz "Eu sou o bom pastor", não está afirmando que é um fazendeiro. Ele está ocupando a metáfora de Deus como pastor: "O Senhor é o meu pastor", declara o pastor do Antigo Testamento que se tornou rei, Davi (Salmos 23:1). Quando Jesus diz "Eu sou a videira verdadeira" (João 15:1), ele não está afirmando ser uma planta. Em vez disso, ele está nos convidando a recordar a metáfora veterotestamentária de Israel como a videira de Deus. De fato, as pessoas geralmente não entendem Jesus porque o interpretam literalmente.

No Evangelho de João, Jesus expulsa do templo os cambistas e desafia os transeuntes chocados: "Destruam este templo, e eu o levantarei em três dias". "Este templo levou quarenta e seis anos para ser edificado", retrucam eles, "e o senhor vai levantá-lo em três dias?". Mas João explica que Jesus estava falando de seu corpo — o verdadeiro templo, o lugar em que Deus se encontra com seu povo e o verdadeiro sacrifício é oferecido (João 2:19-21). Mais tarde, um líder judeu chamado Nicodemos visita Jesus durante a noite. Jesus lhe diz que ele deve nascer de novo. "Como alguém pode nascer, sendo velho?", pergunta Nicodemos. "É claro que não pode entrar pela segunda vez no ventre de sua mãe e renascer!"" (João 3:4). Pouco depois, Jesus rompe com barreiras raciais, religiosas e de

[1] Lydia Saad, "Three in four in US still see the Bible as Word of God", *Gallup*, 4 jun. 2014, disponível em: http://news.gallup.com/poll/170834/three-four-bible-word-god.aspx.

gênero, pedindo água a uma mulher samaritana, antes de afirmar que ele pode lhe proporcionar água viva (João 4:10). Mais uma vez, ela o interpreta literalmente e perde de vista o principal.

As verdades expressas metaforicamente nessas e em outras passagens bíblicas são surpreendentemente reais. De fato, se a mensagem da Bíblia é verdadeira, as realidades literais de nossa vida são metáforas encarnadas que nos apontam para o Deus transcendente.

Cunhamos metáforas observando conexões: o amor é uma doença; a vida é uma maratona; os pais são como helicópteros. Mas Deus não atentou simplesmente para o amor paterno e, então, decidiu chamar-se nosso Pai. Antes, ele criou a paternidade, de modo que os melhores pais humanos podem nos oferecer tão somente um relance do amor paterno de Deus. Deus não notou a intimidade do sexo e do casamento e, com base nisso, decidiu chamar Jesus de Noivo e a igreja de sua noiva.[2] Antes, Deus criou o sexo e o casamento para que o matrimônio, em sua melhor expressão, pudesse nos dar um gostinho de seu amor incondicional, sacrificial e apaixonado. O Evangelho de João começa com a seguinte metáfora: "No princípio era aquele que é a Palavra" (João 1:1). Isso evoca as primeiras linhas da Bíblia, quando Deus cria falando. João identifica a Palavra como o próprio Jesus e inunda nosso entendimento com metáforas: Jesus é a luz do mundo, o cordeiro de Deus, o templo, a vinha verdadeira, o bom pastor, a água viva, o caminho, a porta.

METÁFORAS E MILAGRES

Isso significa que a Bíblia *não* deve ser interpretada literalmente, ou então que podemos contornar qualquer passagem desafiadora afirmando que ela é metafórica? De jeito nenhum. Como em qualquer conversa, algumas partes são intencionalmente literais, mas outras, não. Normalmente, é fácil diferenciar. Por exemplo, os autores do Novo Testamento enfatizam que Jesus ressuscitou

[2] Cf. o capítulo 8 para uma discussão mais longa dessa metáfora.

literalmente dentre os mortos—ossos, feridas e todo o resto. Atentar para as metáforas poderosas que circulam pelas Escrituras não diminui nem por um instante as reivindicações radicais que a Bíblia faz a respeito de milagres, verdade eterna e uma decisão de vida e morte que todos devemos tomar. De fato, alguns dos ensinamentos mais difíceis de Jesus são expressos por metáforas. "Entrem pela porta estreita", adverte ele, "pois larga é a porta e amplo o caminho que leva à perdição, e são muitos os que entram por ela" (Mateus 7:13). O uso da metáfora é óbvio aqui. Mas há ocasiões em que as pessoas que levam a Bíblia a sério discordam quanto a se uma declaração é literal ou metafórica, se é uma história ou uma parábola.

Muito sangue foi derramado durante a Reforma Protestante discutindo como deveríamos compreender Jesus quando ele diz a seus discípulos: "Isto é o meu corpo", ao partir o pão, e "Isto é o meu sangue", ao servir o vinho. Trata-se de metáforas? Ou Jesus está miraculosamente se convertendo no pão e no vinho que os cristãos comem e bebem quando lembram sua morte? Católicos e protestantes discordam. Além disso, os milagres de Jesus frequentemente funcionam como metáforas. Ao perdoar um paralítico antes de curar suas pernas, Jesus nos convida a ver paralelos entre as curas física e espiritual. Quando ele chama os primeiros pescadores-discípulos para o seguirem, ele conduz uma pesca miraculosa e então lhes diz para deixarem as redes e se tornarem "pescadores de homens" (Lucas 5:1-11).

Entretanto, quando os milagres de Jesus se revestem de significado metafórico, isso não significa que eles não tenham ocorrido literalmente. A habilidade de Jesus de fazer aquilo que apenas Deus pode fazer aponta para quem ele é. "Quem é este que até os ventos e o mar lhe obedecem?" (Mateus 8:27).

PARÁBOLAS E POESIA

A verdadeira-embora-não-literal complexidade é ainda mais bem demonstrada pelas parábolas de Jesus. Para usar um exemplo, a famosa parábola do bom samaritano não é iniciada por "Então, Jesus contou uma parábola". E os eventos por ele descritos são realistas. Jesus conta de um homem que é roubado, agredido e deixado como morto enquanto viajava de Jerusalém a Jericó — uma rota notoriamente perigosa. Jesus descreve dois homens religiosos passando ao largo da vítima — mais uma vez, um detalhe bem plausível, envolvendo homens que ficariam cerimonialmente impuros se tocassem em um cadáver. O elemento mais surpreendente da história é seu herói: a pessoa que, por fim, se compadece do homem ferido é um samaritano. No entanto, não há nenhuma pista óbvia no texto de que Jesus não esteja relatando eventos reais. Mas, se estivermos familiarizados com seu estilo de ensino, compreenderemos instintivamente que esse não é o relato de uma cena de crime, mas uma parábola com uma mensagem. Mais uma vez, devemos ter cuidado ao distinguir entre verdadeiro e literal, e ficar atentos ao gênero de qualquer texto bíblico, para alcançar seu significado.

Se as parábolas são um exemplo, a poesia — um recurso literário predominante, particularmente no Antigo Testamento — é outro. Encontramos um livro inteiro de poesia bíblica no livro de Salmos, que funcionou como o cancioneiro dos israelitas. Também lemos trechos poéticos substanciais nos escritos proféticos do Antigo Testamento, bem como recursos poéticos nos cinco primeiros livros da Bíblia, conhecidos como Pentateuco. A escrita poética não é um estorvo para a Bíblia, mas parte de sua força. No entanto, temos de reconhecer seu caráter e lê-la em seus próprios termos. Às vezes, falhar em reconhecer os artifícios figurados de um texto bíblico é como levar um poema amoroso ao supermercado e ficar se perguntando por que não consegue encontrar todos os itens nas prateleiras.

A BÍBLIA NÃO ESTÁ CHEIA DE CONTRADIÇÕES?

Depois de uma palestra sobre cristianismo e racionalidade, o professor de Matemática Satyan Devadoss foi desafiado sobre o aparente problema das contradições. Sua resposta desarmou a todos.

Em vez de imediatamente negar que a Bíblia esteja "cheia de contradições", como esperamos de alguém que crê tratar-se da Palavra de Deus, Devadoss deu à audiência um exemplo — caso essas pessoas não tivessem algum em mente — citando as diferentes ordens da criação em Gênesis 1 e 2. Então, ele explicou que esses relatos aparentemente contraditórios estavam teologicamente, e não cronologicamente, ordenados, e que foram justapostos para nos oferecer uma visão bifocal. Tendemos a supor que somos a primeira geração a notar tais diferenças. Mas não somos. De fato, os relatos foram claramente dispostos lado a lado por motivos teológicos.

Uma analogia com o ensino de Jesus pode ajudar. Jesus chamou a si mesmo de "o Bom Pastor" (João 10:11). Mas ele também é chamado de "Cordeiro de Deus" (João 1:29). Como você pode ser tanto o pastor como o cordeiro? Bem, Jesus é tanto o pastor-Rei como o cordeiro pascal para o sacrifício. Ele é o sacerdote e a oferta, o profeta e a Palavra, o Alfa e o Ômega. Você pode descartar essas coisas como contradições ou experimentá-las como paradoxos que descrevem um homem que transcende nosso entendimento. Com efeito, como aponta o estudioso do Novo Testamento Peter Williams, Jesus frequentemente *ensinou* por meio de paradoxos. "A presença de tais contradições formais deliberadas", argumenta ele, "não significa que declarações contraditórias sejam, de alguma maneira, verdadeiras em um nível mais profundo".[3]

A sofisticação dos escritos bíblicos torna-se evidente desde os primeiros capítulos de Gênesis. Por exemplo, em Gênesis 2, Deus proíbe Adão de comer o fruto da árvore do conhecimento do bem e do mal, advertindo que, "no dia em que dela comer, certamente você morrerá" (Gênesis 2:17). Adão come o fruto, mas vive para ser pai de três filhos. Há três maneiras possíveis de interpretar a advertência divina nesse contexto. Primeiro, Deus não falava de uma morte física, mas espiritual, o que se alinha com o Novo Testamento, no

[3] Peter J. Williams, *Can we trust the Gospels?* (Wheaton, IL: Crossway, 2018), p. 127. [No Brasil: *Podemos confiar nos Evangelhos?* (São Paulo: Edições Vida Nova, 2022).]

qual o apóstolo Paulo rotineiramente usa vida e morte como categorias espirituais.[4] De fato, assim como a decisão de Jesus de perdoar um paralítico antes de curá-lo, isso destaca a importância primária de nossa condição espiritual. A segunda possibilidade é que Deus não se referiu ao mesmo dia literalmente, mas alertava Adão de que, uma vez que comesse o fruto, sua morte física seria inevitável. Isso se conforma a uma perspectiva do tempo segundo a dimensão divina. "Não se esqueçam disto, amados", escreve Pedro, "para o Senhor um dia é como mil anos, e mil anos como um dia" (2Pedro 3:8). Uma última abordagem a Gênesis 2:17, embora biblicamente insustentável, é a de que Deus quis dizer "dia" e "morrer" literalmente, mas que ele mentiu ou mudou de ideia.

Os cristãos assumem uma variedade de perspectivas sobre o gênero preciso dos primeiros capítulos de Gênesis, mas a linguagem de Gênesis 2:17 nos lembra que (colocando-se de lado as questões científicas), mesmo para aqueles que adotam uma abordagem puramente literal de Gênesis 1—3, permanecem os enigmas no texto: enigmas que devem ter sido evidentes aos primeiros leitores e, portanto, seriam intencionais. De fato, é parte de seu poder de persuasão que Gênesis 2 e 3 nos obriguem a considerar se Deus está falando de morte física ou espiritual e imaginar se até mesmo a devastadora morte física pode ser menos terrível que a alienação de Deus. Estamos inclinados a pressupor que somos mais sofisticados que um texto escrito há milhares de anos. Mas, quanto mais lemos a Bíblia, mais descobrimos que não somos. A professora do MIT Rosalind Picard descobriu isso quando era adolescente e "uma ateia orgulhosa". Ela pensava que a Bíblia estava "cheia de coisa doida e fantasiosa", mas se surpreendeu: "Comecei a ler a Bíblia", lembra ela, "e a Bíblia começou a me transformar".[5]

---

[4] Cf., p. ex., Colossenses 2:13: "Quando vocês estavam mortos em pecados e na incircuncisão da sua carne, Deus os vivificou juntamente com Cristo".

[5] Rosalind Picard, respondendo à pergunta de entrevista do colunista do *New York Times* Ross Douthat sobre sua trajetória do ateísmo à fé. *The Veritas Forum* [vídeo], 12 jan. 2016, disponível em: https://www.youtube.com/watch?v=3ScEV1IbL5A.

Mas e as aparentes contradições nos relatos sobre a vida de Jesus? No capítulo 3, argumentei que o cristianismo depende da realidade histórica da morte e da ressurreição de Jesus. A presença de contradições aparentes nos evangelhos não encerra a questão?

E AS CONTRADIÇÕES NOS EVANGELHOS?

Os quatro Evangelhos são unânimes a respeito da identidade, missão e mensagem de Jesus, mas carregam muitas diferenças em termos de ordenação e detalhes. O professor especialista em Novo Testamento Bart Ehrman escreveu muito acerca dessas diferenças, e concluiu que a Bíblia é irreconciliavelmente contraditória. Alguns de seus exemplos, no entanto, deixam entrever sua parcialidade e o levam a tirar conclusões desnecessárias. Por exemplo, Ehrman nota que, no Evangelho de Mateus, Jesus declara: "Aquele que não está comigo está contra mim" (Mateus 12:30), enquanto em Marcos ele diz: "Quem não é contra nós está a nosso favor" (Marcos 9:40). Ehrman se pergunta: "As duas coisas foram ditas por ele? É possível que ele quisesse dizer ambas? Como podem ser verdadeiras ao mesmo tempo? Ou será que um dos evangelistas fez confusão?".[6] Mas você só precisa ver um jogo de futebol para entender: quando há dois lados, você não pode estar em ambos. E, como notamos antes, Jesus frequentemente ensinava por meio de paradoxos. Não há nada de estranho nisso. Peter Williams cita a abertura de *Um conto de duas cidades* ("Era o melhor dos tempos, era o pior dos tempos") como um exemplo literário familiar para nos ajudar a entender.[7] Entretanto, as contradições aparentes entre os Evangelhos assumem variadas formas e justificam um estudo cuidadoso.

Alguns enigmas surgem da suposição de que Jesus executou algumas coisas apenas uma vez. Quando o vemos dizendo ou fazendo

---

[6] Bart D. Ehrman, *Jesus, interrupted: revealing the hidden contradictions in the Bible (andwhy we don't know about them)* (New York: HarperOne: 2010), p. 41.

[7] Williams, *Can we trust the Gospels?*, p. 127.

coisas semelhantes em lugares ou momentos distintos, podemos concluir que os evangelistas se confundiram. Mas, como pregadores itinerantes, políticos e ativistas de hoje em dia, os rabinos do primeiro século repetiam seus ensinos para difundir sua mensagem. Algumas vezes, até mesmo milagres se repetem por alguma razão. Por exemplo, o Evangelho de Mateus registra que Jesus alimentou cinco mil homens (além de mulheres e crianças) com cinco pães e dois peixes (Mateus 14:13-21). No capítulo seguinte, ele alimenta quatro mil com sete pães e alguns peixinhos (Mateus 15:32-39). Jesus teve conversas semelhantes com seus discípulos em ambos os episódios. A princípio, parece extraordinário que os discípulos tenham esquecido o primeiro milagre tão rapidamente. Imaginamos se o evangelista está apenas recontando o mesmo evento, com alguns dos detalhes (local, número de pães e assim por diante) misturados. Mas no capítulo seguinte Jesus recorda os dois eventos. Ele adverte seus discípulos para que tomem cuidado com o fermento dos fariseus e saduceus, e eles pensam que ele está reclamando por eles terem se esquecido de trazer pão. "Não se lembram dos cinco pães para os cinco mil e de quantos cestos vocês recolheram?", retruca Jesus. "Nem dos sete pães para os quatro mil e de quantos cestos recolheram? Como é que vocês não entendem que não era de pão que eu estava lhes falando?" (Mateus 16:9-11).

Quando notamos os locais dos dois milagres, identificamos seu significado: a segunda multiplicação ocorre em uma área com uma grande proporção de gentios. Se o primeiro milagre de Jesus lembra a provisão de pão do céu, por meio de Moisés, para os israelitas famintos, a segunda amplia a provisão para os não judeus. Como João diz, se tudo o que Jesus disse ou fez fosse escrito, "nem mesmo no mundo inteiro haveria espaço suficiente para os livros que seriam escritos" (João 21:25). Mas Mateus registra esses dois milagres consecutivamente para estabelecer um ponto teológico.

Algumas diferenças aparentes entre os Evangelhos surgem de nosso senso moderno do tempo e das normas do relato histórico. Ehrman nos dá um exemplo: o Evangelho de Lucas registra a ascensão de Jesus ao céu diretamente depois do relato das primeiras aparições de Jesus ressurreto para seus discípulos (Lucas 24). Atos (que também se acredita ter sido escrito por Lucas) nos conta que as aparições de Jesus pós-ressurreição se prolongaram por quarenta dias antes de sua ascensão. Trata-se de uma contradição? Não. Os Evangelhos frequentemente agrupam eventos em uma aparente corrida frenética ("e então... e então... e então"), quando, de fato, havia intervalos significativos entre eles. Mais uma vez, há paralelos modernos. Se uma amiga me contasse que seu patrão mudou de ideia, ela poderia dizer: "Em um minuto, ele está me mandando fazer isso; no minuto seguinte, está me dizendo para fazer aquilo". Poderia haver um intervalo de uma semana entre as duas conversas, mas a expressão "em um minuto" dá conta da questão.

Nossas sensibilidades modernas nos fazem menos inclinados a mudar a ordem na qual os eventos tomam lugar. Mas o gênero historiográfico no primeiro século era diferente de hoje. Particularmente no Evangelho de João, os eventos são muitas vezes registrados em uma ordem que privilegia a teologia sobre a cronologia. A melhor analogia contemporânea para isso talvez esteja no cinema. Estamos acostumados a perceber partes da história em uma ordem não cronológica. Por exemplo, logo depois de um personagem conhecer uma mulher adulta, podemos ver um *flashback* do relacionamento dos dois quando eram crianças. O cérebro de um perfeito engenheiro do meu marido frequentemente luta para reconhecer essas transições. Quando explico que acabamos de voltar vinte anos para mostrar o passado dos personagens, ele pergunta: "Como você sabia?". Várias vezes, não sei como explicar: eu simplesmente sei! Esperamos isso tanto de filmes que narram fatos históricos como dos ficcionais. Às vezes, os evangelistas adotam a mesma abordagem.

Nosso senso de localização também pode ser mais rígido que o de nossos antepassados. Os evangelistas não são sempre tão precisos com suas ambientações quanto nós seríamos, embora eles sejam muitas vezes *mais* precisos, e os enigmas possam surgir de nossa ignorância. Por exemplo, o Evangelho de Lucas situa a ascensão de Jesus em Betânia (Lucas 24:50), enquanto Atos mostra os discípulos voltando "do Monte das Oliveiras" (Atos 1:12). Isso parece contraditório até você perceber que Betânia é tradicionalmente associada à cidade de al-Elzariya, na Cisjordânia, que fica na encosta sudeste do Monte das Oliveiras.

Mesmo hoje, algumas vezes usamos títulos tecnicamente contraditórios para o mesmo lugar. Por exemplo, eu moro em Cambridge, Massachusetts. Boston fica do outro lado do rio Charles e é uma cidade completamente separada, com governo, sistema de ensino e identidade diferentes. Mas eu costumo dizer às pessoas que vivo em Boston, porque Cambridge se encontra na área metropolitana de Boston. É também menos confuso para meus amigos britânicos que dizer "Cambridge" e ter de explicar à qual me refiro, se à inglesa ou à norte-americana!

E OS OUTROS EVANGELHOS?

O romance histórico de Dan Brown, *O Código Da Vinci*, popularizou a ideia de que os quatro Evangelhos incluídos na Bíblia foram selecionados em detrimento de outros relatos que pintariam um retrato mais autêntico de Jesus. Mas, crítico como é das Escrituras, Bart Ehrman reconhece que os Evangelhos neotestamentários são "as melhores e mais antigas fontes de que dispomos para conhecer a vida de Jesus", observando que essa é "a visão de todos os historiadores sérios da Antiguidade, de qualquer vertente, desde os comprometidos cristãos evangélicos até os ateus radicais".[8]

Alguns sugerem que os "evangelhos" deixados de fora representam uma versão mais feminista do cristianismo que foi filtrada pela igreja primitiva.[9] Por exemplo, alguns textos gnósticos atri-

[8] Bart D. Ehrman, *Truth and fiction in* The Da Vinci Code (Oxford: Oxford University Press, 2004), p. 102.

[9] Para uma abordagem concisa dos Evangelhos não canônicos e das visões popularizadas por Dan Brown, cf. Garry Williams, *The Da Vinci Code: from Dan Brown's fiction to Mary Magdalene's faith* (Fearn, Ross-shire, Reino Unido: Christian Focus, 2006).

buíram um papel primordial a Maria entre os discípulos de Jesus. Mas, se você ler os próprios textos, descobrirá que eles estão longe de ser feministas de fato. O chamado *Evangelho de Tomé* termina assim: "Simão Pedro disse a ele: 'Que Maria nos deixe, porque mulheres não são dignas da vida'. Jesus respondeu: 'Eu mesmo a conduzirei para fazer dela um homem, de modo que ela também possa se tornar um espírito vivente semelhante aos homens. Pois toda mulher que se fizer homem entrará no reino dos céus'".[10]

Essa perspectiva misógina combinava com boa parte da filosofia antiga. Mas é gritante o contraste entre essa declaração e a visão elevada que Jesus tinha das mulheres nos evangelhos canônicos. Independentemente de seu conteúdo teológico, no entanto, é verdade que os "evangelhos" que não entraram em nossa Bíblia foram excluídos por motivos políticos e têm tanto direito de ser incluídos quanto aqueles que pertencem ao Cânon?

Embora outros escritos sobre Jesus estivessem circulando nos primeiros séculos da igreja, há bons indícios de que os quatro Evangelhos neotestamentários estavam mais próximos da vida, da morte e da ressurreição de Jesus em termos tanto de data de composição quanto de conexão com os apóstolos que testemunharam os eventos. Com base nos manuscritos existentes, parece que os Evangelhos do Novo Testamento foram muito mais amplamente lidos que outros escritos, mesmo antes do estabelecimento formal do Cânon, e que estavam sendo reunidos como uma coleção já no final do segundo século.[11] Em muitos casos, os outros "evangelhos" são também diferentes em gênero. O *Evangelho de Tomé*, por exemplo, é mais uma coletânea de ditos que um registro de eventos e ensinos.[12] Mas como podemos confiar em que os Evangelhos

---

[10] *Evangelho de Tomé*, dito 114, in: James M. Robinson, ed., *The Nag Hammadi Library* (San Francisco: Harper, 1990), p. 138.

[11] Charles E. Hill, *Who chose the Gospels? Probing the great* Gospel *conspiracy* (Oxford: Oxford University Press, 2010).

[12] Para indícios da dependência do *Evangelho de Tomé* em relação aos escritos neotestamentários, cf. S. J. Gathercole, *The composition of the Gospel of Thomas: original language and influences* (Cambridge: Cambridge University Press, 2012).

incluídos em nossa Bíblia atual são suficientemente fiéis aos eventos da vida de Jesus para consistir em fontes confiáveis?

JESUS E AS TESTEMUNHAS OCULARES

Ehrman encontra-se em uma longa linhagem de acadêmicos que argumentam que os Evangelhos são internamente incoerentes, divergindo da história conhecida, por serem produtos de extensas tradições orais, teologicamente manipuladas pelas gerações posteriores. Por algum tempo, essa visão prevaleceu na academia. Nos debates recentes, no entanto, muitos estudiosos alcançaram elevados patamares acadêmicos apresentando argumentos novos a favor da historicidade dos Evangelhos. Para um resumo excelente e acessível das várias evidências que podemos examinar com o fim de determinar a autenticidade dos Evangelhos, recomendo o recente livro de Peter Williams *Podemos confiar nos Evangelhos?*, que sustenta que, se não fosse pelas extraordinárias alegações dos Evangelhos que levam muitos a pressupor sua falsidade, eles passariam nos testes históricos com louvor. Não se trata apenas de cogitar se uma figura de historicidade duvidosa pode ou não ter existido: temos muito mais evidências, em manuscritos, da vida de Jesus, com base nas cópias dos Evangelhos, que da vida de algumas outras importantes figuras históricas da mesma época, incluindo o próprio Tibério, o imperador romano que governava durante o ministério público de Jesus.[13] Também dispomos do testemunho de muitas fontes não cristãs, e hostis, comprovando fatos básicos da vida, da morte e da alegada ressurreição de Jesus. Aqui vou escolher apenas uma das linhas de evidências intrigantes.

Em sua inovadora obra *Jesus and the eyewitnesses* [Jesus e as testemunhas oculares], o estudioso britânico Richard Bauckham argumenta que o Evangelho de Marcos foi escrito "durante o período de vida de muitas das testemunhas oculares", enquanto

[13] Williams, *Can we trust the Gospels?*, p. 39-41.

os outros Evangelhos neotestamentários foram escritos quando as testemunhas oculares vivas estavam se tornando escassas — em um momento no qual seu testemunho morreria se não fosse escrito.[14] Bauckham demonstra que a frequência com que certos nomes aparecem nos Evangelhos reflete sua frequência em outras fontes da Palestina do primeiro século. (Se você já se perguntou por que há tantas Marias e Simões nos Evangelhos, saiba que esses eram então nomes muito comuns naquela região!) A partir daí, Bauckham se vale de seu conhecimento das regras da época para a citação de testemunhas a fim de iluminar o modo pelo qual os nomes são mencionados nos Evangelhos, argumentando que muitos dos nomeados eram testemunhas oculares que haviam contado suas histórias "como fiadores autorizados de suas tradições".[15] Isso explica estranhas aparições. Por exemplo, no relato marcano da crucificação, os soldados constrangem um passante a carregar a cruz quando Jesus desaba sob seu peso. Esse homem é identificado pelo lugar de origem, como "Simão de Cirene", mas também descrito como "pai de Alexandre e Rufo" (Marcos 15:21). Bauckham argumenta que os filhos de Simão são mencionados por serem conhecidos na comunidade cristã primitiva e poderem corroborar o relato.[16]

A RESSURREIÇÃO

As discrepâncias entre as listas de nomes das testemunhas da ressurreição nos diferentes Evangelhos são frequentemente citadas como indícios contrários à sua autenticidade. Mas Bauckham argumenta que as diferenças, na verdade, demonstram "o *cuidado* rigoroso com que os Evangelhos apresentam as mulheres como testemunhas".[17] Ele sugere que os autores nomearam as testemunhas

---

[14] Richard Bauckham, *Jesus and the eyewitnesses: the Gospels as eyewitness testimony* (Grand Rapids, MI: Eerdmans, 2008), p. 7. [No Brasil: *Jesus e as testemunhas oculares: os Evangelhos como testemunhos de testemunhas oculares* (São Paulo: Paulus, 2011).]
[15] Bauckham, ibidem, p. 39.
[16] Bauckham, ibidem, p. 51-2.
[17] Bauckham, ibidem, p. 49.

oculares conhecidas deles pessoalmente. Isso é especialmente significativo em Mateus. Sob a lei judaica, exigia-se que houvesse três testemunhas para confirmar um evento, mas, em vez de reforçar sua lista, Mateus "se satisfaz com apenas duas mulheres bem conhecidas dele como testemunhas".[18]

Com nossas sensibilidades contemporâneas, é fácil perder de vista o significado de mulheres como as primeiras testemunhas da ressurreição. Na cultura judaica de então, o testemunho de mulheres não tinha crédito. Não havia como os evangelistas, se estivessem forjando os fatos, escolherem mulheres como testemunhas-chave. Seria como atualmente basear uma tese legal fundamental no testemunho de criancinhas. Observamos essa atitude preconceituosa contra as mulheres na reação dos discípulos: "As que contaram estas coisas aos apóstolos foram Maria Madalena, Joana e Maria, mãe de Tiago, e as outras que estavam com elas. Mas eles não acreditaram nas mulheres; as palavras delas lhes pareciam loucura" (Lucas 24:10-11).

A autenticidade dos Evangelhos é ainda mais atestada por quão embaraçosos eles são para os primeiros líderes da igreja. Todos os discípulos do sexo masculino o abandonaram. Pedro, um de seus amigos mais íntimos e um líder central da igreja primitiva, negou três vezes conhecer Jesus. Com base nisso e em muitos outros aspectos, os Evangelhos fazem um péssimo trabalho de relações públicas para os apóstolos. Esses detalhes certamente teriam sido apagados se os evangelistas não estivessem comprometidos em registrar o que de fato ocorreu. Essas especificidades certamente não foram inventadas! Quem quer ser conhecido para sempre como "Tomé, o incrédulo", ou como o discípulo que jurou que seguiria Jesus até a morte e, poucas horas depois, jurou que não o conhecia?

N. T. Wright, outro importante estudioso do Novo Testamento e historiador da Antiguidade, lançou luz, de modo bem significativo,

---

[18] Bauckham, ibidem, p. 50.

sobre a reivindicação de que Jesus ressuscitou dentre os mortos. Examinando cuidadosamente os contextos histórico e cultural — incluindo o aspecto embaraçoso de haver mulheres como testemunhas —, Wright derruba muitos dos argumentos geralmente usados para desacreditar a ressurreição. Alguns sugerem, por exemplo, que Jesus desmaiou na cruz em vez de morrer de fato. Mas os soldados romanos sabiam como matar. A crucificação (punição-padrão para os líderes de movimentos messiânicos) era um de seus métodos favoritos. Além disso, Wright observa que, quando movimentos messiânicos da época resultavam em crucificação, os seguidores ou desistiam e voltavam para casa ou então encontravam um novo messias. O manto era normalmente transferido para o parente ou o aliado mais próximo do ex-líder. Tiago, irmão de Jesus, teria sido a escolha óbvia. Mas, embora Tiago fosse um líder da igreja primitiva, não houve tentativa alguma para reivindicar sua messianidade. Ao contrário, os discípulos proclamaram que Jesus ressuscitara dentre os mortos. Muitos morreram por essa crença, algo que dificilmente fariam por uma mentira elaborada.

À luz do contexto judaico, Wright também descarta a ideia de que Jesus não ressuscitou fisicamente, tendo apenas passado a viver no coração de seus discípulos. Ressurreição, nos termos judaicos, sempre significou uma vida em um novo corpo após ter estado morto por um período. Muitos judeus do primeiro século acreditavam na ressurreição de todo o povo de Deus no último dia. Mas a ideia de que uma pessoa seria, nesse meio-tempo, ressuscitada em um corpo transformado era muito nova e inesperada.

Hoje consideramos implausível a ressurreição corpórea. Mas, como explica Wright, nossos predecessores do primeiro século também sabiam que as pessoas que morriam permaneciam mortas. Embora Jesus tivesse avisado aos seus discípulos que ele morreria e ressuscitaria, nenhum deles acreditou nisso até que o viram com os próprios olhos. Em outro embaraçoso episódio, Tomé se recusa a acreditar, mesmo com o testemunho ocular de todos os outros discípulos, até que ele mesmo viu Jesus (João 20:24-29).

A ressurreição parece tão inacreditável para nós quanto foi para Tomé. Mas, se há um Deus que criou o universo, não podemos excluir a possibilidade de milagres. Aquele que primeiro criou as leis da natureza certamente pode intervir quando quiser. Aquele que primeiro deu a vida certamente pode conceder vida aos mortos. Em 2018, o professor do MIT Ian Hutchinson publicou um livro chamado *Can a scientist believe in miracles*? [Um cientista pode acreditar em milagres?].[19] Ele não cresceu como cristão, mas veio a Cristo quando era um graduando na Universidade de Cambridge. Agora, passados alguns anos, depois de décadas de trabalho científico do mais alto nível, sua resposta à pergunta "Um cientista pode acreditar na ressurreição?" é um enfático sim.

[19] Ian Hutchinson, *Can a scientist believe in miracles? An MIT professor answers questions on God and science* (Downers Grove, IL: InterVarsity Press, 2018).

CAPÍTULO **SETE**

A CIÊNCIA NÃO REFUTOU O CRISTIANISMO?

NAS PÁGINAS INICIAIS de *The atheist's guide to reality* [O guia do ateísta para a realidade], o filósofo Alex Rosenberg declara: "Há muito mais no ateísmo que apenas argumentos arrasadores contra a existência de Deus. Além disso, há toda a cosmovisão que o acompanha. É um apego à realidade rigoroso, exigente e de tirar o fôlego, além de toda dúvida razoável, chamada ciência".[1] Outros ateus têm mais a dizer. Steven Pinker afirma o mesmo por um viés negativo: "As descobertas da ciência implicam que os sistemas de crenças de todas as religiões e culturas tradicionais do mundo [...] estão factualmente equivocados".[2] Richard Dawkins enxerga um universo que "tem precisamente as mesmas propriedades que deveríamos esperar se não houvesse, ao fim,

[1] Alex Rosenberg, *The atheist's guide to reality: enjoying life without illusions* (New York: Norton, 2011), p. viii.

[2] Steven Pinker, *Enlightenment now: the case for reason, science, humanism, and progress* (New York: Penguin, 2018), p. 394. [No Brasil: *O novo iluminismo: em defesa da razão, da ciência e do humanismo* (São Paulo: Companhia das Letras, 2018).]

nenhum *design*, propósito, mal ou bem, nada além de indiferença cega e impiedosa".[3]

Ouvindo o lirismo dos neoateus, podemos imaginar que o caso contra o teísmo está encerrado. Mas há outras vozes. O professor do MIT Daniel Hastings começou a seguir Jesus quando ainda era um adolescente, no Reino Unido: "Comecei dizendo que há um Deus que criou o universo", afirma Hastings, "e ele não é um Deus impessoal".[4] A professora do MIT Jing Kong, que cresceu na China e se tornou cristã durante a graduação na Universidade da Califórnia, em Berkeley, declara: "[Minha] pesquisa é apenas uma plataforma para eu realizar a obra de Deus. Sua criação, o modo pelo qual ele fez este mundo, é muito interessante. Na verdade, é incrível".[5] Andrew Gosler, professor de Etnobiologia aplicada em Oxford, tornou-se cristão, tendo uma origem judaica secularizada, quando já era professor. Ele diz: "Eu vim a crer em Cristo não por uma questão específica, como um valor da vida. Foi uma redefinição holística de perspectivas, atravessando cada aspecto da minha vida".[6] A lista continua. Russell Cowburn, professor de Física Experimental em Cambridge, expressa o que sentem dezenas de cientistas com quem tive o privilégio de trabalhar: "Compreender mais de ciência não torna Deus menor, mas nos permite ver sua atividade criadora com mais detalhes".[7]

Neste capítulo, questionaremos a suposição corrente de que a ciência aponta para o ateísmo. Examinaremos as origens cristãs da ciência e como os cristãos sempre estiveram na vanguarda das

---

[3] Richard Dawkins, *River out of Eden: a Darwinian view of life* (New York: Basic Books, 1996), p. 133. [No Brasil: *O rio que saía do Éden: uma visão darwiniana da vida* (Rio de Janeiro: Rocco, 1996).]

[4] Daniel Hastings, "Exploring true life", *The Veritas Forum* [vídeo], 28 jun. 2011, disponível em: https://www.youtube.com/watch?v=OGmNPWsR7_I.

[5] David L. Chandler, "In search of new ways of producing nanomaterials: Kong's research focuses on how to make and control novel forms of thin-film carbon", *MIT News*, 9 maio 2012, disponível em: http://news.mit.edu/2012/profile-kong-0509.

[6] Andrew G. Gosler, "Surprise and the value of life", in: R. J. Berry, ed., *Real scientists, real faith* (Oxford: Monarch, 2009), p. 182.

[7] Russell Cowburn, "Nanotechnology, creation and God", *TEDxStHelier* [vídeo], 27 ago. 2015, disponível em: https://www.youtube.com/watch?time_continue=3&v=UepCFseK_os.

descobertas científicas. Em seguida, destacaremos alguns campos científicos em desenvolvimento que foram anunciados como golpes à fé e proporemos que, longe de validarem o humanismo secular, eles expõem deficiências fundamentais em um sistema de crenças que busca, por um lado, reduzir a verdade ao que é cientificamente verificável e, por outro, defender o valor intrínseco da vida.

Cristãos que creem na Bíblia sempre sustentaram uma série de perspectivas sobre a relação entre ciência e Escrituras. O objetivo deste capítulo não é determinar qual delas é a correta. Se você decide seguir Jesus, acredito que empreenderá sua própria jornada e chegará às suas próprias conclusões. Minha esperança, com estas páginas, é simplesmente oferecer um gostinho do relacionamento frutífero entre ciência e cristianismo — um vínculo omitido no discurso popular — e sugerir que a crença em um Deus Criador racional proporciona o primeiro e melhor fundamento para o empreendimento científico.

O CRISTIANISMO E O NASCIMENTO DA CIÊNCIA

Ouvindo hoje os neoateus, dificilmente se imaginaria que a ciência moderna foi desenvolvida, a princípio, pelos cristãos. Dois frades franciscanos, Roger Bacon (c. 1214-1294) e Guilherme de Ockham (c. 1285-1350), lançaram os fundamentos empíricos e metodológicos do método científico que Francis Bacon (1561-1626) consolidou e popularizou. Em seu ensaio "Of atheism" [Do ateísmo], ele escreveu: "É verdade que um pouco de filosofia inclina a mente humana ao ateísmo; mas aprofundar-se nela aproxima os homens da religião".[8] Robert Boyle (1627-1691), cujo nome foi celebrizado pela Lei de Boyle, foi outro personagem central no desenvolvimento da ciência. Boyle era um cristão devoto, intensamente envolvido em

[8] Francis Bacon, "Of atheism", in: *The essays* (Harmondsworth: Penguin, 1986), p. 107.

evangelismo e tradução bíblica. Considerou tornar-se ministro religioso, mas decidiu que serviria melhor a Jesus como cientista.

Mas não foi apenas coincidência que o método científico moderno tenha sido concebido por cristãos?

O cristianismo histórico sempre valorizou a vida intelectual. Os monastérios medievais eram centros acadêmicos de estudo. As primeiras universidades surgiram da necessidade de preparar sacerdotes.[9] Oxford e Cambridge — e, mais tarde, universidades como Harvard e Yale — foram fundadas como instituições abertamente cristãs.[10] Mas a Europa do início da Era Moderna não era o único lugar de busca intelectual. A China e algumas partes do mundo muçulmano eram, sob certos aspectos, mais tecnicamente avançadas e certamente valorizavam o estudo acadêmico. Então, por que a ciência moderna foi inventada na Europa cristã?

O professor de Princeton e filósofo da ciência mundialmente reconhecido Hans Halvorson defende uma conexão intrínseca entre a cosmovisão teísta e a científica. Cientistas buscam causas naturais para fenômenos naturais, não intervenção divina em um tubo de ensaio. Mas Halvorson nota que esse método não surgiu do ateísmo. Ao contrário, os primeiros cientistas acreditam que nosso universo foi planejado e criado por Deus "segundo um projeto que pode ser discernido por criaturas racionais como nós". Uma vez que Deus era livre para criar como bem entendesse, "a única maneira de descobrir o projeto da criação é a investigação empírica".[11] De fato, Halvorson argumenta que o teísmo ainda provê melhor fundamentação filosófica para a ciência que o ateísmo. O ateísmo *per se* não

---

[9] Embora locais de educação superior fora da Europa medieval às vezes fossem designados como "universidades", o historiador Jacques Verger argumenta que não eram propriamente isso. Cf. Verger, "Patterns", in: Hilde de Ridder-Symoens, ed., *A history of the university in Europe*, vol. 1, Universities in the Middle Ages (Cambridge: Cambridge University Press, 2003), p. 35.

[10] O lema de Harvard, por exemplo, é *Veritas Christo et Ecclasiae*, "Verdade — por Cristo e sua Igreja".

[11] Hans Halvorson, "Why methodological naturalism", in: Kelly James Clark, ed., *The Blackwell companion to naturalism* (Chichester, West Sussex, Reino Unido: Wiley-Blackwell, 2016), p. 142.

oferece qualquer fundamento para a ciência.[12] Isso não significa que os ateus não possam ser cientistas extraordinários. Muitos deles são. Mas, assim como o ateísmo não pode fundamentar nossas crenças éticas, também não pode justificar nossa ciência.

GALILEU E A REVOLUÇÃO COPERNICANA

A ideia de que o cristianismo é um inimigo da ciência e que o ateísmo é seu aliado distorce nossa percepção de muitos avanços científicos. A descoberta de que a Terra gira em torno do Sol é um bom exemplo disso. A condenação de Galileu pela Igreja Católica em 1633 é apresentada como uma vitória para o ateísmo, quando a concepção de um cosmo baseada na leitura literal das Escrituras foi desafiada por corajosos cientistas que estavam dispostos a enfrentar a Igreja. Com efeito, esse episódio é tomado como um paradigma da interação entre cristianismo e ciência: esta ataca; aquele se esquiva. A socióloga Elaine Howard Ecklund entrevistou cientistas de universidades de elite e descobriu que muitos citavam "a tortura de Galileu pelas mãos da Inquisição como a evidência central de que religião e ciência encontram-se em um conflito arraigado".[13] Como aponta Ecklund, a ideia de que Galileu foi torturado é um mito amplamente aceito sem nenhum respaldo histórico. Mas há três outros problemas com a noção de que o caso Galileu prova o triunfo da ciência sobre o cristianismo.

Primeiro, Galileu era cristão. Ele argumentou veementemente que o heliocentrismo não enfraquecia a autoridade bíblica. De fato, sua tentativa de apresentar argumentos teológicos era parte daquilo que o colocou em apuros diante do papa, que fora amigo

[12] Como observa o filósofo do MIT e ateu Alex Byrne: "Você pode sustentar, de modo consistente, o ateísmo ao lado da ideia de que a ciência não lhe diz praticamente nada sobre a natureza da realidade nem lhe fornece uma perspectiva sobre moralidade, a natureza humana ou o que quer que seja". Alex Byrne, "Is atheism a worldview?", *The Veritas Forum* [vídeo], 19 set. 2016, disponível em: https://www.youtube.com/watch?v=oeynhmPHqB4.

[13] Elaine Howard Ecklund, *Science vs. religion: what scientists really think* (Oxford: Oxford University Press, 2010), p. 149.

de Galileu e apoiara seu trabalho científico. Em vista da Reforma Protestante, a Igreja Católica se mostrava extremamente sensível a leigos fazendo pronunciamentos teológicos. O argumento de Galileu de que os autores bíblicos acomodavam sua linguagem à capacidade do povo era um princípio comum da teologia medieval. Mas, enquanto as batalhas teológicas da Reforma ainda eram travadas, essas questões adquiriram peso político.[14]

Em segundo lugar, a cosmologia predominante antes dessa controvérsia não era bíblica, mas aristotélica. O modelo de Aristóteles, segundo o qual a Terra se encontrava no centro do universo, com o Sol girando em torno dela, tinha sido o paradigma ensinado nas universidades ao longo de séculos antes que Copérnico e Galileu agitassem o barco cosmológico. Certamente, o modelo aristotélico era mais facilmente sobreposto a algumas passagens bíblicas que o modelo heliocêntrico. Mas sua visão de uma Terra esférica não se harmonizava com a cosmologia do antigo Oriente Médio, encontrada no Antigo Testamento, que concebia a Terra como fundada sobre pilares. Assim, a cosmologia endossada pela Igreja Católica antes da revolução copernicana não era compatível com o literalismo bíblico estrito.

O terceiro problema com a noção de que Galileu derrubou o literalismo bíblico era que durante séculos os cristãos vinham explorando perspectivas não literalistas dos textos bíblicos em relação à ciência. Por exemplo, o teólogo do quarto século Agostinho de Hipona advertiu seus contemporâneos para que não fizessem declarações científicas que pudessem levar a fé cristã a descrédito: "É vergonhoso e perigoso", escreveu ele, "para um não cristão, ouvir um cristão supostamente oferecendo o significado da Sagrada Escritura, afirmar tolices sobre essas coisas".[15] Alguns

[14] O caso de Galileu foi agravado pelo fato de que, em seu *Dialogue concerning the two chief world systems* (1632), ele colocou as preocupações do papa sobre o modelo heliocêntrico na boca de Simplício, que, ao longo do *Diálogo*, quase sempre falava em nome do lado perdedor.

[15] Santo Agostinho, *The literal meaning of Genesis* (1.19.39), trad. John Hammond Taylor (New York: Paulist Press, 1982), p. 43. [No Brasil: *Comentário ao Gênesis* (São Paulo: Paulus, 2005).]

cristãos atuais argumentam que não ler a Bíblia literalmente, a respeito de cada questão científica, compromete a credibilidade da ressurreição. Agostinho afirma o oposto:

> Se [os descrentes] encontrarem um equívoco cometido por um cristão, em uma área que eles conhecem bem, e o ouvirem sustentando opiniões tolas sobre nossos livros, como vão acreditar nesses livros no que diz respeito à ressurreição dos mortos, à esperança da vida eterna e ao reino dos céus?[16]

Longe de ser um golpe dos cientistas ateus contra o que sempre foi uma visão literalista das Escrituras, a revolução copernicana, portanto, poderia ser igualmente anunciada como um golpe dos cientistas cristãos contra séculos de um mal-entendido baseado na filosofia pagã. Certamente, a Igreja Católica resistiu na época. Mas, como ocorre com praticamente qualquer controvérsia científica desde então, havia cristãos de ambos os lados.

UMA (BREVE) HISTÓRIA DOS CRISTÃOS NA CIÊNCIA

A importância de cristãos na história da ciência é revelada por ninguém menos que Albert Einstein. Einstein mantinha fotos de três heróis da ciência na parede de seu gabinete: Isaac Newton, Michael Faraday e James Clerk Maxwell. Newton (c. 1642-1727) é um dos mais influentes cientistas de todos os tempos, famoso por formular as leis da gravidade e do movimento. Embora não fosse um cristão ortodoxo, em razão de negar a plena divindade de Cristo, Newton tinha uma crença sincera em Deus e escreveu mais sobre teologia do que sobre física. Faraday (1791-1867) é mais conhecido por seu trabalho em eletromagnetismo, e suas contribuições científicas foram tão significativas que ele é considerado

[16] Santo Agostinho, *Literal meaning of Genesis*, p. 43.

um dos maiores cientistas experimentais que já existiram. A constante de Faraday foi batizada com seu nome, assim como o efeito Faraday, a gaiola de Faraday e as ondas de Faraday. Faraday era um cristão apaixonado, profundamente interessado na relação entre ciência e fé.[17] Maxwell (1831-1879) recebeu o crédito pela segunda grande unificação da física, reunindo eletricidade, magnetismo e luz. Ele era um presbiteriano e se tornou presbítero da Igreja da Escócia.[18] Para esses homens, ciência e fé caminham de mãos dadas, e estudar a criação de Deus era um ato de adoração. Mas esse é um registro de uma pequena minoria na história da ciência na verdade ateia? De jeito nenhum.

Lorde Kelvin (1824-1907), cujo nome é lembrado pela unidade de temperatura Kelvin, é outro exemplo de excelência científica e fé autêntica. Kelvin foi um dos primeiros cientistas a calcular a idade da Terra em milhões, não em milhares de anos. Em um discurso proferido na Christian Evidence Society, instituição da qual era presidente, ele declarou:

> Por muito tempo, tenho sentido haver uma impressão geral, no mundo não científico, de que o mundo científico acredita que a ciência descobriu modos de explicar todos os fatos da Natureza sem adotar uma crença definida em um Criador. Nunca duvidei de que essa impressão fosse completamente infundada.[19]

---

[17] "Não posso duvidar", escreveu Faraday, entusiasmado, "que uma gloriosa descoberta no conhecimento natural, e da sabedoria e do poder de Deus na criação, aguarda nossa era, e que podemos não apenas esperar vê-la, mas inclusive ter a honra de ajudar a obter a vitória sobre a presente ignorância e o conhecimento futuro". Bence Jones, *The life and letters of Faraday*, vol. 2 (London: Longmans, Green and Co., 1870), p. 385.

[18] Cf., p. ex., esta oração de James Clark Maxwell: "Deus Todo-Poderoso, que criaste o homem à Tua imagem e o fizeste uma alma vivente para que Te buscasse e tivesse domínio sobre Tuas criaturas, ensina-nos a estudar as obras de Tuas mãos, para que possamos submeter a terra ao nosso uso e fortalecer a razão para Teu serviço; e assim receber Tua bendita Palavra para que possamos crer Naquele que Tu enviaste para nos dar o conhecimento da salvação e a remissão de nossos pecados, tudo o que pedimos em nome do mesmo Jesus Cristo, nosso Senhor". Apud Lewis Campbell e William Garnett, *The life of James Clark Maxwell: with selections from this correspondence and occasional writings* (London: MacMillan, 1884), p. 237.

[19] Lorde Kelvin, apud *Twelfth report of the Committee of the Christian Evidence Society* (London: G. Norman and Son, 1883), p. 46.

Tanto no século 19 como atualmente, as questões de ciência e fé são acaloradamente debatidas. Mas havia cristãos sérios no centro do "mundo científico" defendendo a crença em um Deus criador.

A suposição de que a ciência é uma ferramenta com a qual os ateus gradualmente têm demolido o cristianismo acaba por ser destruída com o *big-bang*. Um padre católico romano belga chamado Georges Lemaître foi o primeiro a propor a ideia maluca de que o universo começou como um ponto incrivelmente denso e quente: um "ovo cósmico". Como qualquer mudança de paradigma científico, a teoria encontrou resistência. Como Stephen Hawking observou: "Muitas pessoas não gostam da ideia de que o tempo teve um princípio, provavelmente porque isso cheira a uma intervenção divina. [...] Por isso, uma série de tentativas para evitar a conclusão de que houve um *big-bang*".[20]

Um dos cientistas que se opuseram à teoria foi o físico ateu Fred Hoyle, que cunhou o termo *big-bang* em uma entrevista de rádio na qual ele comparou a teoria a uma linda garota saindo de dentro de um bolo.[21] Ao lado de muitos cientistas de seus dias, Hoyle preferia a teoria do estado estacionário, segundo a qual o universo sempre existiu. Com esse modelo, era mais fácil evitar a ideia de que alguma coisa fora do universo o trouxe à existência. Longe de também apontar para o ateísmo, o *big-bang* é, de maneira intrigante, congruente com a crença cristã central de que Deus criou o universo do nada.[22]

Talvez a questão mais controvertida do domínio da ciência e fé também apresente uma história complicada quando se trata

---

[20] Stephen Hawking, *A brief history of time* (New York: Bantam, 1998), p. 49. [No Brasil: *Uma breve história do tempo* (São Paulo: Intrínseca, 2015).]

[21] Walter Sullivan, "Fred Hoyle dies at 86; opposed 'big bang' but named it", *New York Times*, 22 ago. 2001, disponível em: https://www.nytimes.com/2001/08/22/world/fred-hoyle-dies-at-86-opposed-big-bang-but-named-it.html.

[22] O cientista da Nasa Robert Jastrow capta como a descoberta de que o universo teve um princípio foi inquietante para os cientistas ateus da época: "Para o cientista que vivera por sua fé no poder da razão, a história termina como um pesadelo. Ele escalou a montanha da ignorância; está prestes a alcançar o pico mais alto; mas, quando salta a última pedra, é recepcionado por um bando de teólogos sentados ali há séculos" (Robert Jastrow, *God and the astronomers* [New York: Norton, 1978], p. 107).

do cristianismo. Darwin oscilou em suas crenças durante a vida, aparentemente progredindo do deísmo ao agnosticismo. Mas o colaborador mais próximo de Darwin e seu "maior advogado", o professor de Harvard e botânico Asa Gray, era um cristão apaixonado. Gray contribuiu com sua própria pesquisa para a de Darwin por meio de uma correspondência composta por mais de trezentas cartas. Em uma carta enviada a Gray, de 1881, Darwin escreveu: "Dificilmente haveria outra pessoa no mundo cuja aprovação eu valorize mais que a sua".[23] Diferentemente de Darwin, Gray via a natureza repleta de "inequívocos e irresistíveis indícios do *design*" e tentou persuadir Darwin a retornar ao cristianismo, argumentando: "O próprio Deus é o último e irredutível fator causal e, portanto, a fonte de toda a mudança evolutiva".[24]

A narrativa neoateísta é ainda mais comprometida pela história da genética. Gregor Mendel (1822-1884) era um frade católico romano que estudou a hereditariedade de ervilhas nos jardins da Abadia de São Tomé. Dawkins reconheceu Mendel como o "gênio fundador da genética", tendo o cuidado, no entanto, de minimizar a importância de sua fé: "Mendel, é claro, era religioso, um monge agostiniano; mas isso foi no século 19, quando tornar-se monge era o caminho mais fácil para o jovem Mendel em sua busca pela ciência. Para ele, era o equivalente a uma bolsa de estudos".[25] Essa versão tendenciosa é fundamental para quem quer preservar uma história da ciência em oposição à fé e, na maioria dos casos, é impossível de ser justificada.

Se a história da ciência do século 16 ao século 20 nos dá vários exemplos de cientistas cristãos notáveis, os cientistas chegaram às suas noções ateias à fria luz do século 20?

---

[23] Charles Darwin para Asa Gray, 29 jan. 1881, in: University of Cambridge, *Darwin Correspondence Project*, acesso em: 17 out. 2018, disponível em: https://www.darwinproject.ac.uk/ letter/DCP-LETT-13031.xml.

[24] Asa Gray, apud George Webb, *The evolution controversy in America* (Lexington: University Press of Kentucky, 2002), p. 19.

[25] Richard Dawkins, *The God delusion* (reimpr., Boston: Mariner, 2008), p. 125. [No Brasil: *Deus: um delírio* (São Paulo: Companhia das Letras, 2007).]

CIENTISTAS CRISTÃOS DE HOJE

Moro a uma curta distância do MIT, o templo sagrado do empreendimento científico nos Estados Unidos. Pare um estudante no "corredor infinito" que atravessa suas estruturas e lhe pergunte se ele acha que existe algum professor cristão no instituto, e a resposta seria provavelmente negativa. No entanto, a lista de chamada de professores cristãos do MIT é bem impressionante. Já mencionei o professor de ciência nuclear Ian Hutchinson, o professor de aeronáutica e astronáutica Daniel Hastings e o professor de engenharia elétrica Jing Kong, nenhum deles com uma criação cristã. Mas há mais. A especialista em inteligência artificial Rosalind Picard, que inventou o campo da computação afetiva, tornou-se cristã quando era adolescente. O professor de química Troy Van Voorhis veio a Cristo na pós-graduação em Berkeley. A professora de engenharia mecânica e bioengenharia Linda Griffith se tornou cristã quando já se consolidara como cientista. Outros cristãos incluem o professor de engenharia mecânica e oceânica Dick Yue; o professor de engenharia química Chris Love; o professor de bioengenharia, engenharia química e biologia Doug Lauffenburger; a professora de história Anne McCants; e até a neurocientista e ex-presidente do MIT (a primeira mulher a presidir o Instituto) Susan Hockfield. A lista continua. E isso vai muito além do MIT, com cientistas cristãos de renome ao redor do mundo. Se a ciência refutou o cristianismo, esqueceram de avisar a essas pessoas!

Isso não quer dizer que professores de ciência não sejam mais propensos a não crer que a população em geral. Na verdade, são: 34% deles, em universidades de elite, afirmam não crer em Deus, contra 2% da população em geral, e outros 30% dizem não saber se existe um Deus e que não há como saber.[26] Mas devemos ser cautelosos ao derivar causalidade de correlação. Ao serem entrevistados, são poucos os professores de ciência em universidades de

[26] Ecklund, *Science vs. Religion*, p. 17.

ponta que contam histórias de fé *perdida* por causa da ciência,[27] e as taxas demográficas relativas aos professores de ciências tendem fortemente ao seguinte perfil: norte-americanos do sexo masculino brancos, asiáticos ou judeus — o perfil demográfico menos propenso a professar a crença em Deus; e os que se afastam dos grupos demográficos mais religiosos: norte-americanos negros e latinos.[28] Talvez em razão do crescimento da diversidade, os grupos mais jovens de cientistas estão se tornando progressivamente mais religiosos — o oposto da tendência nacional.[29] De fato, é possível que a narrativa que apresenta a ciência como uma antítese ao cristianismo seja parte daquilo que mantém grupos sub-representados (afro-americanos, latinos e mulheres) de fora das ciências. Mais uma vez, a narrativa neoateísta segundo a qual a ciência refuta o cristianismo se mostra menos convincente do que parece à primeira vista.

A fragilidade da alegação de que a ciência refutou o cristianismo fica evidenciada pelo testemunho de um dos cientistas atualmente mais influentes dos Estados Unidos, que veio à fé quando já havia se profissionalizado como cientista. Francis Collins liderou o Projeto Genoma Humano e agora dirige o National Institutes of Health. Ele cresceu em um lar secular. A religião não era atacada; era, na verdade, algo irrelevante. Durante a pós-graduação em Yale, ele migrou

[27] Cf. Ecklund, *Science vs. religion*, p. 17: "Para a maioria dos cientistas entrevistados, não é o engajamento propriamente dito com a ciência que conduz para longe de Deus".

[28] Em 2016, 82% dos professores titulares em "universidades com grande volume de atividades de pesquisa" eram brancos, em comparação com os 73% de brancos da população norte-americana total (Ben Myers "Where are the minority professors?", *The Chronicle of Higher Education*, 14 fev. 2016, disponível em: https://www.chronicle.com/interactives/where-are-the-minority-professors). No entanto, 13% da população norte-americana é composta de afro-americanos, e um estudo nacional entre os cem principais departamentos de ciência e engenharia nas universidades revelou que as minorias sub-representadas compõem menos de 5% do corpo docente efetivo ou a caminho da efetivação (Donna J. Nelson, "A national analysis of minorities in Science and Engineering Faculties at research universities" [s.l., 2007], p. 1, disponível em: http://cheminfo.chem.ou.edu/faculty/djn/diversity/Faculty_Tables_FY07/07Report.pdf). Além disso, 16% dos professores de ciência em universidades de elite são judeus, em comparação com os 2% de judeus da população geral; e, entre cientistas judeus, quase 75% se declaram ateus. Cf. Ecklund, *Science vs. religion*, p. 36.

[29] Quanto mais jovem o grupo de cientistas entrevistados, mais propensos são a acreditar em Deus e frequentar cultos religiosos (Ecklund, *Science vs. religion*, p. 32).

do agnosticismo para o ateísmo, entendendo que a crença em Deus era racionalmente insustentável. Mas o ateísmo foi desafiado durante sua residência médica, quando lhe pareceu que a fé de seus pacientes lhes proporcionava uma ajuda invejável diante do sofrimento. Foi uma conversa com uma mulher idosa, que sofria de uma dor severa e sem tratamento, que abalou especialmente Collins. Ela compartilhou sua fé em Jesus com ele e lhe perguntou: "Doutor, no que o senhor acredita?". "Senti meu rosto corando", recorda, "enquanto eu gaguejava 'Não sei ao certo'."[30] Em seu desconcerto, Collins percebeu que nunca havia de fato considerado as evidências a respeito de Deus. Aquela simples pergunta de sua paciente o lançou em uma jornada envolvendo exploração e pesquisa, que resultou em sua aceitação de Jesus como seu Salvador. Agora ele acredita que "o Deus da Bíblia é também o Deus do genoma".[31]

ISSO SIGNIFICA ALGUMA COISA?

Em uma conversa entre médico e paciente bem diferente, Gregory House (o herói homônimo da série de sucesso *House*) censura uma artista performática que deu um jeito de se colocar sob seus cuidados. House percebe que a intenção da paciente era criar uma *performance*, por isso a desafia: "Acho que você acabou de descobrir que é mortal, apenas um saco de células e resíduos com prazo de validade. Você queria atuar. Queria que as pessoas a notassem. Talvez você até mesmo tenha suplicado por uma resposta diferente dessa vez. Eu tenho um título para sua obra: 'Isso não significa nada'".[32]

A ideia de que uma descrição científica exaustiva do ser humano esvazia nossa vida de sentido inspira o resumo niilista de Gregory House: todos nós não passamos de sacos de células e

---

[30] Francis Collins, *The language of God: a scientist presents evidence for belief* (New York: Free Press, 2006), p. 20. [No Brasil: *A linguagem de Deus: um cientista apresenta evidências de que ele existe* (São Paulo: Gente, 2007).]

[31] Collins, ibidem, p. 211.

[32] "Moving on", *House*, temporada 7, episódio 23.

resíduos com prazo de validade desconhecido; e isso não significa nada. O niilismo, em sua versão avançada, é uma resposta à redução da humanidade a seus componentes, à qual alguns acreditam que a ciência chegou. Mas a paciente de House representa uma visão diferente e talvez mais comum: claro, a ciência acabou com qualquer senso cósmico de significado, de modo que agora estamos livres para criar por nós mesmos; cada vida é uma *performance*. A premissa é a mesma em ambas as visões: se temos uma descrição completa de algo, outras descrições estão descartadas. Mas e se essa premissa estiver equivocada?

Oito anos atrás, dei à luz minha primeira filha. Sua concepção não foi miraculosa. Sua gestação nada teve de diferente. Tivesse um cientista se dado ao trabalho de documentá-la, não haveria qualquer desvio do roteiro. No entanto, eu não tinha dúvida de que essa criança fora criada por Deus e que ela estava bem longe de ser um saco de células e resíduos com prazo de validade — não porque ela também não fosse essas coisas, mas porque ela não é *apenas* essas coisas. De fato, a Bíblia nos descreve em termos ainda menos lisonjeiros que os do doutor House. "Você é pó", declara Deus ao primeiro homem, "e ao pó voltará" (Gênesis 3:19). De uma perspectiva cristã, minha filha é um saco de células. Mas ela não é *apenas* isso. Ela é pó. Mas ela não é *apenas* pó. Realmente, a Bíblia insiste no fato de que nossos seres compostos de pó têm um imenso e inalienável valor, não porque *não* sejamos átomos e moléculas, sacos de células ou pó, mas porque somos pó moldado por Deus, e somos chamados a ter com ele um relacionamento único. Para os cristãos, portanto, a questão mais importante não é "O que a ciência diz que somos?", mas "Quem Deus diz que somos?".

Não é que o conhecimento científico não importe. Foi o método científico que nos proporcionou voar em aviões, beber água potável e curar muitas doenças. Nossa vida cotidiana — pelo menos as regiões economicamente privilegiadas do mundo — depende da ciência. Mas, apesar de quanto eu a valorize, não acredito que o científico seja o tipo mais importante de conhecimento. Os fatos a respeito de nós e de nosso mundo cientificamente mensuráveis são os mais fáceis de ser verificados. Que fórmula rege a velocidade com que um objeto cai no chão? Qual a altura do parapeito no qual estou inclinada? Mas, se eu pulasse da janela, nenhum noticiário se limitaria a informar a distância exata entre a janela e o chão ou os efeitos precisos do impacto sobre o meu corpo. A principal questão de qualquer um não seria "como", mas "por quê?". Embora descobrir "como" seja importante, saber como alguém morreu não esgota a história. Como as notas para a mão direita e aquelas para a esquerda em uma sonata, em um fato, o que pode ser medido e seu significado não brigam pela mesma posição. Ambos são necessários para nos fornecer uma visão completa.

A primazia da busca de sentido sobre a descoberta de fatos esclarece os relatos bíblicos da Criação. Como observei anteriormente, os cristãos sustentam uma série de perspectivas sobre o gênero dos relatos criacionais em Gênesis e como se relacionam com a ciência. Mas uma coisa é clara: Gênesis não está *primariamente* preocupado com questões científicas. Se estivesse, esperaríamos encontrar fórmulas fenotípicas espalhadas pelo relato. O conhecimento científico do Deus que criou o universo ultrapassa o nosso tanto quanto um poste de luz é ofuscado pela luz solar! Mas a falta de detalhamento científico não é simples descuido. Antes, trata-se de uma escolha deliberada de priorizar uma mensagem mais importante. Como cristã, creio que cada detalhe dos relatos criacionais de Gênesis é inspirado por Deus e que esses capítulos iniciais são o primeiro curso no banquete bíblico de respostas fundamentais às nossas questões mais profundas: *Quem somos? Qual o significado da vida? Como nos relacionamos com Deus e uns com os outros?*

Deus poderia ter começado a Bíblia com a descrição científica pormenorizada do universo, exatamente como eu podia colocar meus filhos na cama e lhes contar, antes de dormirem, que eles são mamíferos cuja identidade genética provém da combinação do meu DNA com o do outro progenitor deles. Essas afirmações são verdadeiras. Comunicam informações úteis que eu gostaria que meus filhos aprendessem nos próximos anos. Talvez um deles venha a ser um cientista e faça um depósito no banco de informações científicas do qual nós, ocidentais do século 21, temos sacado. Mas, neste exato momento, é mais importante que meus filhos saibam que eu sou sua mãe e que os amo. De fato, se eu lhes desse informação científica sem informação relacional, estaria roubando deles a verdade e falhando completamente em atender às suas necessidades.

CIÊNCIA E VALOR HUMANO

No Ocidente atual, a ciência em geral e a evolução em particular são frequentemente evocadas para desacreditar a fé cristã em favor de um humanismo secular preferido pelas elites. Mas arrancar a carne da verdade relacional do esqueleto da verdade científica não apenas compromete o teísmo; isso tem consequências para qualquer sistema de crenças que queira preservar o conceito de valor intrínseco da humanidade. Isso é evidente até mesmo para Richard Dawkins, que descreve a si mesmo como um darwinista apaixonado quando se trata de ciência e "um apaixonado antidarwinista quando se trata de política e de como devemos conduzir as questões humanas".[33] Dawkins declara que "a evolução nos dotou de um cérebro cujo tamanho cresceu a ponto de ser capaz de compreender a própria procedência, reprovar as implicações morais disso e lutar contra elas". Mas, para uma cosmovisão materialista que rejeita qualquer enredo sobrenatural, não há *razão* alguma para supor que as implicações morais da evolução devam ser reprovadas ou mesmo que existam coisas como implicações morais. Usar a evolução para implodir o teísmo acaba abalando os fundamentos do próprio humanismo secular.

O fato de que a evolução *per se* não valida a forma específica do humanismo secular liberal preferida pela liderança neoateia é

[33] Richard Dawkins, *A devil's chaplain: reflections on hope, lies, science, and love* (Boston: Mariner, 2004), p. 10-1. [No Brasil: *O capelão do diabo: ensaios escolhidos* (São Paulo: Companhia das Letras, 2005).]

ilustrado pela história das ideias. A teoria evolucionista tem sido usada, em vários momentos, para justificar um grande conjunto de crenças distintas. Como vimos no capítulo 5, Hitler invocou o evolucionismo para apoiar seu programa fascista. Mas a evolução também foi reclamada por Marx e Stalin como uma defesa científica do comunismo, enquanto os capitalistas a viram como um argumento em favor do capitalismo. De modo similar, na época de Darwin, enquanto muitos ateus viram na evolução uma prova do ateísmo, muitos cristãos discordaram disso. Mesmo alguns líderes calvinistas saudaram a evolução como "a interpretação calvinista da natureza".[34] Diferenças ideológicas extremas como essas, entre seus defensores, sugerem que, em casos tais, como em muitos outros, a ciência pode ser vista através de diversas lentes ideológicas. Mas essa não pode ser a história toda.

Se não somos mais do que caracteres que podem ser descritos pela ciência, e se nossa única história é a evolucionista, não temos fundamentos para insistir em igualdade humana, proteção dos mais fracos, tratamento igualitário das mulheres ou qualquer uma das crenças éticas que nos são caras. Para citar um exemplo entre milhares, faz parte da rotina das fêmeas primatas serem sexualmente atacadas pelos machos. Afirmar que esse comportamento é errado entre humanos — e que deve ser veementemente rechaçado e rigorosamente punido, apesar das vantagens evolucionárias — é dizer que os seres humanos são distintos de outras criaturas em um nível fundamental. Tanto cristãos quanto humanistas seculares precisam de uma concepção de humanidade que faça essa distinção.

Os cristãos fundamentam a singularidade humana sobre a afirmação bíblica de que fomos criados à imagem de Deus. Assim

---

[34] O historiador James Moore observa que "com senão poucas exceções, os principais pensadores cristãos da Grã-Bretanha e dos Estados Unidos aceitaram prontamente o darwinismo e a evolução" (James Moore, *The post-Darwinian controversies: a study of the Protestant struggle to come to terms with Darwin in Great Britain and America, 1870-1900* [Cambridge: Cambridge University Press, 1981], p. 92).

como Deus chama a criação à existência, ele chama os seres humanos a servirem como seus representantes sobre a terra, em um relacionamento especial com seu Criador e uns com os outros, atribuindo-lhes responsabilidade moral. Para preservar suas crenças sobre bondade, imparcialidade, justiça e assim por diante, um humanista secular também precisa sustentar que humanos são seres morais, distintos de outros primatas. A questão é: com que fundamentos? E, em última análise, a resposta não pode ser científica. A ciência pode nos dizer como as coisas são. Pode explicar por que, por exemplo, um homem pode ter um impulso de cometer uma violência sexual como um meio eficaz de propagar seus genes. Mas não pode nos dizer por que ele estaria errado em ceder a esse impulso. Certamente podemos proceder a análises sociológicas para verificar quais comportamentos têm melhores resultados para o grupo e decidir que um abuso sexual gera prejuízo à felicidade geral da tribo. Mas, para considerar *errado* o estupro, precisamos de uma narrativa sobre a identidade humana que vá além do que a ciência ou a sociologia podem nos dizer.

Uma vantagem da narrativa bíblica é que ela não vincula a singularidade humana a características mentais ou físicas particulares. Como se viu no capítulo 4, basear nossos valores em nossas características ou capacidades põe em risco a igualdade humana. Muitas vezes, a evolução foi cooptada para esse fim. Por exemplo: se retornarmos à primeira metade do século 20, veremos a evolução sendo usada para justificar tanto o racismo como a eugenia. De fato, como o antropólogo Matt Cartmill observou, "desde a época de Darwin até o começo da Segunda Guerra Mundial, a maioria dos cientistas que estudaram a evolução humana [...] acreditou firmemente que alguns grupos humanos estavam mais próximos dos símios que outros".[35] É claro que essa crença acabou

---

[35] Matt Cartmill, *A view to a death in the morning: hunting and nature through history* (reimpr., Cambridge, MA: Harvard University Press, 1996), p. 199. N.T.: O título, intraduzível, "A view to a death in the morning" é um verso de uma canção conhecida entre caçadores de raposas e faz referência ao momento em que o caçador tem a presa em sua mira.

se revelando cientificamente infundada, e os modos pelos quais a teoria evolucionista foi usada para o mal não desacreditaram a ciência mais do que o infame estudo da sífilis não tratada de Tuskegee desacreditou a medicina. Em ambos os casos, tratava-se de racismo. Mas, quando ateus rejeitam o cristianismo pelos males cometidos em nome da religião, devemos reconhecer que também se tem praticado o mal em nome da ciência. E que, em última instância, é apenas uma cosmovisão religiosa que nos permite diagnosticar o mal *como* mal.

Refletindo sobre a diferença entre uma abordagem ateísta da ciência e uma abordagem cristã, o neurocientista de Stanford Bill Newsome propõe a seguinte questão:

> Vivemos em um universo no qual nossos mais elevados valores e intuições sobre a conduta ética estão em contato com a realidade central do universo e a razão pela qual o universo se formou desde o princípio? Ou nossos valores e intuições éticas mais elevados são uma espécie de piada — um acidente — que não tem relação alguma com o que é o universo?[36]

A ciência tem seu lugar — um lugar vital — na sociedade contemporânea. Todos podemos nos beneficiar do conhecimento adquirido por meio do método científico desenvolvido a princípio por estudiosos cristãos. Mas, se elevarmos a verdade científica acima de todos os outros tipos de verdade e acreditarmos que o roteiro científico deve reger todas as outras narrativas, não teremos fundamentos para a moralidade, nem base para — na formulação de Dawkins — nos rebelar contra nossos genes. Somos sacos de células e resíduos com data de validade, e isso não significa nada.

[36] Cf. a resposta de Bill Newsome à questão "Como a fé afeta sua vida?" em *Test of Faith* [entrevista em vídeo no YouTube], 29 abr. 2010, disponível em: https://www.youtube.com/watch?v=PMIBfHoqS6Y.

SERES HUMANOS SÃO ACIDENTES OU PROJETOS?

Além do desafio que a evolução reconhecidamente representa para a singularidade humana, outra alegação pela qual os ateus buscam refutar o cristianismo é que, se você rebobinar o filme evolucionista, os resultados serão totalmente diferentes.[37] Essa ideia, acompanhada do fato de que a morte, o sofrimento e o acaso são incorporados ao enredo evolucionário, tem sido usada por ateus para argumentar que os seres humanos não foram, sob qualquer aspecto significativo, "projetados" ou desejados por Deus.

Richard Dawkins usa o exemplo do nervo laríngeo recorrente, que segue uma rota tortuosa nos humanos, viajando do cérebro para a laringe por meio do coração. Em uma dissecação pública do pescoço de uma girafa, na qual o mesmo nervo faz a mesma jornada em uma extensão bem maior, Dawkins observa: "As imperfeições são exatamente do mesmo tipo que você esperaria de acidentes históricos que ninguém planejou".[38] Na perspectiva de Dawkins, embora os humanos pareçam projetados de fora, levantando o capô do motor para dar uma fuçada, você vai descobrir que o lado de dentro conta outra história. Como já observamos, os cristãos divergem naquilo em que acreditam a respeito de como Deus criou a humanidade. Mas todos os cristãos devem acreditar que os humanos foram, em última análise, projetados, desejados e dotados de propósito por Deus. Assim, prossegue o argumento, imperfeições como essa desacreditam a narrativa cristã. Mas há dois grandes problemas com esse argumento.

Primeiro, você poderia argumentar a mesma coisa a respeito da história. Muitos eventos do passado parecem depender de acidentes, coincidências ou acasos. Mas a Bíblia nos traz uma

---

[37] Essa alegação foi popularizada pelo professor de Harvard e paleontólogo Stephen J. Gould.

[38] "Richard Dawkins demonstrates laryngeal nerve of the giraffe", *YouTube* [vídeo], 13 jun. 2010, disponível em: https://www.youtube.com/watch?v=cO1a1Ek-HDo.

narrativa na qual a história — com toda a sua aparente aleatoriedade, dureza e confusão — é divinamente orquestrada, e na qual o sofrimento é incorporado ao plano divino da salvação, que depende do sofrimento e da morte de um homem em uma cruz.[39] De fato, de uma perspectiva cristã, não há acaso ou acidentes na história: Deus governa cada circunstância de nossa vida.

Segundo, o argumento "rebobine-o-filme-e-verá-a-diferença" talvez nem mesmo represente o que há de melhor na ciência. Simon Conway Morris, que ocupa a cadeira de paleontologia evolutiva na Universidade de Cambridge, é mais bem conhecido por seu inovador estudo dos fósseis do Folhelho de Burgess. Esses fósseis constituem evidências do que é conhecido como a explosão cambriana: o período, de 20 a 25 milhões de anos, de acelerada diversificação que começou cerca de 540 milhões de anos atrás e produziu a maior parte dos principais filos animais. Conway Morris é cristão e um grande crítico da alegação de que, com a evolução, o ateísmo é validado. Além disso, ao contestar que voltar o filme da vida produzirá resultados diferentes, ele cita múltiplos exemplos de convergência: as mesmas características evoluindo, por caminhos diversos, em diferentes animais. Conway Morris argumenta que os seres humanos não são um acidente, mas que algo como um humano é um efeito previsível de um processo evolutivo: algo mais próximo de resolver um quebra-cabeça do que de escrever um romance.[40]

Mais uma vez, os cristãos divergem em suas interpretações dos relatos criacionais de Gênesis, e meu objeto não é encobrir a complexidade teológica envolvida. Mas o fato é que a convergência é uma nova fronteira científica[41] que questiona uma das principais

---

[39] Como veremos no capítulo 11, os cristãos creem em um Deus que é incrivelmente bom — mas não em um Deus que sempre escolhe o caminho mais curto e reto de A para B: muito pelo contrário.

[40] Cf. Simon Conway Morris, *Life's solution: inevitable humans in a lonely universe* (Cambridge: Cambridge University Press, 2004).

[41] N.T.: No original, "scientific frontier", uma fronteira geográfica passível de ser ocupada ou defendida de acordo com critérios estratégicos, em oposição a uma ocupação espontânea, não planejada. O termo foi usado pelo primeiro-ministro britânico Benjamin Disraeli em 1878, no contexto da Segunda Guerra Anglo-Afegã.

maneiras pelas quais os neoateus colocaram a ciência contra a criação. Será fascinante conferir como isso se desenrola nos próximos anos. Também é digno de nota que, embora os cientistas expliquem como formas de vida mais complexas se desenvolveram das mais simples, estamos apenas tateando no escuro quando se trata de como foi o começo do filme da vida![42] Mas, mesmo que fosse verdade que repassar o filme da vida produziria um resultado diferente, e se tivéssemos conhecimento científico de como o filme começa, tudo isso teria pouquíssima relevância de uma perspectiva cristã. Recomeça a corrida dos espermatozoides que resultou na minha concepção, e quase certamente o resultado não seria eu. No entanto, aqui estou, e creio que Deus assim o quis.

Mas essa crença também não é forjada por meu passado biológico?

FÉ É DE NASCIMENTO?

Em seu livro *Why would anyone believe in God?* [Por que alguém acreditaria em Deus?], o psicólogo Justin L. Barrett argumenta que a crença religiosa é uma consequência natural do tipo de mente que temos.[43] Barrett é amplamente reconhecido como o pai fundador do campo da psicologia evolutiva da religião. Ele argumenta que a propensão quase universal de humanos a manter crenças religiosas procede de nossa tendência de encontrar agentes nos fenômenos. Para dar um exemplo, se nossos antepassados viam uma forma semelhante à de um tigre, era mais provável que eles sobrevivessem se assumissem tratar-se de um tigre capaz de feri-los que suporem que não era mais do que uma pedra no formato do animal.

---

[42] Se os cientistas descobrirem como isso aconteceu, haverá implicações muito interessantes para a possibilidade de se encontrar vida em outros planetas. Para saber mais a respeito disso, cf. Jack Szostak, "How did life begin? Untangling the origins of organisms will require experiments at the tiniest scales and observations at the vastest", *Scientific American*, 10 jun. 2018, disponível em: https://www.scientificamerican.com/article/how-did-life-begin1/.

[43] Justin L. Barrett, *Why would anyone believe in God?*, Cognitive Science of Religion Series (Lanham, MD: AltaMira, 2004).

Esperar um tigre e dar com uma pedra: nada de mais. Esperar uma pedra e dar com um tigre: já era! Transponha esse mesmo raciocínio para uma tela maior, deixe a lógica operar, e você começará a ver deuses por trás de tempestades e secas.

Os ateus recebem isso com alívio, pois ajuda a explicar a obstinada recusa da maioria dos humanos a abandonarem a religião. Mas Barrett tem uma visão diferente. Ex-pesquisador sênior no Instituto de Antropologia Cognitiva e Evolutiva de Oxford, e agora professor de psicologia no Seminário Teológico Fuller, Barrett enxerga a inclinação humana a crer em Deus como algo muito coerente com sua fé cristã. "Se há um Deus com quem devemos estar em um relacionamento pessoal", pergunta Barrett, "então quão provável [é] que nos engajarmos em tal relação venha a nos fazer bem?"[44] De fato, tomar o interesse natural que a humanidade tem em Deus como prova da inexistência de Deus parece algo bem obtuso! Se um motivo biológico para o comportamento humano invalida qualquer realidade mais profunda que a revelada pelo comportamento, então meu amor por meu marido e meus filhos deveria ser descartado da mesma forma: não significa nada.

AJUSTE FINO E MULTIVERSO

Se erguermos nosso olhar da humanidade para o universo como um todo, encontraremos outro conjunto de questões bem interessantes abordadas pela ciência contemporânea. Da mesma forma que a evidência de que o universo teve um começo perturbou os ateus no século 20, a evidência de que nosso universo é minuciosamente ajustado para possibilitar a vida levanta algumas questões desafiadoras para os ateus de hoje. Os cosmólogos isolaram números-chave do universo material. Alguns são extremamente grandes. Por exemplo, N (1.000.000.000.000.000.000.000.000.000.000.000.000) é

[44] Justin Barrett, "Do our mental tools cause belief in God?", *The Veritas Forum* [vídeo], 17 dez. 2011, disponível em: https://www.youtube.com/watch?v=hR3B9hIPosE].

a energia das forças elétricas que mantêm unidos os átomos, dividida pela força da gravidade entre eles. Outros são extremamente pequenos, como Q (0,00001), que representa a razão entre duas energias fundamentais.[45] O professor de Cambridge e astrônomo mundialmente reconhecido Martin Rees explicou, em seu livro *Just six numbers: the deep forces that shape the universe* [Apenas seis números: as forças profundas que moldam o universo], que, se algum desses números fosse, mesmo que ligeiramente, diferente, não haveria estrelas, a Terra ou a própria vida.

Rees apresenta três possíveis explicações para esse aparente ajuste fino. A primeira é puro acaso. Mas isso é tão incrivelmente improvável que Rees não considera plausível. A segunda possibilidade é que há um Deus que quis que o universo gerasse vida. Rees reconhece que essa é uma perspectiva razoável, sustentada por alguns de seus colegas.[46] Mas ele mesmo prefere acreditar que nosso universo é um entre um número impensável de universos paralelos, cada um governado por leis diferentes e definido por diferentes números. E o nosso calhou de ser aquele que possibilita vida. É impossível testar experimentalmente essa teoria, porque estamos confinados a este universo. Mas, dada a escolha entre crer em um Deus criador e acreditar em um número praticamente infinito de universos paralelos, Rees prefere a última opção.

Não há qualquer problema teológico com o chamado multiverso *per se*. No Salmo 8, o salmista olha para o céu e se pergunta por que Deus se importa com os humanos, que são aparentemente tão insignificantes diante da grandeza da criação divina. O Deus infinito, que criou bilhões de estrelas, poderia facilmente ter criado bilhões de universos. Mas a ideia de um Deus criador não soa tão louca quando você percebe que a melhor explicação alternativa em

---

[45] Martin Rees, *Just six numbers: the deep forces that shape the universe* (London: Phoenix, 2000), p. 166.

[46] Rees menciona especificamente o eminente físico teórico John Polkinghorne. Para a apreciação dos mesmos dados pelo próprio Polkinghorne, cf. John Pollkinghorne e Nicholas Beale, *Questions of truth: fifty-one responses to questions about God, science, and belief* (Louisville: Westminster Knox Press, 2009), p. 44-5.

circulação para o aparente ajuste fino do universo que possibilita a vida é a existência de um número infinito de universos paralelos.

AS LEIS DA NATUREZA SÃO SUFICIENTES?

Em seu livro de 2010 *The grand design* [O grande projeto], o falecido Stephen Hawking afirmou:

> Porque há uma lei como a gravidade, o universo pode e vai criar a si mesmo do nada. [...] Criação espontânea é a razão pela qual há algo, não nada, a razão pela qual o universo existe e pela qual nós mesmos existimos. Não é necessário invocar Deus para acender o pavio e dar início ao universo.[47]

Polemistas como Dawkins receberam essa declaração efusivamente. Mas o livro recebeu críticas bem significativas, até mesmo de cientistas seculares, para quem a obra exagerava nas afirmações, apresentando teorias excessivamente especulativas como cientificamente consolidadas.[48] Além disso, o físico agnóstico Paul Davies apontou, em primeiro lugar, que a visão de Deus como um acendedor de tocha descaracteriza a teologia cristã (desde Agostinho, pelo menos) e, em segundo, que a cena que Hawking descreve não é capaz de fornecer uma explicação completa da existência, porque tal perspectiva da realidade "vem com bastante bagagem", incluindo "abrangentes 'metaleis' que permeiam o multiverso e engendram estatutos específicos de universo para universo". Davies observa que "as metaleis permanecem em si mesmas sem explicação — entidades eternas, imutáveis e transcendentes que simplesmente existem e devem ser tão somente

[47] Stephen Hawking e Leonard Mlodinow, *The grand design* (New York: Bantam, 2010), p. 180. [No Brasil: *O grande projeto* (Rio de Janeiro: Nova Fronteira, 2011).]

[48] P. ex., o físico ateu Roger Penrose apontou que a Teoria-M (que decorre da teoria das cordas, que Hawking apresenta em *The grand design*) "não goza de nenhum apoio proveniente de observação". Roger Penrose, resenha de *The grand design*, de Stephen Hawking, *Financial Times*, 3 set. 2010, disponível em: https://www.ft.com/content/bdf3ae28-b6e9-11df-b3dd-00144feabdc0.

aceitas. Nesse sentido, as metaleis têm estatuto similar ao de um Deus inexplicado e transcendente".[49]

Nessa questão, como em outras, cristãos e ateus podem cometer o mesmo erro: a ideia de que a ciência validará ou invalidará o teísmo. Uma abordagem bem mais produtiva é olhar para o mundo ao nosso redor e nos perguntar: tudo isso parece coerente com a possibilidade de Deus? Exatamente onde Francis Collins, com o auxílio da ciência, se maravilha com a criação de Deus, ali Richard Dawkins vê a ciência como uma espécie de inseticida capaz de matar a fé. Enquanto Stephen Hawking acredita que a ciência tornou Deus inútil, Paul Shellard — que dirige o Centro de Cosmologia Teórica, em Cambridge, tendo sido um dos colaboradores mais próximos de Hawking — vê a mesma ciência bastante alinhada com suas crenças cristãs. Descrevendo a congruência, por ele identificada, entre a ciência e a fé cristã, o físico ganhador do Prêmio Nobel William Phillips escreve:

> Vejo um universo belo e ordenado no qual quase todos os fenômenos físicos podem ser compreendidos por algumas poucas e simples equações matemáticas. Vejo um universo que, se tivesse sido formado de modo ligeiramente diferente, jamais teria dado à luz estrelas e planetas, muito menos bactérias ou pessoas. E não há nenhuma razão científica suficiente para que o universo fosse diferente do que é. Muitos bons cientistas concluíram, com base nessas observações, que um Deus inteligente deve ter escolhido criar o universo com tais características: belas, simples e capazes de produzir vida. Muitos outros, igualmente bons, são ateus, entretanto. Ambas as conclusões são posicionamentos baseados em fé.[50]

---

[49] Paul Davies, "Stephen Hawking's big bang gaps", *The Guardian*, 4 set. 2010, disponível em: https://www.theguardian.com/commentisfree/belief/2010/sep/04/stephen-hawking-big-bang-gap.

[50] William D. Phillips, "Does science make belief in God obsolete?", *Fair Observer*, 10 nov. 2013, disponível em: https://www.fairobserver.com/culture/does-science-make-belief-god-obsolete/.

"A EFICÁCIA IRRACIONAL DA MATEMÁTICA"

Estamos tão acostumados com a ciência que nos esquecemos de nos maravilhar com o simples fato de que as leis do universo podem ser compreendidas por nós. Por que disparos neuronais no cérebro de um mamífero teriam alguma relação com as leis que moldam o universo? Por que a matemática, que, em sua forma mais pura, alguém pode praticar de uma poltrona, estaria relacionada com o funcionamento do mundo de um modo tão belo quanto acessível para nós?

O físico ganhador do Prêmio Nobel Eugene Wigner levantou essas questões, que se tornaram célebres, em um artigo intitulado "A eficácia irracional da matemática nas ciências naturais". Wigner observou que "a enorme utilidade da matemática nas ciências naturais é algo que beira o mistério, não havendo qualquer explicação racional para isso". Ele conclui com gratidão: "O milagre da conformidade da linguagem matemática à formulação das leis da física é uma dádiva tão maravilhosa que não a compreendemos nem a merecemos".[51] Wigner escrevia em 1960, mas esse maravilhamento permanece. Isso nos remete à primeira hipótese dos primeiros cientistas modernos: se um Deus racional criou o universo e dotou os seres humanos de uma inteligência que reflete a divina, talvez as criaturas portadoras de sua imagem sejam capazes de discernir as leis de seu Criador.

[51] Eugene Wigner, "The unreasonable effectiveness of mathematics in the natural sciences", *Communications in Pure and Applied Mathematics* 13, no 1 (fev. 1960), *dartmouth.edu* [reading materials], disponível em: https://math.dartmouth.edu/~matc/MathDrama/reading/Wigner.html.

CAPÍTULO **OITO**

O CRISTIANISMO NÃO REBAIXA AS MULHERES?

EM UM MOMENTO CRUCIAL de *Harry Potter e o enigma do príncipe*, o professor Dumbledore faz um pedido comovente: "Severo... por favor". Até esse ponto, não sabemos se Severo Snape é um agente duplo de Dumbledore ou do antagonista e sanguinário Voldemort. Agora a lealdade de Snape é testada. Dumbledore, cercado de inimigos, implora por ajuda; e Snape o mata. A cena é devastadora. Nunca gostamos de Snape, mas ainda nos agarrávamos à ligeira esperança de que ele fosse um aliado de Dumbledore. Mas a traição de Snape a seu mentor estava consumada.

Não é senão no último livro de *Harry Potter* que percebemos como tínhamos nos enganado. Quando Harry extrai as memórias da mente moribunda de Snape e as despeja na Penseira — onde é possível mergulhar no passado de outra pessoa —, descobrimos que o amor de Snape pela mãe de Harry, Lily, foi o princípio que o guiou pela vida. Testemunhamos a angústia de Snape quando Lily é morta por Voldemort e como Snape, a partir de então, se compromete com Dumbledore. Este conta a Snape estar morrendo pela lenta ação de uma maldição irreversível, e ouvimos Snape relutantemente prometer que o matará quando chegar a hora. De repente, enxergamos a súplica de Dumbledore e a atitude de Snape sob uma nova ótica. Quando conhecemos o começo e o fim da história, o significado de "Severo... por favor" acaba invertido.

Para entender de que modo o masculino e o feminino se configuram em uma perspectiva cristã, devemos olhar para a "Penseira" de toda a Bíblia. Se os lermos apenas à luz de nossas próprias pressuposições, os textos farão pouquíssimo sentido. Mas, se mergulharmos no panorama da história da salvação, a visão bíblica de homens e mulheres adquire um novo sentido. Como no caso de Snape, a chave para compreender a perspectiva que as Escrituras têm de homens e mulheres é o amor incessante.

ANTES DO PRINCÍPIO

Quando pensamos em sexo e gênero, instintivamente começamos com cultura e biologia, tendo a história humana como pano de fundo. Mas, de uma perspectiva cristã, precisamos ir mais longe. Deus não está limitado à biologia. Em vez de criar o sexo, em qualquer acepção do termo, ele poderia ter feito seres humanos capazes de uma reprodução assexuada — como a serpente-cabeça-de-cobre, quando dominados pelo impulso! Mas Deus criou seres humanos machos e fêmeas como metáforas vivas.

Talvez uma analogia ajude. Em termos bíblicos, a parentalidade foi projetada para ilustrar o relacionamento de Deus com seus filhos. As metáforas de paternidade são as mais conhecidas, até porque Jesus nos ensina a chamar Deus de "Pai nosso" (Mateus 6:9). Mas o Antigo Testamento também, repetidas vezes, representa Deus em termos maternos. O Senhor diz:

> Será que uma mãe pode esquecer do seu bebê
> que ainda mama e não ter compaixão do filho que gerou?

> Embora ela possa se esquecer,
> eu não me esquecerei de você! (Isaías 49:15)[1]

Enquanto escrevo, estou grávida de quatro meses. Quando arrastar meu corpo exausto para fora da cama para alimentar minha criança durante a noite, captarei um leve eco, em meu coração, do amor longânimo que Deus tem por mim e um vislumbre, em meu bebê, da profunda dependência que eu tenho de Deus. Se examinarmos as Escrituras, veremos que homens e mulheres compõem a matéria-prima de outra metáfora que vive e respira.

O SEXO NA CRIAÇÃO

No princípio da Bíblia, Deus cria a humanidade "à sua imagem" e "à sua semelhança". Essa linguagem evoca três relacionamentos que lançam luz sobre nossa condição diante de Deus: uma criança que se assemelha aos pais, o oficial representante de um rei e uma estátua em um templo representando uma divindade. Essa forma de falar, em torno da noção de imagem, se aplica ao homem e à mulher juntos, e Deus encarrega seus seres humanos de encher a terra e governá-la (Gênesis 1:26-29). Desempenhar esses papéis depende de que homem e mulher se relacionem sexualmente, de modo que podemos dizer que Deus deu a seu povo um papel triplo: governar, relacionar-se e criar.

Por que Deus nos concebeu de tal modo que homem e mulher são necessários para a procriação? Talvez um Deus relacional, que é amor (1João 4:8), não possa realmente ser representado por um ser humano solitário. Como imagens holográficas impressas em imagens 3D de um padrão de interferência de feixes de luz

[1] O Antigo Testamento apresenta cinco outras representações de Deus como mãe. Eis duas delas:

> Vocês abandonaram a Rocha que os gerou;
> vocês se esqueceram do Deus que os fez nascer. (Deuteronômio 32:18)
>
> Assim como uma mãe consola seu filho,
> também eu os consolarei. (Isaías 66:13)

coerente, a imagem divina emerge não apenas da racionalidade, mas também de nossos relacionamentos.

Esse aspecto é enfatizado quando a história é recontada em Gênesis 2. Deus forma um homem do pó da terra, sopra vida nele e o coloca para trabalhar em um jardim. Então, Deus diz: "Não é bom que o homem esteja só; farei para ele alguém que o auxilie e lhe corresponda" (Gênesis 2:18). O refrão de Deus, de Gênesis 1, era que sua criação era "boa" e que a criação dos seres humanos era "muito boa". Assim, é surpreendente a afirmação de que um ser humano solitário "não é bom". O homem, sozinho, não é capaz de representar Deus; ele precisa de uma auxiliadora. Isso corresponde à primeira impressão de Severo Snape. "Auxiliadora" soa como um papel subalterno. Mas, nas Escrituras hebraicas, a palavra "auxiliador" é sobretudo empregada para o próprio Deus, de modo que não pode implicar uma posição de inferioridade.[2]

Aprendemos mais sobre a conexão entre homem e mulher por meio da estranha descrição de Deus fazendo a mulher do lado do homem. A mulher é osso dos ossos do homem e carne de sua carne: eles são distintos, mas fundamentalmente ligados (Gênesis 2:21-23). O versículo seguinte reforça isso: "Por essa razão, o homem deixará pai e mãe e se unirá à sua mulher, e eles se tornarão uma só carne" (Gênesis 2:24). O sexo une homem e mulher em um relacionamento íntimo conforme eles frutificam e se multiplicam. O Deus que subsiste em total intimidade, em cujo âmago ama na diferença de seu próprio ser, cria portadores de sua imagem que são da mesma essência, mas diferentes, e os chama à unidade de uma só carne.

AMOR PARTIDO

Em Gênesis 3, as coisas dão terrivelmente errado. Em vez de fazer valer o mandamento de Deus para a criação, homem e mulher quebram a única lei que Deus lhes deu: não comer do fruto da árvore do

[2] P. ex., Êxodo 18:4; Deuteronômio 33:26,29; Salmos 20:2; 33:20; 54:4; 118:7; Oseias 13:9.

conhecimento do bem e do mal. É significativo ver como a história se constrói. Ao homem, foi ordenado não comer daquela árvore antes que a mulher fosse criada, e Deus o adverte de que, no dia em que comer daquele fruto, ele morrerá. Quando a misteriosa serpente falante aborda a mulher para questionar as obras de Deus, nos perguntamos: "Onde está o homem?". E a resposta vem no fim do versículo 6: bem ao lado dela. Mas, em vez de contestar as mentiras da serpente, o homem também come o fruto. A desobediência rompe tanto o relacionamento da humanidade com Deus quanto a comunhão entre os seres humanos. A inocência e a intimidade são substituídas por vergonha e culpa. A vida cede à morte.

O homem e a mulher são amaldiçoados por Deus em resposta à rebelião de tal maneira que os papéis que receberam, conjuntamente, em Gênesis 1 acabam afetados. Governar a criação se torna difícil em razão da maldição sobre o homem; multiplicar-se torna-se custoso por causa da maldição sobre a mulher. Aqui, mais uma vez, deparamos com Severo Snape: a mulher não é apenas amaldiçoada com as dores de parto, mas também é dito que, a partir de então, "seu desejo será contra o seu marido, mas ele a dominará" (Gênesis 3:16).[3] O termo traduzido por "desejo" encontra-se raramente no Antigo Testamento, mas ocorre no capítulo seguinte de Gênesis, quando Deus diz ao filho mais velho de Adão e Eva, Caim: "O pecado espreita à porta. Seu desejo é contra você, mas você deverá dominá-lo" (Gênesis 4:7, ESV adaptada). O desejo, aqui, comunica a vontade de possuir e dominar. Lá se foi a história de amor e união, sem culpa ou vergonha, entre homem e mulher. Restaram o conflito e a luta pelo poder. Esse é o resultado da rebelião, não o projeto original de Deus. Mas como isso não leva ao rebaixamento das mulheres?

Em certo sentido, leva. Ao longo do Antigo Testamento, vemos o resultado do pecado no tratamento terrível que as mulheres

---

[3] O sentido exato em hebraico é disputável. Na NVI consta "Seu desejo será *para* seu marido, *e* ele a dominará", apresentando em nota "Seu desejo será *contra* seu marido, *mas* ele a dominará" como tradução alternativa.

recebem dos homens — e vice-versa. Vemos assassinato, estupro e exploração. Mas isso é um diagnóstico, não uma prescrição. A Bíblia não endossa o que registra, como as confusões com textos bíblicos que os neoateístas promovem nos querem fazer crer. Em vez disso, ela apresenta um retrato realista de como os seres humanos tratam uns aos outros, especialmente quando lidamos com poder. Então, como o resto da história confere sentido ao que Gênesis diz sobre homens e mulheres no casamento? Agora, teremos de ler o texto para compreender.

A CANÇÃO DE AMOR DE DEUS PARA SEU POVO

O relacionamento entre homem e mulher ganha um novo significado quando a aliança de Deus com seu povo é retratada como um casamento. "Pois o seu Criador é o seu marido", declara Isaías, "o SENHOR dos Exércitos é o seu nome" (Isaías 54:5).[4] Metáforas parentais algumas vezes igualam Deus a um pai ou, algumas vezes, a uma mãe. Mas, na metáfora do casamento, os papéis nunca se invertem: Deus é sempre o marido, nunca a esposa. Parece superficial fazer o significado do sexo depender de uma metáfora. Mas, de uma perspectiva cristã, as metáforas são fundamentais para a teologia: sem elas, não seríamos capazes de descrever um Deus invisível, transcendente e incompreensível.

Conforme lemos, descobrimos que esse não é um casamento feliz. O povo de Deus se mostra infiel a ele adorando ídolos.[5] Com isso, não queremos dizer que as mulheres sejam naturalmente menos fiéis que os homens. O Antigo Testamento faz uma descrição brutalmente realista da licenciosidade masculina.[6] Mas, na metáfora bíblica, Deus é incansavelmente fiel. Ele deseja amor e devoção por parte de seu povo e odeia quando este se entrega a

---

[4] Cf. tb., p. ex., Isaías 54:5; Jeremias 31:32; Ezequiel 16:8; Oseias 2:7; Joel 1:8.

[5] Cf., p. ex., Isaías 50; Jeremias 3; Oseias 2.

[6] P. ex., o adultério de Davi, que em seguida assassina o marido de Bate-Seba; como o rei Salomão se afasta de Deus por desposar muitas mulheres; a queda de Sansão por causa de seu desejo por Dalila etc.

outros deuses. Seu amor é ciumento — a reação apropriada de um marido amoroso a uma mulher adúltera. Mas também é perdoador. Embora Deus tenha todo o direito de rejeitar seu povo, ele o quer de volta, e a renovação da aliança é retratada como a reconciliação de marido e mulher.[7] No entanto, esse casamento nunca parece realmente funcionar. Nesse sentido, como em muitos outros, as Escrituras hebraicas colocam uma questão para a qual jamais oferecem a resposta: como um Deus santo, fiel e cheio de amor vive com gente sem amor, infiel e cheia de pecado?

O NOIVO VEM

Jesus é o cumprimento vivo de cada esperança do Antigo Testamento. Quando o questionam por que seus discípulos não jejuam, ele responde: "Podem vocês fazer os convidados do noivo jejuar enquanto o noivo está com eles?" (Lucas 5:34). João Batista retoma a metáfora: "A noiva pertence ao noivo. O amigo que presta serviço ao noivo e que o atende e o ouve enche-se de alegria quando ouve a voz do noivo. Esta é a minha alegria, que agora se completa" (João 3:29).

Onde Deus era o marido de um povo errante no Antigo Testamento, Jesus — a imagem definitiva do Deus invisível — entra na história como um noivo. Como uma linha de força, a partir de Jesus, essa metáfora retorna nas cartas neotestamentárias, escritas depois de sua morte e ressurreição. Mas, antes de chegarmos a isso, devemos nos maravilhar com os relacionamentos que Jesus estabelece com as mulheres nos Evangelhos.

MULHERES NOS EVANGELHOS

O retrato das mulheres nos Evangelhos — em especial em Lucas — é incrivelmente contracultural. Com frequência, Lucas dispõe homens e mulheres lado a lado e, ao compará-los, quase

[7] Cf. Isaías 54:6-8, 62:4-5; Jeremias 31:31-33; Ezequiel 16:62; Oseias 2:14,16-19; 3:1.

sempre o faz em favor das mulheres. Antes do nascimento de Jesus, duas pessoas são visitadas pelo anjo Gabriel e avisadas de que se tornarão pais. Uma é Zacarias, que vem a ser o pai de João Batista; a outra é a mãe de Jesus, Maria. Ambas questionam Gabriel sobre como isso será possível. Mas, enquanto Zacarias é punido ficando mudo por meses a fio, em razão de sua incredulidade, Maria é apenas advertida. O papel proeminente das mulheres em Lucas continua, quando Maria e sua prima Isabel profetizam a respeito de Jesus ainda no ventre, e um profeta (Simeão) e uma profetisa (Ana) profetizam sobre o menino Jesus.

Jesus, já adulto, constantemente inclui as mulheres em seu ensino. Em seu primeiro sermão, ele enfurece os ouvintes com dois exemplos veterotestamentários de como o amor de Deus vai muito além dos judeus: um deles é uma mulher, e o outro é um homem (Lucas 4:25-27). Em Lucas 15, a parábola da moeda perdida, que assume uma perspectiva feminina, se aninha entre as parábolas, já em perspectiva masculina, da ovelha perdida e do filho perdido (ou pródigo). Em Lucas 18, a parábola da viúva insistente, sobre oração e de uma perspectiva feminina, é disposta ao lado da parábola do fariseu e do coletor de impostos, também sobre oração, mas em uma perspectiva masculina. Mesmo próximo da crucificação, Jesus se detém para falar com as mulheres que lamentavam por ele (Lucas 23:27-31). Em uma cultura dominada por homens, é notável a atenção dispensada às mulheres em sua pregação.

Essa sequência masculino-feminino percorre os relatos lucanos de cura. Primeiro, Jesus cura um homem com um espírito imundo (Lucas 4:33-35), depois a sogra de Pedro (Lucas 4:38-39). No capítulo 7, ele cura o servo de um centurião e, em seguida, ressuscita o filho de uma viúva, por compaixão pela mãe aflita. No capítulo 8, Jesus cura um homem endemoninhado, após isso a mulher com uma hemorragia e finalmente a filha do dirigente da sinagoga. A última cura que Jesus opera, segundo Lucas, é a de uma mulher com um espírito incapacitante. Ela louva a Deus. Quando o líder da sinagoga se opõe à cura, Jesus o chama de hipócrita e o lembra da condição da mulher como "filha de Abraão" (Lucas 13:16-17).

A maneira de Jesus exaltar as mulheres como exemplos morais é ainda mais impressionante. Em Lucas 7, ele está jantando na casa de Simão, um fariseu, quando "uma mulher pecadora" (provavelmente uma prostituta) vem perturbar o evento. Ela chora aos pés de Jesus, enxuga-os com seus cabelos e o unge com unguento. Simão fica chocado: certamente se Jesus fosse um profeta, saberia que aquela mulher era completamente indigna de tocá-lo! Mas Jesus inverte os polos do contraste moral, apresentando uma mulher como um exemplo que envergonha Simão. Em termos culturais, Simão tem todas as vantagens. Ele é homem; ela, mulher. Ele é admirado do ponto de vista religioso; ela, desprezada. Ele é o anfitrião; ela, uma vergonha, prostrada e chorona. Mas, para Jesus, ela superou Simão sob todos os aspectos (Lucas 7:36-50). Jesus exalta ainda outra mulher de baixa condição como um exemplo moral em Lucas 21, quando elogia a viúva pobre por ofertar duas moedinhas de cobre. Aos olhos de Jesus, a oferta dela excede as ofertas muito maiores que os ricos lançavam no ofertório (Lucas 21:1-4).

O argumento de Jesus valorizar as mulheres parece ficar comprometido pelo fato de ele haver escolhido doze apóstolos homens, representando as doze tribos de Israel. Mas Lucas enfatiza as mulheres seguidoras de Cristo: "Os Doze estavam com ele, e também algumas mulheres que haviam sido curadas de espíritos malignos e doenças: Maria, chamada Madalena, de quem haviam saído sete demônios; Joana, mulher de Cuza, administrador da casa de Herodes; Susana e muitas outras. Essas mulheres ajudavam a sustentá-los com os seus bens" (Lucas 8:1-3). Como os discípulos homens, essas mulheres não estavam superficialmente comprometidas (veja Lucas 23:49,56). Elas estavam lá, no começo do ministério de Jesus, e também no fim. Mas elas podem ser legitimamente chamadas de discípulas?

Jesus responde a essa pergunta em Lucas 10, quando encontramos, pela primeira vez, duas das amigas de Jesus: Marta e

Maria. Marta encontra-se no papel tradicionalmente feminino, servindo seus convidados, enquanto sua irmã, Maria, assume um papel tradicionalmente masculino, sentada aos pés de Jesus, ao lado dos outros discípulos. Marta pede que Jesus corrija isso mandando que Maria se levante e ajude com o serviço. Mas Jesus apoia Maria: "Maria escolheu a boa parte, e esta não lhe será tirada" (Lucas 10:42).

A última contraposição que Lucas faz envolve a ressurreição de Jesus. Em Lucas 24, algumas de suas discípulas vão ao túmulo para ungir seu corpo. Lá, elas encontram anjos, que anunciam a ressurreição. As mulheres relatam isso aos apóstolos, que não acreditam nelas. Pedro corre até o túmulo para checar os fatos. Mas, mesmo assim, eles não ficam convencidos. Quando dois discípulos encontram Jesus no caminho para Emaús, recontam o relato das mulheres, mas aparentemente são incapazes de acolhê-lo. Jesus, então, os repreende: "Ó néscios e tardos de coração para crer tudo o que os profetas disseram" (Lucas 24:25, ARC).

Lucas não é o único Evangelho a exaltar as mulheres. Em um relato comovente de João, Jesus choca seus discípulos atravessando barreiras étnicas, religiosas, de gênero e morais para falar com uma mulher samaritana de reputação sexual comprometida, que vem a ser uma evangelista entre seu povo (João 4:1-30). Mais tarde, Jesus salva uma mulher apanhada em adultério de ser apedrejada, forçando seus acusadores, homens, a reconhecerem que não eram moralmente superiores a ela (João 8:7). Então, em João 11, vemos a forma terna com que Jesus interage com Marta e Maria após a morte de seu irmão, Lázaro. Jesus fala algumas de suas palavras mais lembradas para confortar Marta e depois chora com ela e sua irmã antes de miraculosamente ressuscitar Lázaro dentre os mortos.[8] Em Mateus 9, Jesus elogia a fé de uma mulher sofrendo de uma incessante hemorragia menstrual, a qual o tocara para ser

[8] Exploraremos essa história em detalhes no capítulo 11, "Como um Deus amoroso permite tanto sofrimento?".

curada. Em Mateus 19, ele protege as mulheres do divórcio injustificado, que em muitos casos as deixaria desamparadas.

Que Jesus valoriza as mulheres, isso é inegável. Em uma cultura na qual as mulheres são desvalorizadas e frequentemente exploradas, essa atitude ressalta a condição de igualdade delas diante de Deus e o desejo divino de se relacionar pessoalmente com elas. Mas a vida e o ministério de Jesus são como um oásis de igualdade no deserto da misoginia bíblica?

A OFENSA DA METÁFORA DO CASAMENTO

Quando se refunde com o casamento humano na carta de Paulo à igreja em Éfeso, a metáfora do casamento lembra Snape murmurando bem baixinho magia durante a primeira partida de quadribol de Harry. Imaginamos que seja uma maldição quando, na verdade, é um feitiço protetivo. "Submetam-se uns aos outros", escreve Paulo, "por temor a Cristo".

> Mulheres, sujeitem-se a seus maridos, como ao Senhor, pois o marido é o cabeça da mulher, como também Cristo é o cabeça da igreja, que é o seu corpo, do qual ele é o Salvador. Assim como a igreja está sujeita a Cristo, também as mulheres estejam em tudo sujeitas a seus maridos (Efésios 5:22-24).

Eu era graduanda em Cambridge quando lutei, pela primeira vez, com essas palavras. Vim de uma escola de ensino médio, voltada aos estudos e à equidade, só para moças. Agora estudava em uma faculdade de maioria masculina. Era repugnante. "Mulheres, sujeitem-se a seus maridos, como ao Senhor"? Só pode ser brincadeira. Eu tinha três problemas com esses versículos. O primeiro era que as mulheres deveriam se submeter. Eu sabia que as mulheres eram tão competentes quanto os homens. Se havia qualquer sabedoria em tomar decisões de forma unilateral em um casamento, certamente isso dependeria de quem era mais competente em determinado assunto. Meu segundo problema era com a ideia de que as mulheres deveriam se submeter ao marido *como ao Senhor*. Uma coisa é submeter-se a Jesus Cristo, o Rei do universo, que sacrificou a si mesmo. Outra, muito diferente, é oferecer esse tipo de submissão a um homem pecador e falível. Meu terceiro problema envolvia a ideia de que o marido era o "cabeça" da esposa. Isso parecia implicar uma hierarquia que contrariava a condição de igualdade entre homens e mulheres como portadores da imagem de Deus.

Tudo isso aparentemente contradizia a mensagem contracultural do evangelho. A Bíblia tinha me oferecido uma narrativa radical de inversão do poder, segundo a qual o Deus criador entregava sua vida, os pobres sobrepujavam os ricos e os párias faziam parte da família. O evangelho era um fogo consumidor, feito de amor, além das diferenças, capaz de incinerar a injustiça racial e a exploração socioeconômica. No entanto, aí estão esses versículos horrorosos, que promovem a subjugação das mulheres. Jesus havia exaltado as mulheres a uma condição igual à dos homens. Paulo, ao que parece, vinha empurrá-las para baixo, de novo.

A princípio, tentei resolver o choque com explicações. Tentei, por exemplo, argumentar que, no grego, a palavra traduzida por "submeter-se" aparece apenas no versículo anterior, "Submetam-se uns aos outros por temor a Cristo" (Efésios 5:21), de modo que o resto da passagem deve implicar submissão mútua. Mas o mandamento para que as mulheres se submetam ocorre três vezes no Novo Testamento (confira também Colossenses 3:18 e 1Pedro 3:1), enquanto os maridos são chamados quatro vezes a amar (Efésios 5:25,28,33; Colossenses 3:19) e uma vez a honrar suas esposas (1Pedro 3:7).

De fato, quando ajustei minhas lentes aos mandamentos dirigidos aos maridos, a passagem de Efésios começou a entrar no foco. "Maridos, amem suas mulheres, como Cristo amou a igreja e entregou-se a si mesmo por ela" (Efésios 5:25). Como Cristo amou a igreja? Morrendo na cruz; oferecendo-se, nu e sangrando, para sofrer por ela; colocando as necessidades dela acima das próprias; sacrificando tudo por ela. Então, perguntei-me como eu me sentiria se *este* fosse o mandamento para as mulheres: *Mulheres, amem seus maridos até a morte, colocando as necessidades deles acima das suas e sacrificando a si mesmas por eles?* Efésios 5:22 é algumas vezes criticado como uma autorização para a violência doméstica. Tragicamente, tem sido mal interpretado dessa forma. Mas o mandamento para os maridos torna impossível essa leitura. Como seria mais fácil para um abusador torcer um versículo que chamasse sua esposa a sofrer por ele, entregar-se por ele, morrer por ele?

Quando percebi que as lentes para esse ensino eram as lentes do próprio evangelho, tudo começou a fazer sentido. Se a mensagem de Jesus é verdadeira, ninguém chega à mesa com direitos. O único modo de se achegar é com a cara no chão. Homem ou mulher, se nos agarrarmos aos nossos direitos à autodeterminação, devemos rejeitar Jesus, porque ele nos chamou a nos submeter a ele completamente. E, embora os cristãos certamente sejam chamados a se sacrificar em resposta a Cristo, somos, em primeiro lugar, chamados a aceitar seu sacrifício por nós.

Com as lentes no lugar, enxerguei que Deus criou o sexo e o casamento como um telescópio para nos dar um vislumbre de seu desejo, do tamanho dos astros, por sua intimidade conosco. Nossos papéis *neste* grande casamento não podem ser trocados: Jesus entrega a si mesmo por nós, e os cristãos (homens e mulheres) seguem seu cabeça. Em última análise, meu casamento não tem como objeto a mim mesma e meu marido mais do que *Romeu e Julieta* não tem como tema os atores que interpretam os protagonistas.

Reconhecer que o casamento (em sua melhor versão) aponta para uma realidade muito maior alivia a pressão sobre os envolvidos. Primeiro, para os solteiros. Vivemos em um mundo no qual a realização sexual e romântica é exibida como o bem supremo. Fracassar no sexo, não param de nos dizer, é fracassar na vida. Mas, de uma perspectiva cristã, não se casar e ganhar Cristo é como perder na brincadeira de bonecas quando se é criança, mas crescer para ter um bebê de verdade. Quando desfrutamos o relacionamento definitivo, ninguém lamenta pela perda do faz de conta. Também tira a pressão que há sobre as pessoas casadas. É claro que somos desafiados a desempenhar nossos papéis no drama, mas precisamos não nos preocupar se casamos com a pessoa certa ou nos questionar por que nosso casamento não nos projeta para um estado permanente de nirvana. Em certo sentido, o casamento humano foi feito para desapontar. Ele nos faz ansiar por mais, e esse anseio aponta para a realidade última, que faz qualquer casamento parecer uma brincadeira de bonecas. Efésios 5 costumava me causar repulsa. Agora me condena e me chama para Jesus: o verdadeiro marido que satisfaz às minhas necessidades, o único homem que realmente merece minha submissão.

INTERPRETANDO ERRADO O QUE PAULO DIZ SOBRE CASAMENTO

Querendo justificar os mandamentos de Deus, às vezes os cristãos tentam fundamentar esse retrato do casamento em psicologia baseada em gênero. Alguns sugerem que as mulheres são seguidoras naturais, ao passo que os homens são líderes por natureza. Mas o mandamento principal dado aos homens é amar, não liderar, e nunca ouvi alguém argumentar que os homens são naturalmente melhores em amar. Alguns afirmam que homens precisam de respeito, enquanto mulheres precisam de amor, e que recebemos mandamentos que correspondem a deficiências naturais: mulheres são melhores para amar; homens são melhores em respeitar. Mas voltar-se para a história humana e dizer que os homens naturalmente respeitam as mulheres é o mesmo que enfiar a cabeça na areia, e de olhos vendados!

Na melhor das hipóteses, essas afirmações psicológicas sobre homens e mulheres são generalizações. Na pior, ofendem sem necessidade e abrem espaço para exceções: se tais mandamentos são dados porque as mulheres são naturalmente mais submissas, e eu me considero uma líder natural mais que meu marido, isso significa que podemos trocar de papel? Efésios 5 fundamenta nossos papéis conjugais não em psicologia baseada em gênero, mas em teologia cristocêntrica.

Faz dez anos que estou casada, e não sou naturalmente submissa. Minha natureza me inclina a liderar. Tenho um doutorado e uma formação em um seminário, além de ser a argumentadora profissional da família. Graças a Deus me casei com um homem que é homem suficiente para celebrar isso! E ainda é um desafio diário lembrar meu papel nesse drama e perceber as oportunidades para me submeter ao meu marido *como ao Senhor*, não porque sou naturalmente mais ou menos submissa ou porque ele é naturalmente mais ou menos amoroso, mas porque Jesus foi crucificado por mim.

NENHUM MANDAMENTO ENVOLVENDO OS PAPÉIS DE GÊNERO "TRADICIONAIS"

Efésios 5 gruda como um ruído em nossos ouvidos do século 21, porque séculos de papéis de gênero "tradicionais" muitas vezes significaram mulheres se contorcendo pelas necessidades de seus maridos, enquanto eles reafirmavam seu domínio. Logo pensamos em estereótipos educadamente ridicularizados pelo relacionamento entre o Sr. e a Sra. Banks em *Mary Poppins*.

Paulo, porém, não diz que as necessidades do marido vêm antes, ou que as mulheres são menos capazes de liderar que os homens, ou que as mulheres não deveriam trabalhar fora de casa. Pelo menos um dos principais parceiros ministeriais de Paulo era uma mulher que fazia exatamente isso,[9] como a esposa idealizada na descrição veterotestamentária do livro de Provérbios. Paulo não declara que as mulheres devem ganhar menos que os maridos, ou que a mulher deve privilegiar a carreira do marido sobre a dela própria. Um homem pode trabalhar para uma organização sem fins lucrativos, pastorear uma igreja ou estudar para um doutorado e ganhar apenas uma fração do salário de sua esposa que trabalha

[9] Cf. Lídia, "vendedora de tecido de púrpura", em Atos 16:14.

em uma grande empresa. Paulo deixa claro, em outro lugar, que os homens não podem abrir mão de sua responsabilidade de assegurar o sustento da família. Mas isso não significa que o marido deve ser o principal provedor. Em termos bíblicos, o valor do trabalho não é medido em cifrões, mas em serviço. De fato, o próprio Jesus, o líder arquetípico, não ganhou dinheiro, e era financeiramente dependente de algumas seguidoras (Lucas 8:2-3).

Examinado de perto, Efésios 5 é uma crítica devastadora das concepções comuns dos papéis de gênero "tradicionais" que frequentemente equivalem a privilégios para os homens e condescendência para as mulheres. No drama do casamento, as necessidades da mulher vêm primeiro, e o impulso do homem de se priorizar é cortado na raiz pelo machado do evangelho. Não é um retorno a valores vitorianos. Antes, é um chamado a prestar atenção ao caráter de Cristo. Se ouvirmos o chamado aos maridos como um mandato para oprimir e dominar, esqueceremos que Jesus não veio para ser servido, mas para servir; não para liderar um exército, mas para dar sua vida em resgate de muitos. Quando o marido é chamado a amar sua esposa "como Cristo amou a igreja e se entregou a si mesmo por ela", a palavra traduzida por "entregar-se" é a mesma que os Evangelhos usam quando Jesus é entregue para ser crucificado.[10]

EIS O HOMEM!

Nunca entenderemos o chamado bíblico para homens e mulheres, a não ser que vejamos Jesus como o homem definitivo. Ele tinha poder para dar ordem a tempestades, convocar exércitos angelicais e derrotar a morte. Mas seus braços abraçaram criancinhas, suas palavras exaltaram mulheres e suas mãos se estenderam para curar doentes. Jesus expulsou comerciantes do templo com um chicote. Mas, com ternura, acolheu os párias e os mais fracos.

Depois de ter sido escarnecido, espancado e maltratado pelos guardas, Jesus foi exibido para as multidões, com uma coroa de

[10] Cf. Mateus 27:26; Marcos 15:15; João 19:16.

espinhos e vestindo um manto púrpura para ridicularizar sua reivindicação de ser rei. O governador romano Pilatos anunciou: "Eis o homem!" (João 19:5). Dessas palavras, escorre ironia. Jesus, espancado e humilhado por amor a seu povo, era e é o homem perfeito. Ninguém que usa o ensino bíblico sobre casamento para justificar chauvinismo, abuso ou rebaixamento de mulheres olhou para Jesus.

O FIM DO CASAMENTO

A metáfora do casamento encontra seu cumprimento no último livro da Bíblia. O apóstolo João ouve o que parece ser a voz da grande multidão, bradando:

> Pois chegou a hora do casamento do Cordeiro,
> e a sua noiva já se aprontou (Apocalipse 19:7).

Aqui duas grandes metáforas colidem. Jesus, como o marido, é o Cordeiro sacrificial, o que reforça o vínculo entre ser marido e sacrificar-se por amor. Um anjo declara: "Felizes os convidados para o banquete do casamento do Cordeiro" (Apocalipse 19:9). Mais tarde, em Apocalipse, Jerusalém é retratada como a noiva do Cordeiro: "Então vi um novo céu e uma nova terra, pois o primeiro céu e a primeira terra tinham passado; e o mar já não existia. Vi a cidade santa, a nova Jerusalém, que descia do céu, da parte de Deus, preparada como uma noiva adornada para o seu marido" (Apocalipse 21:1-2; cf. tb. 21:9-10). Depois de longas eras de fracasso e infidelidade, o povo de Deus finalmente se casou com Jesus, seu Marido e Rei sacrificial.

A metáfora do casamento encontra sua última expressão no capítulo final da Bíblia, ligada à outra metáfora visceral: "O Espírito e a noiva dizem: 'Vem!' E todo aquele que ouvir diga: 'Vem!' Quem tiver sede, venha; e quem quiser, beba de graça da água da vida" (Apocalipse 22:17).

Jesus ofereceu água viva primeiro a uma mulher: uma mulher que, por causa de sua raça, religião, sexo e histórico sexual, seria desprezada por um rabino respeitável. Ele pediu a ela que lhe desse de beber. Então, afirmou que quem bebesse da água que ele podia dar nunca mais teria sede de novo, mas que essa água se tornaria uma fonte, jorrando para a vida eterna (João 4:13-14).

MULHERES NA IGREJA

Brotando desse poço, essa nova e estranha fé do primeiro século que emana do judaísmo se mostrou altamente atrativa para as mulheres. O sociólogo Rodney Stark demonstrou, com base em uma ampla gama de fontes textuais e arqueológicas, que a igreja primitiva era majoritariamente feminina.[11] Isso é especialmente impressionante, dado que o mundo greco-romano, no primeiro e no segundo séculos, era desproporcionalmente masculino, graças ao infanticídio seletivo de meninas e à alta proporção de morte das mães no parto.[12] De fato, o cristianismo primitivo era ridicularizado pelos de fora justamente por seu apelo diante das mulheres. O filósofo grego do século 2 Celso disse, com sarcasmo, que os cristãos "querem e podem convencer apenas os tolos, desonrados e estúpidos; apenas escravos, mulheres e criancinhas", enquanto o apologeta cristão do século 3 Minúcio Félix registra críticos afirmando que o cristianismo atraía "a escória do populacho e das mulheres crédulas com a incapacidade natural de seu sexo".[13]

A condição das mulheres foi elevada na igreja. A inclusão, por Paulo, de nove mulheres entre os parceiros ministeriais listados por ele ao fim de sua carta aos romanos é uma evidência, entre muitas, de que as mulheres exerceram papel proeminente na disseminação do primeiro século da mensagem cristã.[14] As famílias

---

[11] Rodney Stark, *The rise of Christianity: how the obscure, marginal Jesus movement became the dominant religious force in the Western World in a few centuries* (Princeton, NJ: Princeton University Press, 1996).

[12] Michael J. Kruger, *Christianity at the crossroads: how the second century shaped the future of the church* (Downers Grove, IL: IVP Academic, 2018), p. 36.

[13] Kruger, *Christianity at the crossroads*, p. 34-5.

[14] Febe, Priscila, Maria, Júnia, Trifena e Trifosa, a mãe de Rufo, Júlia e a irmã de Nereu (Romanos 16:1-15).

romanas frequentemente davam suas filhas pré-adolescentes em casamento, mas as mulheres cristãs podiam se casar mais tarde. Elas também "se beneficiam da condenação cristã de prerrogativas masculinas tradicionais relativas a divórcio, incesto, infidelidade, poligamia e infanticídio de meninas".[15] Se as instruções de Paulo sobre o casamento chocam nossos ouvidos contemporâneos, devem ter chocado os primeiros ouvintes justamente por motivos opostos: sua exaltação radical das mulheres. De fato, para muitos gentios, a expectativa cristã de que os homens fossem fiéis às esposas e se sacrificassem por elas soava bem pouco razoável.

Assim como não podemos nos apegar a uma percepção do cristianismo centrada nos brancos diante da igreja global, também não podemos manter uma visão masculina das coisas. Até hoje, há mais mulheres que homens entre os cristãos. Pelo mundo, mulheres são geralmente mais religiosas sob vários indicadores, mas a diferença é mais pronunciada quando diz respeito a cristãos, tanto em autodeclaração quanto na prática. Por exemplo, mulheres têm 7% a mais de probabilidade de frequentar semanalmente a igreja do que os homens.[16] E, como o professor de Yale Stephen Carter observa, "ao redor do mundo, as pessoas com maior probabilidade de serem cristãs são mulheres não brancas".[17]

CRISTIANISMO E OS DIREITOS DAS MULHERES

Não vamos, porém, pintar a situação de cor-de-rosa. Como em todos os outros aspectos éticos, a igreja não entregou às mulheres

---

[15] Para ilustrar o desprezo por meninas no mundo pagão, Stark cita uma carta que data de 1 a.C., escrita por um aparentemente devotado marido, Hilário, à sua esposa, Alis: "Peço-lhe que tome conta de nosso filhinho, e logo que me pagarem lhe enviarei dinheiro. Quando der à luz, se for um menino, mantenha-o; se for uma menina, livre-se dela. Você me escreveu 'Não me esqueça'. Como poderia esquecê-la? Não se preocupe, eu lhe peço" (Stark, *Rise of Christianity*, p. 97-8).

[16] "The gender gap in religion around the world", *Pew Research Center*, 22 mar. 2016, disponível em: http://www.pewforum.org/2016/03/22/the-gender-gap-in-religion-around-the-world/.

[17] Stephen L. Carter, "The ugly coded critique of Chick-fil-A's Christianity", *Bloomberg*, 21 de abril de 2018, disponível em: https://www.bloomberg.com/view/articles/2018-04-21/criticism-of-christians-and-chick-fil-a-has-troubling-root.

tudo o que prometeu. Atitudes de humilhação e condescendência também contaminaram a cultura eclesiástica, e leituras seletivas das Escrituras permitiram aos homens disseminar visões misóginas. No entanto, os cristãos também têm exercido um papel destacado na luta pelos direitos das mulheres, desde a Igreja primitiva até o momento. Como Wendy Alsup nos lembra, a primeira onda feminista, no início dos anos 1920, que conquistou para as mulheres norte-americanas o direito ao voto e à herança de terras, deveu-se, em grande parte, ao ativismo cristão.[18] Encontramos sementes desse ativismo no movimento abolicionista, uma vez que líderes cristãos como Sojourner Truth advogaram os direitos das mulheres.[19] Também vemos isso na disseminação do cristianismo pelo mundo. Por exemplo, as mulheres tiveram um papel central no desenvolvimento da igreja na China, indo além dos limites prescritos pela tradição confucionista e se tornando evangelistas e discipuladoras fora de casa.[20]

O verdadeiro cristianismo inverte a história de marginalização característica de muitas culturas tradicionais, ao conceder às mulheres posição igual à dos homens diante de Deus, com o papel completamente novo de testemunhar o evangelho de Jesus e amar em nome dele. Mas também não deixa de ser verdade que a perspectiva bíblica diverge de algumas doutrinas centrais do feminismo contemporâneo a respeito da liberdade que mulheres (ou homens, nesse caso) deveriam desfrutar.

Digo "deveriam" porque, no contexto ocidental contemporâneo, devemos lidar com alguns dados desafiadores sobre a felicidade das mulheres declarados por elas mesmas. Steven Pinker considera que "não é inteiramente surpreendente que, conforme

---

[18] Cf. Wendy Alsuf, *Is the Bible good for women? Seeking clarity and confidence through a Jesus-centered understanding of Scripture* (Colorado Springs: Multnomah, 2017).

[19] Cf., p. ex., o impressionante discurso, de improviso, de Sojourner Truth "Ain't I a woman?", proferido na Convenção de Mulheres de Akron, Ohio, em 29 de maio de 1851, em que ela cita o relacionamento de Jesus com Maria e Marta como evidências do valor da mulher.

[20] Cf. Alexander Chow, "The remarkable story of China's 'Bible Women', *Christianity Today*, 16 mar. 2018, disponível em: https://www.christianitytoday.com/history/2018/march/christian-china-bible-women.html.

as mulheres conquistem independência em relação aos homens, também venham a se tornar um pouco menos felizes".[21] Mas isso *não* surpreende? Nossos mantras contemporâneos ensinam que liberdade e felicidade andam de mãos dadas: basta que nos deem mais opções, e nós ascenderemos! Mas uma grande quantidade de dados psicológicos nos conta uma história bem diferente. Algum grau de liberdade certamente aumenta a felicidade, mas opções demais parecem esvaziar o balão.

Cheguei a esses dados por meio do professor de Harvard Dan Gilbert, cujo trabalho examinamos no capítulo 1.[22] Gilbert apresenta um estudo no qual os indivíduos podiam escolher uma cópia dentre uma seleção de lindas pinturas. Aqueles a quem foi dito que poderiam mudar de ideia acabavam menos satisfeitos com a pintura escolhida que aqueles que simplesmente faziam uma escolha. Este e muitos estudos semelhantes têm demonstrado que comprometimento, não escolhas ilimitadas, produz felicidade. Afrouxar as exigências de comprometimento (por exemplo, ao dizer às pessoas que elas podem voltar quando quiserem na próxima semana e trocar suas pinturas) reduz a satisfação, ampliando a possibilidade de escolha além de certo ponto.

Tomando um caso extremo mais óbvio, se dissermos a um indivíduo para escolher entre uma grande variedade de chocolates (trinta opções em vez de seis, por exemplo), é bem menos provável que ele fique satisfeito com a escolha feita.[23] Essa tendência psicológica também destaca os benefícios do casamento sobre trocas constantes de parceiro sexual ou uma relação monogâmica, mas descompromissada. A maioria das pessoas hoje vê a decisão de viver juntos como uma sábia precaução contra um eventual e

---

[21] Steven Pinker, *Enlightenment now: the case for reason, science, humanism, and progress* (New York: Penguin, 2018), p. 285. [No Brasil: *O novo iluminismo: em defesa da razão, da ciência e do humanismo* (São Paulo: Companhia das Letras, 2018).]

[22] Cf. Dan Gilbert, "The surprising science of happiness", TED2004 [vídeo], fev. 2004, disponível em:
https://www.ted.com/talks/dan_gilbert_asks_why_are_we_happy; Dan Gilbert, *Stumbling on happiness* (New York: Vintage, 2007), p. 202.

[23] Jonathan Haidt, *The happiness hypothesis: finding modern truth in ancient wisdom* (New York: Basic Books, 2006), p. 101.

futuro divórcio. Mas os dados nos contam outra história. Quem vive junto antes de se casar tem mais chance de se divorciar,[24] e há uma diferença de gênero entre como homens e mulheres tendem a enxergar esse tipo de relação, havendo geralmente muito menos compromisso da parte dos homens.[25] Além disso, enquanto o casamento está associado a uma série de benefícios para a saúde mental e física tanto para homens como para mulheres, aumentar o número de parceiros sexuais pode ter, pelo menos para as mulheres, efeitos psicológicos negativos.[26]

Pinker atribui o declínio da felicidade entre as mulheres às múltiplas demandas competitivas sobre as ocidentais de hoje. Deve haver muita verdade nisso. Mas é possível que o que as mulheres conquistaram em termos de liberdade e oportunidades profissionais tenham perdido na revolução sexual, que encobria aquilo que muitos homens queriam — sexo sem compromisso — sob a capa da libertação feminina? Há dois anos, uma amiga agnóstica que leciona em uma universidade mundialmente reconhecida me contou que algumas de suas alunas costumam lhe perguntar por que, mesmo fazendo todo o sexo (às vezes, remotamente

---

[24] "Constatou-se, de forma consistente, que a coabitação pré-marital está associada ao aumento do risco de divórcio e a problemas conjugais nos Estados Unidos" (Scott M. Stanley, Galena Kline Rhoades e Howard J. Markman, "Sliding *versus* deciding: inertia and the cohabitation effect", *Family Relations*, 55 [out. 2006], p. 499). Para uma análise das possíveis causas, cf. https://onlinelibrary.wiley.com/doi/epdf/10.1111/j.1741-3729.2006.00418.x?referrer_access_token=wu1Z1URtk23jrD7fqRNn5ota6bR2k8jH-0KrdpFOxC66SF1aJDraJRypyD_sck7_fW2s-LYZlHy-79jDt6UFiXOG2q1LxkIIPm3DLwQ-6GVisgj5zvpPAQwJeduNrr4dcDM7BDn4uAW_txQF34J11V-A%3D%3D.

[25] Meg Jay, "The downside of cohabiting before marriage", *New York Times*, 14 abr. 2012, disponível em: https://www.nytimes.com/2012/04/15/opinion/sunday/the-downside-of-cohabiting-before-marriage.html?pagewanted=all&_r=0. Cf. tb. Michael Pollard e Kathleen Mullon Harris, "Cohabitation and marriage intensity: consolidation, intimacy, and commitment", *Rand Labor & Population*, jun. 2013, disponível em: https://www.rand.org/content/dam/rand/pubs/working_papers/WR1000/WR1001/RAND_WR1001.pdf.

[26] Cf., p. ex., Tyree Oredein e Cristine Delnevo, "The relationship between multiple sexual partners and mental health in adolescent females", *Community Medicine & Health Education*, 23 dez. 2013, disponível em: https://www.omicsonline.org/the-relationship-between-multiple-sexual-partners-and-mental-health-in-adolescent-females-2161-0711.1000256.pdf, que constatou que "a prevalência de tristeza, ideação suicida, planejar suicídio e tentativas de suicídio aumentou com o número de parceiros sexuais em todos os grupos raciais e étnicos"; e Sandhya Ramrakha et al., "The relationship between multiple sex partners and anxiety, depression, and substance dependence disorders: a cohort study", NCBI, 12 fev. 2013, disponível em: https://www.ncbi.nlm.nih.gov/pmc/articles/PMC3752789/, que encontrou "significativa associação entre o número de parceiros sexuais e posterior dependência química, especialmente entre mulheres".

consensual) que se espera de uma mulher contemporânea, elas não têm alcançado a felicidade prometida.

Não é meu desejo fazer declarações abrangentes demais sobre a saúde mental ou a felicidade das mulheres que escolheram ter vários parceiros sexuais. Algumas de minhas amigas não cristãs mais inteligentes escolheram esse caminho, e algumas das minhas amigas cristãs mais queridas foram resgatadas justamente desse estilo de vida. Mas, de uma perspectiva puramente biológica, não é preciso ser um cientista para supor que as mulheres estão inclinadas a se comprometer antes com um homem que as proteja, bem como a sua prole, em detrimento daquele que as deixa para se reproduzir com outras mulheres.[27] Outra amiga agnóstica, que teve um estilo de vida *Sex and the city* em Nova York por uma década, me contou ter chegado à mesma conclusão sobre sexo sem compromisso a que eu mesma cheguei, ainda que por motivos empíricos, e não religiosos. Ela relatou ter de vestir uma armadura emocional inviolável para sustentar esse modo de viver, lamentando que ninguém lhe tenha avisado antes. "Por que as meninas não têm esse tipo de informação ainda no ensino médio?", ela se pergunta.

Para ser bem clara, não sugiro que as mulheres não estejam realmente interessadas em sexo. Bem pelo contrário. Mas, na média, as pessoas casadas têm mais sexo, e de melhor qualidade, que seus pares não casados.[28] Particularmente para as mulheres, cujo processo sexual é frequentemente mais complicado que o masculino, o compromisso duradouro pode ser a chave para a verdadeira excitação. No Novo Testamento, marido e esposa são instruídos a manter relações sexuais regularmente — prio-

---

[27] Como observado, em termos clínicos, por um estudo acadêmico sobre sexo e felicidade: "O número de parceiros sexuais que aumenta a felicidade, no ano anterior, foi estimado em 1" (David G. Blanchflower e Andrew J. Oswald, *Money sex and happiness: an empirical study* (Cambridge, MA: National Bureau of Economic Research, 2004), p. 2, disponível em: https://www.nber.org/papers/w10499.pdf.

[28] Linda Bloom e Charlie Bloom oferecem uma síntese de vários estudos em "Want more and better sex? Get married and stay married", *Huffpost*, 13 jul. 2017, disponível em: https://www.huffingtonpost.com/entry/want-more-and-better-sex-get-married-and-stay-married_us_5967b618e4b022bb9372aff2. Cf. tb. Blanchflower e Oswald, *Money, sex and happiness*, sobre a qualidade do sexo experimentado por pessoas casadas em comparação com pessoas não casadas.

rizando tanto o desejo sexual da mulher quanto o do homem (1Coríntios 7:3-5) — e um livro inteiro da Bíblia explora o amor conjugal por meio de uma ampla gama de expressões eróticas, dando voz ao desejo sexual feminino, como também ao masculino.[29] O sexo deve ser valorizado, estimado e desfrutado. Mas não é o bem último: é o sinal de uma aliança particular, um meio de multiplicar os portadores da imagem de Deus e o vislumbre de uma realidade maior.

"PRÓ-VIDA? MAS QUE MENTIRA!"

A redefinição dos ideais sexuais se conecta com outra área ética na qual muitas mulheres cristãs se sentem alienadas do feminismo contemporâneo, e em que muitas das minhas amigas não religiosas se sentem alienadas do cristianismo. Aborto é uma questão vasta demais para ser explorada aqui com qualquer profundidade, além de ser uma das questões mais difíceis de serem discutidas, de modo significativo, entre perspectivas diferentes. Mas tocarei nesse assunto, entretanto, uma vez que qualquer apreciação dos direitos das mulheres ficaria incompleta sem isso.

Aos vinte e poucos anos, participei de um protesto silencioso pró-vida em Londres. Os manifestantes do outro lado não ficaram em silêncio, mas repetiam uma canção: "Pró-vida? Mas que mentira! Morre a mulher, ninguém liga!". Essa acusação era tão distante daquilo das minhas crenças que eu achava o silêncio quase insuportável. Mas eu não queria revidar com calúnias equivalentes. Eu sabia que aquelas pessoas, pró-escolha, cantando, se importavam profundamente com a capacidade das mulheres de agir e decidir e com os milhões de mulheres vulneráveis afetadas por uma gravidez indesejada. Eu também me importava.

Não romantizo o passado. Desde tempos imemoriais, as mulheres se livram de bebês indesejados, e de várias maneiras. De fato,

[29] Cf. o Cântico dos Cânticos veterotestamentário.

como o médico pediatra Paul Offit descobriu, para sua própria surpresa, foi apenas o advento do cristianismo que fez o infanticídio parecer moralmente problemático.[30] Mães fora do casamento têm sido ostracizadas. Abortos ilícitos têm causado a morte de muitas mães. Estou profundamente ciente da hipocrisia de gente que defende a vida aos não nascidos, mas negligencia os vulneráveis depois do nascimento, e acho que a "culpa" pelo aborto encontra-se principalmente não sobre as mulheres que escolhem abortar em circunstâncias desesperadas, mas sobre todos nós que fazemos parte de uma sociedade que separa sexo de compromisso, cria um ecossistema de gravidez não planejada e fracassa em apoiar as mulheres que se encontram nessa situação.

Contudo, embora o *slogan* de que a mulher tem direito de fazer o que quiser com o seu corpo seja poderoso, todos devemos concordar que o direito de uma pessoa decidir o que fazer com seu corpo encontra limites quando está implicado o corpo de outra pessoa. Por isso, por mais desconfortável que a resposta possa ser, a pergunta que todos devemos nos fazer é se os ainda não nascidos contam como seres humanos e, se contarem, quando tem início sua humanidade.

O filósofo ateu Peter Singer, cujo trabalho comentei no capítulo 4, questiona a ideia de que o nascimento seja um ponto de ruptura significativo na divisão entre pessoa e não pessoa. Mais do que procurar por um ponto de partida para a personalidade antes do nascimento, entretanto, ele chega à perturbadora conclusão de que crianças humanas não são pessoas e de que o infanticídio não deveria nos incomodar mais do que o aborto. Essa visão não é exclusiva de Singer. Em 2012, os eticistas médicos Alberto Giubilini e Francesca Minerva publicaram um artigo no *Journal of Medical Ethics* argumentando que "o aborto pós-nascimento (matar um recém-nascido) deveria ser permitido em todos os casos em que o

---

[30] Paul Offit, *Bad faith: when religious belief undermines modern medicine* (New York: Basic Books, 2015), p. 127. Cf. tb. minha discussão sobre Offit no capítulo 4, em "Má-fé".

aborto é, incluindo aqueles nos quais o recém-nascido não apresenta qualquer deficiência".[31] Poucos leitores deste livro concordariam com essa posição. Nossas perspectivas morais acham-se tão embebidas da valorização cristã dos menores e dos fracos que matar um bebê soa como algo horrível. Mas a lógica é irrepreensível: se humanos não se encontram em uma categoria especial de personalidade em virtude de sua criação à imagem de Deus, talvez devamos julgar seu valor de acordo com suas capacidades.

Enquanto escrevo isso, estou grávida de meu terceiro filho. Sou abençoada com um casamento estável e uma carreira gratificante. Mas cada gravidez tem me lembrado da forma precária com que nossa sociedade estima os seres humanos. Após uns poucos meses de gestação, meu bebê tem todas as características e órgãos no lugar. Ele se move com independência, de um modo que eu e minha família podemos sentir. Seu corpo está dentro do meu corpo: depende dele, mas sem ser uma parte dele. No entanto, ele não tem direitos segundo a legislação de Massachusetts. Leis concebidas sob o princípio aparentemente razoável da viabilidade fetal são constantemente questionadas por avanços científicos que permitem que bebês cada vez mais jovens sobrevivam fora do útero. Mas reduzir o limite legal nos levaria a nos preocupar, imaginando se os bebês abortados no passado, além do novo limite, deveriam ter sido contados como humanos. Mas o avanço científico é o meio correto de mensurar o valor humano?

Como ocorre com muitas das questões examinadas neste livro, acredito que pessoas inteligentes e bem-intencionadas podem chegar a diferentes conclusões sobre esse tópico porque elas partem de lugares fundamentalmente diferentes. Tenho muitos amigos não cristãos que discordam de mim a respeito do aborto. Eles veem o movimento pró-vida como algo opressivo para as mulheres — embora a maioria desses mesmos amigos aprecie limitar o direito da mulher de escolher

[31] Alberto Giubilini e Francesca Minerva, "After-birth abortion: why should the baby live?", *Journal of Medical Ethics*, 2012, p. 1, disponível em: https://jme.bmj.com/content/medethics/early/2012/03/01/medethics-2011-100411.full.pdf.

quando se trata de aborto seletivo de meninas, que tem resultado em uma diferença numérica de gênero de 25 milhões, na Índia, e de 35 milhões, na China, refletindo provavelmente as mesmas discrepâncias de gênero que se devem ao infanticídio de meninas do primeiro século, antes que o cristianismo viesse bagunçar a cena.[32] Muitos também se oporiam ao aborto seletivo de bebês com síndrome de Down. Em última análise, todos reconhecemos que o que dizemos sobre a vida humana, em qualquer estágio, tem implicações mais amplas e que aquilo que tem determinado muito da história da ética não é se os humanos devem ser valorizados, mas, em primeiro lugar, quem deve ser contado como humano.

Apesar dos desafios complexos e, às vezes, comoventes levantados pela gravidez indesejada, realmente creio que a fé cristã implica um posicionamento pró-vida, e, embora haja alguns que se oponham ao aborto por motivos misóginos, é insustentável a alegação de que ser pró-vida implica ser contra as mulheres.

Como todo outro elemento da cosmovisão cristã, no entanto, o reconhecimento de que bebês não nascidos são completamente humanos e, portanto, infinitamente valiosos faz parte de uma história muito maior: uma história na qual os mais vulneráveis são os mais importantes, na qual nenhum ser humano é indesejado, na qual todos nós somos pecadores sexuais e apenas Jesus tem o direito de julgar e uma história na qual o sacrifício pelo outro é o único caminho para a alegria, uma história que acaba — para aqueles dispostos a aceitar a oferta — com um casamento de tamanhas beleza e intimidade que leva a mais bela união humana a parecer um *emoji* de coração diante de um soneto de Shakespeare. Como as palavras de Dumbledore, "Severo… por favor", as palavras da Bíblia a respeito das mulheres são as palavras de um homem que entrega sua vida. O homem definitivo entregou a própria vida por bilhões de mulheres que lhe confiaram as suas próprias. O cristianismo rebaixa as mulheres? Ao contrário; ele as exalta à comunhão com o próprio Deus.

[32] Elaine Storkey, "Violence against women begins in the womb", *Christianity Today*, 2 maio 2018, disponível em: https://www.christianitytoday.com/women/2018/may/violence-against-women-begins-in-womb-abortion.html.

CAPÍTULO **NOVE**

O CRISTIANISMO NÃO É HOMOFÓBICO?

RACHEL E EU SOMOS AQUELA mistura efervescente de iguais e opostos que faz um grande relacionamento. Sou extrovertida, e ela, introvertida; sou otimista, e ela, pessimista; sou impulsiva, e ela, avessa a riscos; sou de Londres, e ela, da Califórnia. Cresci em uma família completamente comprometida com os estudos formais e frequentadora da igreja; ela é uma autodidata, que cresceu sem religião. Ambas estudamos temas artísticos em universidades de elite. Ambas amamos livros, poesia e debater novas ideias. Ambas somos cristãs apaixonadas, formadas em seminários, tentando lidar com a Bíblia nas línguas originais e aplicá-la às nossas vidas complicadas. Nós fazemos a outra rir, nos estimulamos a buscar o melhor que podemos, e ambas nos sentimos atraídas principalmente por mulheres.

Nossas histórias de atração pelo mesmo sexo são tão diferentes quanto nossas histórias de fé. A minha é a história de uma menina que se viu, desde a infância, apaixonada por garotas mais velhas e inacessíveis, mas que esperava e orava para superar isso — um sonho que finalmente morreu na graduação. É uma história de silêncio e de perdas discretas, conforme meu coração se prende a pessoas que não podem retribuir meu afeto. É uma história na qual jamais se toca sexualmente em outra mulher, mas sempre se anseia por mais intimidade — às vezes, mais do que eu sabia que podia ter. E, como muitos cristãos da minha geração que se sentiram atraídos por pessoas do mesmo sexo, é uma história de fardos feitos de necessidades legítimas e desejos complexos e um medo profundo de que revelar meus sentimentos pudesse arruinar minhas amizades.

A história de Rachel é o oposto. É a história de um crescimento sem referencial cristão, quando, então, ela percebe, aos 15 anos, estar atraída por uma linda garota do último ano. É uma história de busca e sedução dessa garota para estabelecer um relacionamento aberto, íntimo e contínuo. É uma história de noites com muitas outras mulheres supostamente heterossexuais — até mesmo com uma mentalidade de conquistadoras evoluídas — e de desprezo pelas cristãs por serem tolas e facilmente seduzidas para a cama. Mas, depois, em uma história na qual acredita que seu destino é Yale, ela é dispensada pela namorada do ensino médio, acaba mergulhando em uma crise existencial, rouba um livro chamado *Cristianismo puro e simples* de um amigo outrora católico, e acaba subjugada pelo poder do evangelho de Jesus. É uma história de tentativas de reconciliação entre seu modo de viver e a Bíblia, de tentativas seguidas de fracassos; de compromissos refeitos para colocar Jesus acima do sexo com mulheres, e mais fracassos; e, então, crescimento gradual em obediência e capacidade de resistir à tentação. É uma história de dependência do amor de Jesus e confiança de que o não aos relacionamentos com mulheres significa um sim mais significativo a um relacionamento mais profundo com ele.[1]

Agora Rachel e eu estamos casadas com homens — homens que amamos e respeitamos, dos quais dependemos. Nossos casamentos

---

[1] Você pode ler Rachel contando, com muita beleza, sua própria história em Rachel Gilson, "I never became straight. Perhaps that was never God's goal", *Christianity Today*, 20 set. 2017, disponível em: https://www.christianitytoday.com/ct/2017/october/i-never-became-straight-perhaps-that-was-never-gods-goal.html.

são belos e verdadeiros, temperados pelos costumeiros altos e baixos que surgem quando dois indivíduos pecadores se unem para o resto de suas vidas. Ambas consideramos nossos maridos as maiores bênçãos que Deus nos deu. Não os trocaríamos por nada no mundo, e o amor deles, semelhante ao de Cristo, nos tem moldado e transformado de diversas maneiras. Mas ambas escolhemos nos casar com homens por causa de nosso compromisso com Cristo, contra nossas preferências emocionais e sexuais, e, quando nos sentimos atraídas por pessoas fora do nosso casamento (como a maioria dos casados, de vez em quando), essa atração sempre é dirigida a mulheres. Para Rachel, o desafio é não voltar a estradas já percorridas. Para mim, é não me apoiar em portões até então fechados. Casadas há uma década, nenhuma de nós duas espera que esses desejos evaporem. Acreditamos que Deus pode transformar nossos instintos, mas não nos foi prometido que ele fará isso, porque o objetivo da vida cristã não é ter o sangue azul da heterossexualidade, mas Jesus.

Talvez este seja o capítulo mais controverso até agora. Nele, argumento a favor de uma visão profundamente impopular na sociedade ocidental do século 21 e cada vez menos aceita no contexto de algumas igrejas. Mas não escrevo isso porque sou uma intolerante homofóbica que simplesmente não entende como duas mulheres ou dois homens podem se desejar apaixonadamente, ou porque não acredite que casais homoafetivos podem ser fiéis um ao outro, cidadãos responsáveis e pais amorosos: tenho amigos que são todas essas coisas.

Você pode afirmar que estou, desde cedo, culturalmente condicionada a resistir à possibilidade de uma relação homossexual e que minhas convicções são influenciadas por minha fé. Elas são mesmo. Mas ouvir a história de Rachel confirmou minha suspeita de que esses fatos não invalidam minhas crenças. Escrevo este capítulo não porque quero acreditar que seguir Jesus exclui o casamento entre pessoas do mesmo sexo. Para mim, essa é uma verdade inconveniente. Escrevo porque acredito em uma verdade tão grande que minha pequena mente não é capaz de imaginar, em um desejo tão intenso que meu fraco coração não é capaz de abrigar e em uma intimidade tão profunda que o melhor casamento humano não é capaz de alcançar.

DUAS MANEIRAS DE SER UM SÓ CORPO

Se você leu o primeiro parágrafo do capítulo 1 e pulou direto para cá, por favor, deslize para cima! Este capítulo fará pouquíssimo sentido sem os fundamentos lançados pelo anterior, no qual argumentei que, assim como Deus criou a parentalidade para nos mostrar em que medida ele ama seus filhos, ele criou o sexo e o casamento para nos dar um vislumbre do que significa estar unido com Cristo.[2] Como vimos, a Bíblia apresenta o casamento como uma experiência de um só corpo: um homem e uma mulher unidos na realidade espiritual de um só corpo, ilustrada pela carnalidade do sexo e manifestada pela combinação do DNA de ambos os pais em cada filho. Mas há outra dimensão bíblica para ser um só corpo, e, se não nos detivermos para considerar isso, jamais alcançaremos a lógica dos limites cristãos propostos ao sexo.

Às vezes, dizem que a Bíblia condena os relacionamentos entre pessoas do mesmo sexo. Não é o caso. A Bíblia *ordena* relacionamentos entre pessoas do mesmo sexo em um nível de intimidade que os cristãos raramente atingem. Jesus pregou um evangelho de intimidade radical: com ele em primeiríssimo lugar, mas por meio dele também uns com os outros. Edificando sobre as palavras de Jesus a seus discípulos na Última Ceia, Paulo argumenta que os cristãos estão inextricavelmente unidos: "Não é verdade que o pão que partimos é uma participação no corpo de Cristo? Por haver um único pão, nós, que somos muitos, somos um só corpo, pois todos participamos de um único pão" (1Coríntios 10:16-17).

---

[2] Se você puder também ler o capítulo 6, sobre as metáforas bíblicas, isso seria ainda melhor!

Na perspectiva cristã, a unidade de um só corpo não se restringe a maridos e mulheres: é para todos.[3] Os cristãos não foram concebidos para agir sozinhos mais do que o pulmão pode funcionar sem o coração. "Ora, assim como o corpo é uma unidade, embora tenha muitos membros, e todos os membros, mesmo sendo muitos, formam um só corpo", explica Paulo, "assim também com respeito a Cristo" (1Coríntios 12:12). Ele conclui: "Quando um membro sofre, todos os outros sofrem com ele; quando um membro é honrado, todos os outros se alegram com ele" (1Coríntios 12:26).

Em uma perspectiva bíblica, portanto, a amizade não é um prêmio de consolação para aqueles que não foram capazes de se envolver em um relacionamento amoroso. Como o casamento e a parentalidade, é outra forma de Deus manifestar um aspecto de seu amor por nós. Os cristãos são "um corpo" (Romanos 12:5), irmãos e irmãs (Mateus 12:50), "unidos em amor" (Colossenses 2:2), companheiros de lutas (Filipenses 2:25). Paulo chama seu amigo Onésimo de "meu próprio coração" (Filemom 12) e compara sua afeição pelos cristãos em Tessalônica ao de "uma mãe lactante que cuida dos próprios filhos" (1Tessalonicenses 2:7). Amamentar um bebê é vitalmente diferente de um ato sexual, mas é também uma verdadeira união entre duas pessoas, envolvendo vulnerabilidade mútua e dependência. Os cristãos neotestamentários são vistos compartilhando recursos, vivendo em comunidade, suportando os fardos uns dos outros, amando-se profundamente e expressando fisicamente seu amor. O mandamento "Saúdem uns aos outros com beijo santo" aparece cinco vezes no Novo Testamento.[4]

Como veremos adiante neste capítulo, a Bíblia afirma claramente que a intimidade sexual pertence exclusivamente ao casamento heterossexual. Mas a realidade de um só corpo da parceira do evangelho — mais bem experimentada em amizades entre pessoas do mesmo sexo — não é algo menor. Isso encontra respaldo

[3] Paulo usa a mesma linguagem em Romanos 12:4-5 e Efésios 4:15-16.
[4] Romanos 16:16; 1Coríntios 16:20; 2Coríntios 13:12; 1Tessalonicenses 5:26; 1Pedro 5:14.

na própria vida de Jesus, que nunca se casou e investiu profundamente em suas amizades, tendo declarado: "Ninguém tem maior amor que aquele que dá a sua vida pelos seus amigos" (João 15:13).

Embora não tenha menos importância em termos bíblicos que o casamento, a amizade desempenha um papel distinto. A intimidade de um só corpo do casamento expressa o amor ciumento de Jesus por seu povo. É, em um sentido muito importante, exclusivo. A amizade cristã, ao contrário, é feita para incluir. A metáfora da amamentação a que Paulo recorre aponta para isso.

Quando eu estava grávida da minha segunda filha, minha preocupação era se eu a amaria tanto quanto amava a primeira. Em sua chegada, Deus ampliou meu coração. Confio que Deus alargará meu coração para amar nosso terceiro filho da mesma forma. Meu amor por minhas crianças é poderoso e íntimo, mas não exclusivo. De modo semelhante, o amor profundo, vulnerável e alegre que Deus derrama sobre amizades entre pessoas do mesmo sexo não tem os limites exclusivos e definitivos do casamento. Em minha própria experiência, quanto mais desenvolvo minha intimidade com uma amiga, mais preciso me engajar em outros relacionamentos para ser a pessoa que Deus me chama a ser, e não acabar sendo vítima da introspecção e da insegurança. Compreender os diferentes limites que operam no casamento e na amizade nos ajudará a compreender o propósito de cada tipo de vínculo.

OS BENEFÍCIOS DOS LIMITES

Nós, seres humanos, nos desenvolvemos quando contamos com limites. Precisamos de liberdade, com toda a certeza. Mas precisamos de limites para criar os espaços devidos para as diferentes partes de nossa vida. Esses limites podem ser espaciais: este local é para o beisebol, e este outro para o futebol americano. Ambos podem ser jogados simultaneamente, mas não no mesmo campo. Os limites podem ser temporais: estas horas são para o sono, essas para o trabalho, aquelas para o divertimento. Dormir no meio de um dia de trabalho ou se divertir no meio da noite raramente faz bem. Limites também podem ser relacionais: não é correto que estranhos toquem meu corpo, mas esta pessoa pode tocá-lo assim porque é minha médica. Se ouvirmos atentamente a ética sexual da Bíblia, descobriremos que seus limites claros criam tanto espaços seguros para o sexo como uma arena para diferentes tipos de conexão íntima.

Em uma perspectiva cristã, o casamento entre homem e mulher é reservado como o único lugar adequado para a intimidade sexual. Esse limite elimina a possibilidade de sexo com qualquer outra pessoa. É altamente restritivo e, sob certos aspectos, contrário a nossas inclinações: poucas pessoas casadas nunca desejaram intimidade sexual com alguém que não seu cônjuge. Assim, todo cristão é chamado a, algumas vezes, sacrificar seus desejos. Mas o casamento também cria imensa liberdade e segurança para a intimidade sexual e amorosa, sem o medo de crítica ou abandono. Os limites da amizade encontram-se em um lugar diferente: proíbem o sexo, mas criam um espaço para intimidade com várias pessoas que tocarão nosso coração, nossa mente e nosso corpo de diversas maneiras.

Podemos verificar diferentes tipos de amor e limites em vigor mais claramente nas estruturas familiares. Relacionamentos familiares mais próximos são marcados por amor profundo e intimidade física. Minhas filhas, que têm 8 e 6 anos de idade, me procuram muitas vezes para receber carinho. Segurar minhas meninas me proporciona prazer e satisfaz meus desejos de amor materno. Mas, como meus amigos que passaram por algum tipo de abuso na infância podem dolorosamente confirmar, introduzir intimidade sexual no vínculo entre a criança e seus pais destrói esse amor. Os limites vigentes no seio familiar criam espaço para diferentes formas de intimidade. No melhor dos casos, as crianças vêm experimentar proximidade física e emocional com seus pais e irmãos. Mas logo percebem que também precisam de amigos — não para substituir suas relações familiares, mas para complementá-las.

Pela mesma razão, a intimidade física desempenha papel fundamental nas amizades. Frequentemente, é o ritual de saudação. Abraços para dizer olá e até logo aos meus amigos pontuam minha vida diária e me deixam alegre. Mas, às vezes, a função do toque em uma amizade é mais específica. No mês passado, abracei dois amigos próximos depois de um bom tempo sem nos vermos: para oferecer conforto ao coração partido de um; e para, sem palavras, expressar perdão e reconciliação ao outro. Sexualizar qualquer um desses momentos os teria privado de seu valor. Seria também perder de vista o principal: nos limites desses relacionamentos, longos abraços constituem a expressão física suprema de amor e deixam uma impressão duradoura.

Dois anos atrás, falei, pela primeira vez, publicamente sobre minha própria atração por mulheres. Estava dirigindo um painel no retiro de mulheres da nossa igreja e senti que, naquele momento, o grupo seria beneficiado se eu compartilhasse essa parte da minha vida. Foi um grande passo. Até pouco tempo antes, não tinha falado isso nem mesmo às minhas amigas mais queridas. Depois da palestra, eu me sentei com uma mulher nova na igreja, que tinha perguntas, e, enquanto eu respondia a ela, uma amiga próxima, que conhecia minha história, veio se juntar à conversa e colocou seu braço em volta de mim. Por me ver tão concentrada no que eu estava fazendo, não me dei conta de minhas próprias necessidades emocionais. Mas esse simples gesto de afeto me atingiu como uma onda, ao encontro de uma necessidade minha que nem mesmo eu me dera conta.

Em nosso mundo sexualizado, podemos imaginar que um abraço demorado em um amigo ou amoroso, envolvendo nossos ombros, sempre será ofuscado pela intensidade física muito maior do sexo. Mas, embora o contato sexual possa implicar uma resposta fisiológica mais poderosa, não é necessária e verdadeiramente mais íntimo. De fato, é comum demais que as pessoas obtenham prazer físico do sexo sem experimentar uma conexão emocional profunda. E, embora uma boa relação sexual deva também envolver amizade profunda e toques não sexualizados, sempre haverá formas pelas quais alguns amigos nos "saquem" diferentemente de nosso cônjuge — certos interesses e emoções que apenas eles podem acessar. Mais do que ver o amor romântico e sexual como o ápice de uma escala na qual a amizade permanece no ponto mais raso, a Bíblia nos convida a buscar, de diferentes maneiras, o amor humano, governado por diferentes limites. As mesmas Escrituras que dizem não à intimidade sexual entre pessoas do mesmo sexo exclamam um enorme *sim* à intimidade de outras formas. De fato, a intimidade profunda, centrada em Jesus, em torno de uma missão comum, deixará comendo poeira qualquer versão barata e casual de intimidade sexual.

Como tais limites podem ser atrelados aos relacionamentos homoafetivos *versus* heteroafetivos? Se imaginarmos um cenário no qual se exclui metade da humanidade como opção para uma relação sexual, fica claro que temos grande liberdade para buscar intimidade não sexual. É claro, isso é mais complicado para aqueles que sentem atração por pessoas do mesmo sexo. Os sentimentos que às vezes experimento em uma amizade indicam que preciso examinar meu coração e me apressar a me arrepender e mudar de direção se me encontrar em um terreno perigoso. Mas, visto que a maioria das mulheres não compartilha minhas atrações, e as poucas próximas a mim com as mesmas atrações também compartilham a mesma fé, posso me sentir livre para buscar intimidade nas minhas amizades sem correr o risco de comprometer meu casamento. Como qualquer outro cristão, preciso de amigos confiáveis com quem eu possa ser completamente honesta e que chamarão minha atenção e me ajudarão a me corrigir quando meu coração pender demais em uma só direção. E preciso de um nível de intimidade com meu marido que me permita levar minhas lutas *para* ele e recolocar meu desejo *sobre* ele. Mas, embora seja tentador para os cristãos que sentem atração pelo mesmo sexo se esquivarem de amizades pelo receio de estragar tudo, creio que essa é certamente a abordagem errada. A despeito da nossa sexualidade, todos somos mais propensos a comer *junk food* quando sentimos fome, bem como nos inclinamos a buscar relacionamentos ilícitos quando nossas necessidades relacionais nucleares não estão sendo atendidas. Para cristãos que se sentem atraídos por amigos do mesmo sexo, a solução não é jejum de amizade, mas alimentação saudável.

À medida que fui prosseguindo na vida e refletindo sobre o propósito daquilo que é para muitos o mais difícil mandamento da fé cristã, passei a acreditar que excluir metade das pessoas que encontramos como opções para uma relação sexual abre outras possibilidades. Como os seres humanos são onívoros e podem se desenvolver com uma série de alimentos, também podemos nos desenvolver por meio de uma variedade de relacionamentos. E, embora relações românticas e sexuais possam apresentar a intensidade e o sabor de um corte de carne, um vegetariano se desenvolverá e florescerá com aquilo que faria um carnívoro enjoar e adoecer. Na sociedade contemporânea, somos levados a acreditar que não podemos viver sem sexo. Mas eu, de fato, acredito que é bem mais provável que é a falta de amigos e do amor da família que nos faz murchar.

UM CHAMADO AO ANSEIO, MAS NÃO À SOLIDÃO

No verão passado, fiz uma longa caminhada com uma amiga que considerava começar a sair com mulheres. Ela havia tido experiências ruins com homens. Andava inspirada por um casal lésbico que parecia um modelo de todos os bens cristãos e vinha se sentindo atraída por algumas mulheres. Eu trouxe à conversa o chamado de Jesus a todos os cristãos para que neguem a si mesmos, tomem sua cruz e o sigam — apesar do custo. Ela disse que lhe parecia injusto que cristãos que sentem atração por pessoas do mesmo sexo sejam sentenciados à solidão. Nessa época, eu estava lendo o livro de Atos. Observei que, embora os primeiros cristãos tivessem enfrentado todo tipo de sofrimento, até mesmo serem apedrejados até a morte, houve uma luta que eles não tiveram de enfrentar: a solidão. Se reduzirmos a comunidade cristã a relacionamentos sexuais e à família nuclear, falharemos totalmente em cumprir a ética bíblica.

Isso é sublinhado pelo modo que a Bíblia vê a solteirice. O próprio Jesus jamais se casou. Embora Paulo recomende o casamento, ele estima ainda *mais* permanecer solteiro (1Coríntios 7:38). Pessoas solteiras são vitais para a família da igreja — que, em termos cristãos, é a primeira unidade familiar — e devem experimentar amor profundo e comunhão com outros cristãos. Sempre que a cultura eclesiástica inibe isso enfatizando exageradamente o casamento e a parentalidade, os cristãos precisam lutar por uma mudança de cultura e para encarnar a realidade bíblica de que a igreja local é verdadeiramente a família dos solteiros. Fazer com que cristãos que sentem atração por pessoas do mesmo sexo e que escolheram permanecer solteiros possam florescer na igreja significa se tornar mais bíblico, não menos.[5]

Não pretendo minimizar a dor. Alguns de meus amigos que sentem atração por pessoas do mesmo sexo são tentados sexualmente no ritmo constante de uma bateria. Mas isso também é verdade para muitos cristãos heteroafetivos, sejam casados e lutando para serem fiéis ao seu cônjuge ou solteiros e ansiando por se casarem. Em última instância, todo cristão é chamado para o autocontrole sexual. Exceto no falecimento do cônjuge ou em um cenário extremo que justifique o divórcio bíblico, os cristãos são chamados a ter, no máximo, um parceiro sexual. Dizer sim a Jesus significa dizer não à liberdade sexual. Mas isso não significa sair perdendo. No melhor dos casos, o casamento serve para nos

[5] O excelente livro de Rosaria Butterfield — *The gospel comes with a house key: practicing radicaly ordinary hospitality in our post-Christian world* (Wheaton, IL: Crossway, 2018) [no Brasil: *O evangelho e as chaves de casa: praticando uma hospitalidade radicalmente simples em um mundo pós-cristão* (Brasília: Monergismo, 2020)] — ilustra isso. De forma bem mais resumida, escrevi sobre como a mentalidade bíblica deve moldar nossa conduta nas reuniões da igreja: cf. Rebecca McLaughlin, "Why I don't sit with my husband at church", *Christianity Today*, 19 abr. 2018, disponível em: https://www.christianitytoday.com/women/2018/april/why-i-dont-sit-with-my-husband-at-church.html.

fazer querer mais: é como uma porta de entrada para um relacionamento de maior realização.

Isso não diminui o anseio que muitas pessoas solteiras têm; de fato, isso lhes dá sentido. Para a cosmovisão cristã, há propósito para anseios não satisfeitos. Como uma mulher predominantemente atraída por outras mulheres e realizadamente casada com um homem, eu mesma estou cada vez mais convencida de que o anseio que às vezes sinto não tem, afinal, por objeto uma mulher, mas Aquele que a criou. Como uma cópia da *Mona Lisa*, um ser humano criado à imagem de Deus jamais será tão impressionante quanto o original. Jesus é, por definição, infinitamente mais belo, atraente e capaz de amar.

Em um momento de brilhantismo que lhe é característico, Shakespeare coloca as seguintes palavras na boca de Enobarbo, refletindo se Antônio deve deixar sua amante Cleópatra:

> Jamais; não o fará:
> Fenecê-la não pode o tempo,
> Nem o costume sua infinita variedade gastar.
> Outras enfastiam o apetite que satisfaziam,
> mas ela apetece quanto mais satisfaz.[6]

Contudo, lírico como é, não deixa de ser falso, em última instância. Se queremos ter prazer infinito, não é um ser finito que nos satisfará.

Como ocorre com relação a todos outros aspectos da fé, trata-se de uma aposta. Uma vez confessei a Rachel certo pesar — até mesmo inveja — por ela ter experimentado toda a intimidade com mulheres que eu cresci desejando, e ainda mais. Jamais vou me esquecer da resposta dela: “Acredite, tudo isso não foi nada em comparação a conhecer Cristo”.

---

[6] William Shakespeare, *Anthony and Cleopatra*, ato 2, cena 2.

O QUE A BÍBLIA REALMENTE DIZ SOBRE HOMOSSEXUALIDADE?

Quando Rachel começou a pensar seriamente no cristianismo, consultou uma amiga lésbica que estava se preparando para se tornar ministra luterana. Essa amiga lhe garantiu que um casamento homoafetivo monogâmico não era incompatível com a fé cristã e lhe deu um livro que argumentava nesse sentido. Rachel o leu com voracidade e o achou bem convincente. Mas, quando procurou as passagens bíblicas referenciadas pelo livro, os argumentos desmoronaram em suas mãos.

A Bíblia é inequívoca a respeito da relação homossexual. Primeiro, que homens se deitem com homens é proibido pela lei judaica (p. ex., Levítico 18:22; 20:13). Isso não serve como prova para os cristãos. Muitas leis veterotestamentárias são especificamente declaradas não obrigatórias no Novo Testamento (p. ex., restrições alimentares). Mas a lógica do casamento heteroafetivo e a proibição do ato sexual homossexual são reafirmadas várias vezes.[7]

Vamos começar com a perspectiva de Jesus. Algumas vezes, Jesus é caricaturado como um profeta do amor livre, nem um pouco preocupado com questões éticas que envolvam sexualidade. Mas seu ensino sobre moralidade sexual estava estritamente de acordo com a lei veterotestamentária.[8] Por exemplo, quando os fariseus questionaram Jesus se um homem poderia se divorciar de sua mulher "por qualquer razão", ele respondeu:

> Vocês não leram que, no princípio, o Criador "os fez homem e mulher" e disse: "Por essa razão, o homem deixará pai e mãe e se

---

[7] Cf. Robert A. J. Gagnon, *The Bible and the homosexual practice: texts and hermeneutics* (Nashville: Abindgon, 2021) [no Brasil: *A Bíblia e a prática homossexual: textos e hermenêutica* (São Paulo: Vida Nova, 2021)], para um tratamento detalhado da proibição do ato sexual homossexual nas Escrituras hebraicas e como elas se relacionam com os textos neotestamentários.

[8] P. ex., "Vocês ouviram o que foi dito: 'Não adulterarás'. Mas eu lhes digo: qualquer que olhar para uma mulher para desejá-la já cometeu adultério com ela no seu coração" (Mateus 5:27-28).

> unirá à sua mulher, e os dois se tornarão uma só carne"? Assim, eles já não são dois, mas sim uma só carne. Portanto, o que Deus uniu, ninguém o separe (Mateus 19:4-6).

Jesus reafirma que Deus criou os seres humanos como macho e fêmea, seu projeto de uma só carne para o casamento e suas elevadas exigências: um homem só pode se divorciar de sua mulher em caso de infidelidade (Mateus 19:9). Os ouvintes de Jesus ficaram chocados pelo rigor de seu ensino (Mateus 19:10). Com certeza, Jesus rotineiramente escandalizava aqueles ao seu redor ao se associar com gente conhecida por sua imoralidade sexual. Mas, longe de ampliar as opções de relação sexual, Jesus reforçou a lei do Antigo Testamento.

Somos tentados a pensar que as possibilidades sexuais de hoje não existiam no primeiro século. Mas as repetidas referências a todo tipo de imoralidade sexual do Novo Testamento nos lembram que as restrições judaico-cristãs a respeito de sexo sempre foram contraculturais. A cultura grega antiga permitia relações sexuais entre homens — entre homens adultos e adolescentes, em sua forma mais típica — e celebravam o desejo homoerótico. Platão, embora não aprovasse relações sexuais homossexuais, escreveu a respeito de um estudante seu:

> Áster — olhos postos nas estrelas: queria eu
> Ser o céu pra sobre ti mil olhos postar.[9]

Seu epitáfio para outro pupilo assim o saúda: "Dion, cujo amor um dia enlouqueceu o coração dentro deste peito".[10] Além disso, no *Banquete*, de Platão, Aristófanes elabora um mito fundador da orientação sexual, no qual os seres humanos eram, a princípio, criaturas compósitas: alguns macho-macho, outros fêmea-fêmea e alguns macho-fêmea. Zeus os separou, deixando neles o desejo

---

[9] Apud Louis Crompton, *Homosexuality and civilization* (Cambridge, MA: Harvard University Press, 2003), p. 55.

[10] Apud Louis Crompton, *Homosexuality and civilization*, p. 56.

de encontrar sua metade — seja em uma união heterossexual, seja em uma relação homossexual.[11]

No mundo antigo, havia uma assimetria típica no sexo *gay*, com um diferencial de idade ou condição social entre aquele que penetrava e o que era penetrado. Mas isso também se aplicava ao casamento heterossexual, no qual frequentemente se unia um homem na casa dos trinta anos a uma mulher no começo da adolescência. E, embora muito do sexo *gay* fosse exploratório e promíscuo, havia modelos culturais para relacionamentos homossexuais com compromisso. No século 4 a.C., formou-se um exército grego conhecido como o Bando Sagrado de Tebas, composto de 150 casais de amantes do sexo masculino. A teoria era a seguinte: a adição do vínculo sexual motivaria os soldados a lutarem uns pelos outros.[12]

A cultura romana era mais restritiva, pelo fato de que o sexo entre cidadãos do sexo masculino era desaprovado. Mas os homens estavam liberados para se deitar com escravos e prostitutas. No entanto, como Louis Crompton (ele mesmo homoafetivo e pioneiro dos estudos *queer*) argumentou em *Homosexuality and civilization* [*Homossexualidade e civilização*], a natureza exploratória de boa parte do sexo *gay* no mundo antigo não abre a porta para a reinterpretação do Novo Testamento: "Em nenhum lugar, Paulo ou qualquer outro autor judeu desse período sugere a menor aceitação das relações homossexuais sob quaisquer circunstâncias. A ideia de que homossexuais pudessem ser redimidos pela devoção mútua teria soado completamente estranha a Paulo ou a qualquer judeu ou cristão primitivo".[13]

Quando examinamos o Novo Testamento, encontramos proibições explícitas das relações sexuais homossexuais. Mas também descobrimos a surpreendente fragilidade da alegação de que Paulo, que escreveu a maior parte dos textos a esse respeito, foi um homofóbico moralista. Em uma carta a seu pupilo Timóteo, Paulo

[11] Cf. Platão, *Banquete*, 189c-193e.

[12] Para mais detalhes sobre o Bando Sagrado de Tebas, cf. Crompton, *Homosexuality and civilization*, p. 69-73.

[13] Crompton, *Homosexuality and civilization*, p. 114.

reafirma as proibições escriturísticas ao pecado sexual — heterossexual ou homossexual. Mas ele se recusa a se colocar em qualquer patamar mais elevado de moralidade. Refletindo sobre como os falsos mestres distorciam a lei, Paulo escreve:

> Também sabemos que ela [a lei] não é feita para os justos, mas para os transgressores e insubordinados, para os ímpios e pecadores, para os profanos e irreverentes, para os que matam pai e mãe, para os homicidas, para os que praticam imoralidade sexual e os homens que praticam homossexualidade, para os sequestradores, para os mentirosos e os que juram falsamente; e para todo aquele que se opõe à sã doutrina (1Timóteo 1:9-10, NVI adaptada).

Imoralidade sexual, incluindo imoralidade homossexual, é listada aqui entre os pecados de homicídio e apresamento de escravos. A expressão "homens que praticam homossexualidade" também aparece em 1Coríntios 6:9, traduzindo duas palavras gregas que parecem especificar os parceiros ativo e passivo da relação sexual.[14] Embora, na cultura romana, fosse vergonhoso para um homem ser penetrado, Paulo condena ambas as posições. Mas ele também repetidamente declara que *ninguém* é santo conforme as exigências da lei. Alguns versículos depois, ainda em 1Timóteo, o apóstolo escreve: "Cristo Jesus veio ao mundo para salvar os pecadores, dos quais eu sou o pior" (1Timóteo 1:15). Longe de pensar que ele fosse *melhor* que aqueles inclusos em sua lista, Paulo se apresenta como o *pior*: "blasfemo, perseguidor e insolente" contra Jesus (1Timóteo 1:12), salvo senão para demonstrar que o *menos* merecedor também pode ser redimido. De fato, nesse capítulo, Paulo se refere a si mesmo como o "pior" dos pecadores por duas vezes (1Timóteo 1:15-16).

Quando Paulo menciona a relação homossexual em sua carta à igreja em Roma, a menção emerge de uma descrição da idolatria.

---

[14] *Malakoi* ("efeminado") e *arsenokoitai* ("aqueles que se deitam com homens").

Isso faz sentido segundo a lógica mais ampla do casamento como um retrato do relacionamento de Deus com seu povo e o contexto cultural maior do papel do sexo em alguns ritos cultuais pagãos. Paulo descreve o povo abandonando o culto a Deus e se entregando a relações sexuais:

> Por causa disso Deus os entregou a paixões vergonhosas. Até suas mulheres trocaram suas relações sexuais naturais por outras, contrárias à natureza. Da mesma forma, os homens também abandonaram as relações naturais com as mulheres e se inflamaram de paixão uns pelos outros. Começaram a cometer atos indecentes, homens com homens, e receberam em si mesmos o castigo merecido pela sua perversão (Romanos 1:26-27).

Esses versículos condenam a relação homossexual tanto entre mulheres quanto entre homens. São palavras inquestionavelmente ofensivas. Mas a realidade é que a Bíblia é ofensiva do começo ao fim.

Quando Jim Tour, professor de Rice, era estudante, um amigo cristão começou a lhe falar a respeito de Jesus. Jim não se convenceu. Ele se considera um sujeito muito bom, por isso toda a conversa de ser separado de Deus pelo pecado o confundiu. Mas então seu amigo lhe mostrou Mateus 5:27-28, passagem em que Jesus afirma que qualquer um que olhar para uma mulher cobiçosamente já terá cometido adultério em seu coração. Jim percebeu que seu vício em pornografia o colocava perfeitamente nessa categoria e veio, por fim, a reconhecer Jesus como o Messias que sua formação judaica o havia ensinado a aguardar. Com ou sem pornografia, se você é um homem heterossexual, é improvável que possa se declarar inocente da acusação de Jesus. Pior ainda, Jesus afirma que, se seu olho direito faz você cobiçar, é melhor arrancá-lo e entrar no reino de Deus que permanecer no pecado (Mateus 5:29). Ninguém pode ouvir Jesus sem ficar chocado, ofendido e constrangido por sua posição em relação ao pecado sexual. E as palavras mais ofensivas de Jesus atingem as pessoas mais escrupulosamente castas de seus dias.

Em uma longa diatribe contra os super-religiosos fariseus, Jesus os chama de hipócritas, guias cegos, túmulos caiados, filhos de assassinos e serpentes: "Raça de víboras!", clama ele. "Como vocês escaparão da condenação ao inferno?" (Mateus 23:33). Não podemos ler a Bíblia e não ficar ofendidos — até mesmo condenados —, a não ser que nos aproximemos como pecadores quebrantados. Se tivermos essa visão, seremos acolhidos com ternura. De fato, embora seja terrível como Jesus condena o pecado sexual, seu acolhimento permanente de pecadores sexuais arrependidos é igualmente escandaloso. Vimos isso nos Evangelhos e no movimento cristão primitivo.

Na carta de Paulo aos coríntios, temos um vislumbre de uma igreja composta de pecadores arrependidos de todos os tipos — do tipo sexual e outros mais. Corinto era a Las Vegas do Império Romano, com a ética de uma cidade sempre em festa. "Vocês não sabem", escreve Paulo, "que os perversos não herdarão o Reino de Deus?". Em seguida, ele ilustra isso:

> Não se deixem enganar: nem imorais, nem idólatras, nem adúlteros, nem homossexuais passivos ou ativos, nem ladrões, nem avarentos, nem alcoólatras, nem caluniadores, nem trapaceiros herdarão o Reino de Deus. Assim foram alguns de vocês. Mas vocês foram lavados, foram santificados, foram justificados no nome do Senhor Jesus Cristo e no Espírito de nosso Deus (1Coríntios 6:9-11).

Segundo essa passagem, alguns dos primeiríssimos cristãos entraram na igreja com histórias e desejos homossexuais. Isso é tão verdade hoje quanto era naquela época.

SEM ESPAÇO PARA "ELES E NÓS" NA IGREJA

Apesar da recusa de Paulo de se colocar como moralmente superior, muitas vezes os cristãos têm confundido os limites claros que a Bíblia estabelece para o sexo com uma licença para atitudes julgadoras, arrogantes e nem um pouco amorosas contra *gays* e lésbicas. Mas, embora o Novo Testamento seja claro em dizer não à relação homossexual, não deixa espaço para uma atitude do tipo "eles e nós". Pela definição de Jesus, todo cristão adulto é culpado de pecado sexual, e cristãos com histórias e desejos homossexuais ajudaram a plantar a igreja primitiva. Embora eu não acredite que defender a ética sexual bíblica seja inerentemente homofóbico (termo definido pelo *Oxford English Dictionary* como "ter ou demonstrar aversão ou preconceito contra pessoas homossexuais"), muitos cristãos de hoje realmente precisam se arrepender de suas atitudes não bíblicas.

Quando meu marido e eu nos mudamos para os Estados Unidos e nos juntamos à nossa igreja atual, conhecemos um homem na congregação que era aberto a respeito de sua atração homossexual. Lou foi criado na igreja e se percebeu, pela primeira vez, atraído por outros rapazes ainda na adolescência. Corajosamente, ele contou isso à liderança dos jovens. O líder interrompeu tudo para contar ao pastor sênior, que, por sua vez, insistiu para que Lou compartilhasse isso imediatamente com os pais. Esses líderes podem não ter agido por mal. Eles, evidentemente, não tinham qualquer experiência ou referência de como apoiar seu jovem irmão em Cristo. Mas duvido que eles teriam a mesma reação se Lou houvesse confessado um vício em pornografia heterossexual — um problema pecaminoso muito mais destrutivo que um jovem se descobrir atraído por outros garotos e procurar ajuda. Felizmente, Lou suportou as falhas de seus líderes, mantendo sua fé em Cristo, e hoje é um grande presente para nossa igreja como um homem solteiro, com coração de servo, que tem sacrificado sua satisfação sexual e romântica pelo prêmio maior da fidelidade a Cristo.

Inúmeros cristãos enfrentaram tratamento semelhante — ou pior — ao que Lou recebeu confessando sua atração. Muitos, temendo rejeição, não dizem nem uma palavra sequer sobre isso. Embora nunca tenha visto um cristão reagir mal quando compartilhei minhas próprias lutas, sofri em silêncio durante boa parte da minha caminhada cristã, e uma cultura que isola cristãos na solidão e na vergonha é profundamente antibíblica. Como o teólogo alemão e líder da resistência ao regime nazista Dietrich Bonhoeffer disse: "O cristão precisa de outro cristão que lhe fale da Palavra de Deus. [...] O Cristo em seu próprio coração é mais fraco que o Cristo na palavra de seu irmão".[15] Quanto mais vivo, mais convencida fico de que todo cristão é um cristão em luta, dependente da ajuda dos irmãos e irmãs que conhecem suas necessidades e vulnerabilidades. Pulmões não funcionam sem coração, nem pernas sem pés. Nós simplesmente não fomos criados para voar sozinhos.

QUANDO OS PARADIGMAS SÃO QUEBRADOS

Há, porém, outro sentido para não haver espaço para "eles e nós" quando se trata de homossexualidade. A professora de psicologia Lisa Diamond, uma ativista lésbica, tem pesquisado a natureza da orientação sexual em profundidade e chegado a conclusões surpreendentes. Primeiro, ela descobriu que a bissexualidade é bem mais comum do que se tem percebido. Com base na Pesquisa Nacional de Crescimento Familiar 2002, Diamond observa que por volta de 14% das mulheres e 7% dos homens relataram experimentar atração por pessoas do mesmo sexo, e que menos de 2% dos homens e menos de 1% das mulheres sentiam-se atraídos exclusivamente pelo mesmo sexo.[16] Ocorre que eu pertenço, de longe, à maior minoria sexual: mulheres que têm atração por mulheres, mas não exclusivamente. Se você visse um documentário sobre o meu coração em plena vida adulta, concluiria que eu me sentia apenas atraída por mulheres. No entanto, aqui estou eu, realizadamente casada com um homem.

[15] Dietrich Bonhoeffer, *Life together*, trad. John W. Doberstein (New York: HarperCollins, 1954), p. 23. [No Brasil: *Vida em comunhão* (São Leopoldo: Sinodal, 2011).]

[16] A professora Diamond resume esses dados em uma aula fascinante na Universidade de Cornell, intitulada "Just how different are female and male sexual orientation?", *YouTube* [vídeo], 17 out. 2013, disponível em: https://www.youtube.com/watch?v=m2r-THDOuUBw. Essa pesquisa foi repetida em 2008 com resultados bem similares.

Diamond observa que preconcepções sobre identidade sexual impediram os pesquisadores de questionar as pessoas sobre desenhos e experiências que não se conformam ao rótulo que elas assumiram. Ela descobriu que, quando questionadas sobre o último ano, 42% daquelas que se identificaram como lésbicas relataram haver fantasiado sexo com um homem, 26% relataram ter desejado fazer sexo com um homem e 9% delas tiveram uma relação sexual heterossexual. De modo semelhante, 20% dos homens *gays* relataram ter fantasiado a respeito de uma mulher no último ano, 20% confessaram querer sexo com uma mulher e 12% deles dormiram com uma mulher. Além disso, 15% das mulheres que se identificaram como lésbicas responderam ter nutrido interesse romântico por um homem no ano anterior, e 31% dos homens autoidentificados como *gays* afirmam ter se sentido romanticamente inclinados a uma mulher. Ao passo que 50% das mulheres que se identificaram como heterossexuais e 25% dos homens heterossexuais relataram ter experimentado alguma atração homossexual no último ano, enquanto 35% das mulheres e 24% dos homens revelaram alguma fantasia com pessoas do mesmo sexo.[17]

Para complicar ainda mais a situação, Diamond observa que é bem comum que nossas atrações mudem com o tempo — tanto do polo heterossexual para o homossexual quanto vice-versa. A esperança do meu eu mais novo de que simplesmente pudesse superar minhas atrações homossexuais não era completamente infundada. Como Diamond afirma: "Talvez o único caminho para ter certeza de que as atrações homossexuais de um adolescente persistirão até a vida adulta seja observar se elas realmente *persistiram*".[18] Por outro lado, as pessoas que iniciam relacionamentos homossexuais mais tarde na vida não estão necessariamente reconhecendo desejos que elas sempre tiveram. Quando Cynthia

---

[17] Diamond, "Just how different?".

[18] Cf. Lisa Diamond e Ritch C. Savin-Williams, "The intimate relationships of sexual-minority youths", in: Gerald R. Adams e Michael D. Berzonsky, eds., *The Blackwell handbook of adolescence* (Oxford: Blackwell, 2008), p. 396.

Nixon, estrela de *Sex and the city*, deixou seu parceiro de longa data e pai de seus filhos e começou a sair com uma mulher com quem ela posteriormente se casou, ela ponderou:

> Em termos de orientação sexual, não sinto realmente que eu tenha mudado. Não sinto que havia uma parte escondida da minha sexualidade da qual eu não tinha ideia. Estive com homens a minha vida inteira, e nunca havia me apaixonado por uma mulher. Mas, quando me apaixonei, não pareceu tão estranho. Sou apenas uma mulher apaixonada por outra.[19]

Depois de anos de estudo, Diamond concluiu que, quando categorizamos pessoas como *gays* ou héteros, "não estamos de fato separando a natureza em suas juntas; na verdade, estamos incluindo algumas juntas a um fenômeno bem confuso".[20]

Diamond reconhece quão desafiadores são esses dados para as concepções contemporâneas de identidade sexual. Com incrível honestidade, ela conclui: "Temos defendido os direitos civis de pessoas LGBT com base no fato de elas serem LGBT. Temos nos valido de categorias fixas como parte de nossa estratégia para estabelecer políticas sociais e conquistar aceitação, e isso é muito, muito complicado, agora que sabemos que não se trata da verdade".[21]

Para ser clara, isso não nega que muitas pessoas experimentam, de modo constante, atração homossexual ao longo de suas vidas; nem nega a possibilidade de um componente sexual para a orientação sexual (debate que tem sido uma pista falsa quando se

---

[19] Apud John Hiscock, "*Sex and the city*'s Cynthia Nixon: 'I'm just a woman in love with a woman'", *The Telegraph*, 13 maio 2008, disponível em: https://www.telegraph.co.uk/culture/film/starsandstories/3673343/Sex-and-the-Citys-Cynthia-Nixon-Im-just-a-woman-in-love-with-a-woman.html.

[20] Diamond, "Just how different?". Cf. tb. L. M. Diamond e C. J. Rosky, "Scrutinizing immutability: research on sexual orientation and U.S. legal advocacy for sexual minorities", *Journal of Sex Research* 53 (2016), p. 363-91, em que os autores sugerem que "argumentos baseados na imutabilidade da orientação sexual não são científicos, dado o que agora sabemos de estudos longitudinais de base populacional sobre mudanças que naturalmente ocorrem nas atrações homossexuais de alguns indivíduos ao longo do tempo".

[21] Diamond, "Just how different?".

trata da questão moral);[22] tampouco os dados que Diamond apresenta implicam que escolhemos nossas atrações. Tenho amigos que gostariam de poder reunir atração pelo sexo oposto suficiente para fazer um casamento heterossexual funcionar, e outros que anseiam por ser livres de um desejo heterossexual aparentemente incontrolável. Mas essa pesquisa destaca nossa capacidade de escolher e agir no que diz respeito à sexualidade. Como Rachel diz: "O objeto da atração é, até certo ponto, irrelevante. Eu poderia me sentir atraída por um vaso de planta! A questão é: o que eu *faço* com a atração?".

SEPARANDO SEXUALIDADE E RAÇA

Nossa habilidade de escolher o que fazer com nossas atrações é parte daquilo que faz tão problemático o intrincado discurso da diversidade racial e da diversidade sexual. O movimento dos direitos LGBT é geralmente proposto como o novo movimento dos direitos civis, e aqueles que questionam o casamento *gay* são comparados aos segregacionistas dos anos 1960: radicais preconceituosos do lado errado da história. Mas, embora haja certamente semelhanças entre os modos com que as minorias étnicas e sexuais têm sido maltratadas, igualar esses dois grupos é problemático por pelo menos cinco aspectos.

Primeiro: diferentemente da herança racial, a atividade sexual envolve escolha. Meu perfil, segundo o teste de personalidade Myers-Briggs, é o do "Ativista". Gosto de falar em público, e minha turma do ensino médio, no Reino Unido, votou em mim como a aluna "com mais chances de se tornar primeiro-ministro". Mas agora vivo nos Estados Unidos e, como não nasci aqui, nunca poderia concorrer à presidência. Meu lugar de nascimento, assim como minha herança racial, me foi dado. Não tive escolha nessa

[22] Muitos comportamentos que são moralmente negativos (p. ex., alcoolismo) podem ser associados a predisposições genéticas.

questão, que não se sujeita a uma mudança. Minha atração natural por falar em público é mais parecida com minha orientação sexual. É uma mistura de predisposições inatas com experiência de vida, uma combinação entre escolhido e não escolhido, e agora decido o que fazer com isso. Em última análise, embora não escolhamos nossas *atrações* sexuais, de fato escolhemos nossas *ações* sexuais. Por isso, elas carregam um peso moral que não é compartilhado pela herança moral.

Segundo: embora alguns cientistas do século 20 tenham tentado arduamente encontrar diferenças biológicas significativas entre as raças, eles fracassaram. Mas, exceto em casos raros (nos quais tocarei brevemente), há diferenças biológicas reais entre homens e mulheres — diferenças que são altamente relevantes no contexto do sexo. Comparar casamento entre pessoas do mesmo sexo com casamento inter-racial é, portanto, bem ilegítimo. Enquanto casamentos inter-raciais são claramente vantajosos quando se trata de ter filhos (maior diversidade genética está associada a menor risco de doenças genéticas), o casamento entre pessoas do mesmo sexo é um beco sem saída biológico. Essa diferença, no entanto, não prova nenhum argumento ético. Ter filhos não é o único propósito do casamento; é algo de relevante a ser considerado, além de ser outra razão pela qual não podemos equacionar casamento entre pessoas do mesmo sexo e casamento inter-racial.

Terceiro: se você separar uma amostra da população mundial de hoje, é bem mais provável que brancos ocidentais apoiem mais o casamento *gay* que pessoas não brancas.[23] Acusar todos os que não apoiam o casamento *gay* de serem atrasados e intolerantes não é um acerto a favor da tolerância e da diversidade. Sem dúvida, algumas pessoas se opõem ao casamento *gay* por intolerância. Mas eu não sou uma delas, nem a maioria das pessoas que eu conheço, que defendem o casamento heterossexual por motivos religiosos.

[23] David Masci e Drew Desilver, "A global snapshot of same-sex marriage", *Pew Research Center* 8, 2017, disponível em: http://www.pewresearch.org/fact-tank/2017/12/08/global--snapshot-sex-marriage/.

Quarto: embora a Bíblia se posicione veementemente a favor da igualdade racial e da integração, é igualmente firme ao condenar o casamento homossexual. De uma perspectiva cristã, portanto, é inteiramente coerente apoiar igualdade racial, integração e casamento inter-racial e, ao mesmo tempo, opor-se ao casamento entre pessoas do mesmo sexo. O posicionamento contra o casamento inter-racial, assumido por muitos cristãos brancos na história dos Estados Unidos, representou um grande fracasso em ouvir as Escrituras. Isso devia servir de advertência para os cristãos de hoje não tentarem disfarçar seus preconceitos pecaminosos com trajes bíblicos. Mas o fracasso dos cristãos do passado de ouvirem a Bíblia quando ela leva a conclusões desagradáveis não permite que os cristãos de hoje façam o mesmo.

Finalmente, a oposição ao casamento homossexual é comum a duas das maiores cosmovisões do mundo — a cristã e a muçulmana —, bem como à maioria das outras tradições religiosas. Dadas as tendências populacionais mundiais, a alegação de que aqueles que se opõem ao casamento *gay* estarão "do lado errado da história" é provavelmente imprecisa. Mais do que presumir que o arco da história inclina-se de certa maneira, devemos prestar muita atenção ao que molda nossas posturas morais e considerar cada questão ética segundo seus próprios termos.

Nada disso prova que a visão bíblica está correta ou que deve necessariamente regular as leis seculares. Assim como fazer parte de uma igreja, orar e demonstrar generosidade com os pobres são atitudes requeridas dos cristãos, mas não devem ser impostas aos não cristãos, as proibições bíblicas a respeito de sexo fora dos limites do casamento heterossexual não implicam necessariamente que tal ética deva ser imposta àqueles que não fazem parte da igreja. Mas devemos parar de equiparar herança racial e comportamento sexual; e devemos parar de assumir que todos os cristãos tradicionais são intolerantes, cheios de ódio, simplesmente porque restringem o casamento à relação entre homem e mulher.

E QUEM NASCEU INTERSEXUAL?

Alguns anos atrás, uma amiga deu à luz uma criança intersexual, a quem chamarei de Jamie. Essa criança é um menino do ponto de vista cromossômico, mas se apresenta predominantemente como uma menina em sua aparência, tendo sido designada como menina ao nascer. É difícil prever exatamente como Jamie se desenvolverá na puberdade. Também não está claro se Jamie se *sentirá* mais homem ou mais mulher durante o amadurecimento, ou se sentirá atração por homens, mulheres ou por ambos. Este espaço não me permite fazer considerações teológicas adequadas a situações como esta, nem estou qualificada para isso. Meu instinto me diz que às crianças biologicamente intersexuais deve ser concedido muito tempo, liberdade e apoio para descobrirem as coisas. Mas vou abordar uma questão que naturalmente se levanta. A existência dessas lindas crianças intersexuais, como a da minha amiga, compromete os limites bíblicos que impedem o casamento entre pessoas do mesmo sexo? Acredito que não.

Minha primeira filha é advogada por natureza: ela encontra exceções para cada regra. Quando ela contava com cinco anos, eu lhe disse que ela nunca deveria pular da janela do nosso apartamento. Ela me devolveu na hora: "A menos que a casa esteja pegando fogo. Nesse caso, você deveria". Concordei. Essa exceção invalida a regra? De jeito nenhum. Eu ainda estava certa em lhe dizer para não pular da janela. De modo parecido, quando minha filha mais nova atravessou uma rua sem olhar para os dois lados, gritei com ela da maneira mais dura possível e obriguei-a a prometer que nunca faria aquilo de novo. Essa regra é para o bem dela. Desobediência poderia ser fatal. Mas, se ela estivesse sendo perseguida por um ladrão assassino de crianças, atravessar a rua sem olhar para os dois lados poderia ser a escolha certa. Quase toda boa regra tem suas exceções.

Por que não podemos dizer, então, que pessoas que se sentem exclusivamente atraídas por outras do mesmo sexo são exceções à regra bíblica? Porque a Bíblia é clara em sua negativa à prática homossexual. Para crianças intersexuais, as regras talvez tenham de ser aplicadas de maneira diferente, porque o ponto de partida delas é diferente. É claro que isso fica mais claro quando consideramos que se identificam no espectro transgênero. Sentir que o sexo de alguém não foi bem designado pode ter uma fonte biológica clara: por exemplo, os cromossomos que não correspondem à sua genitália. Não devemos ser simplistas. Mas, como a atração sexual pode se mostrar fluida ao longo do tempo, muitas pessoas experimentam mudanças em como se sentem como homens e mulheres, de modo que precisamos ser cuidadosos (não importam quais sejam nossas crenças) ao deixar crianças que consideramos novas demais para votar, beber e casar tomarem, a respeito de seu corpo, decisões permanentes e que mudarão suas vidas para sempre.

O que isso significa para os cristãos? Por um lado, os cristãos precisam ter cuidado para não permitir que emoções ditem ações. Segundo o diagnóstico nada lisonjeiro da Bíblia, todos somos naturalmente pecadores e confusos, e Deus nos chama a assumir papéis que exigem autoesquecimento. A princípio, isso parece bem frustrante. A sociedade ocidental contemporânea me ensina a priorizar a tarefa de descobrir meu eu autêntico, descascando as camadas da minha identidade e vivendo do que encontro lá a todo custo. Mas, de uma perspectiva cristã, quem eu sou diante de Deus é meu eu autêntico. Eu não encontro a mim mesma nas profundezas do meu funcionamento psicológico, mas nas profundezas do meu coração. E, quando ele chama você ou a mim “filha”, “amada”, “amiga”, é isso que somos, e qualquer outra identidade — homem, mulher, pai, mãe, filho, amigo — flui a partir daí.

Ao mesmo tempo, os cristãos precisam resistir a definir masculinidade e feminilidade segundo os estereótipos de gênero não bíblicos. Como examinamos no capítulo anterior, a Bíblia chama homem e mulher para desempenharem papéis distintos em alguns contextos. Mas nossos estereótipos envolvendo gênero não foram prescritos pela Escritura. Como paleontólogos vasculhando a poeira, devemos escavar o que a Bíblia realmente diz, enquanto nos livramos das impurezas culturais.

ÚLTIMAS PALAVRAS — DE JESUS

A Bíblia não fica em silêncio a respeito de gente que, por questões biológicas ou experimentais, simplesmente não é homem nem mulher. Em Mateus 19, depois de Jesus declarar que o casamento representa um laço indissolúvel entre homem e mulher, seus discípulos respondem: "Se esta é a situação entre o homem e sua mulher, é melhor não casar" (Mateus 19:10). Jesus responde:

> Nem todos têm condições de aceitar esta palavra; somente aqueles a quem isso é dado. Alguns são eunucos porque nasceram assim; outros foram feitos assim pelos homens; outros ainda se fizeram eunucos por causa do Reino dos céus. Quem puder aceitar isso, aceite (Mateus 19:11-12).

Eunucos do primeiro século eram geralmente homens que haviam sido castrados na infância. Eles desempenhavam papéis específicos, desde cantar até proteger a mulher de condição social elevada.[24] Mas, como Jesus observa, algumas pessoas simplesmente nasceram sem o potencial de se reproduzir, e outras escolhem o celibato por toda a vida por causa do Reino dos Céus. Na avaliação de Jesus, quer você tenha nascido intersexual, quer tenha perdido a capacidade sexual, quer ainda tenha abraçado a celibato por alguma outra razão, sua vida e seu serviço são de imenso valor.

Mais tarde no Evangelho de Mateus, Jesus explica que, quando ele voltar para reunir céus e terra, não haverá mais casamento (Mateus 22:30). Por quê? Porque o casamento é uma condição temporária, concebida para nos mostrar uma realidade maior. Na ressurreição, ninguém que tenha escolhido Jesus acima de realização sexual sairá perdendo. Comparado com esse relacionamento, o casamento humano se parecerá com um carrinho de brinquedo ao lado de um Tesla ou com mandar um beijo ao lado de abraçar a quem amamos.

---

[24] O eunuco etíope de Atos 8, cuja história de conversão foi explorada no capítulo 2, é um exemplo disso.

CAPÍTULO **DEZ**

A BÍBLIA NÃO JUSTIFICA A ESCRAVIDÃO?

EM 1881, FREDERICK DOUGLASS, escravo foragido que se tornou intelectual abolicionista, publicou sua autobiografia definitiva. Nela, ele descreve como foi crescer como uma criança solitária e destituída. Mas, aos 13, ele ouviu um ministro branco pregar que todas as pessoas, escravizadas ou livres, ricas ou pobres, eram pecadoras necessitadas de Cristo. "Não posso dizer que tive uma noção muito clara do que me era exigido", lembra-se Douglass, "mas uma coisa eu sabia muito bem: eu era um miserável e não tinha como ser outra coisa".[1] Douglass buscou conselho de uma cristã negra mais velha, que lhe contou como lançar todas as preocupações sobre Deus. Douglass respondeu:

> Assim procurei fazer; e, embora por semanas eu tenha sido um pobre enlutado, com o coração contrito, em uma jornada cheia de dúvidas e medos, finalmente tive aliviado meu fardo

[1] Frederick Douglass, *The life and times of Frederick Douglass* (Radford, VA: Wilder, 2008), p. 49. [No Brasil: *Narrativa da vida de Frederick Douglass e outros textos* (São Paulo: Companhia das Letras, 2021).]

> e consolado meu coração. Amava a humanidade, inclusive os senhores de escravos, embora abominasse a escravidão mais do que nunca. Vi o mundo sob uma nova luz, e minha grande preocupação era que todos se convertessem.[2]

A história de Douglass expõe uma profunda tensão na história da escravidão, particularmente nos Estados Unidos. Primeiro, como tantas pessoas brancas que se identificavam como cristãs abraçaram a escravidão? Segundo, como tantas pessoas negras, oprimidas e abusadas em um país supostamente cristão vieram a abraçar Jesus?

Neste capítulo, examinaremos por que, ao longo dos séculos, escravizados foram atraídos ao cristianismo. Examinaremos o horror do tráfico transatlântico de escravos, a pecaminosa mancha da escravidão na história norte-americana e como a Bíblia às vezes foi usada para justificar a escravidão. Mas também veremos como a ética bíblica mina radicalmente a escravidão humana e cria um paradigma completamente novo, segundo o qual cada cristão é, ao mesmo tempo, um escravo e profundamente livre.

O DEUS QUE VÊ

Quando ouvimos uma versão resumida do primeiro escravizado mencionado no Antigo Testamento, confirmam-se nossas piores suspeitas: o patriarca Abraão dormiu com a escrava de sua esposa. Aos nossos ouvidos, isso soa como uma prova clara de que a Bíblia endossa a escravidão — inclusive a sexual. Como ocorre com outras narrativas veterotestamentárias, no entanto, devemos ler toda a história para alcançar seu sentido. De Gênesis 3 em diante, a Bíblia descreve o pecado humano, e em muitos casos fica claro que descrição não é prescrição, pois mesmo os heróis da Bíblia cometem terríveis erros morais.

---

[2] Douglass, *Life and times*, p. 49.

Abraão e Sara eram velhos e inférteis. Mas Deus prometeu que os descendentes de Abraão superariam em número as estrelas. Em vez de confiar em Deus, esperando um milagre, Sara insistiu com Abraão para que ele se deitasse com sua escrava egípcia, a menina Hagar. Na cultura do antigo Oriente Médio, dormir com uma escrava não faria erguer nem mesmo uma sobrancelha da moralidade. De fato, tornar-se outra esposa de Abraão era uma elevação social para Hagar. Mas, dentro da narrativa, a decisão de Abraão de se deitar com Hagar claramente vai contra a vontade de Deus e revela falta de fé na promessa divina.

Quando Hagar concebeu, ela abraçou seu novo *status* e começou a menosprezar sua senhora estéril. Em resposta, Sara "tanto maltratou" Hagar que esta fugiu. Então, vem a parte mais extraordinária da história: o anjo do Senhor apareceu a Hagar e fez promessas à menina escrava fugitiva que espelhavam as promessas de Deus ao próprio Abraão. De fato, Hagar é a primeira pessoa nas Escrituras a dar um nome a Deus: "Tu és o Deus que me vê", declara ela. "Aqui eu vi aquele que me vê" (Gênesis 16:13, NVT). Em Gênesis 21, quando o filho de Sara, Isaque, nasce, Sara expulsa Hagar novamente. E, novamente, Deus aparece a ela. Ele toma conta dela e de seu filho, Ismael, reiterando suas promessas.

Não conhecemos a história completa de Hagar ou como, em primeiro lugar, ela veio a ser serva de Sara. Ser parte da família de Abraão pode ter sido preferível a ser uma mulher desprotegida no antigo Oriente Médio. Mas de fato sabemos que o fato de Abraão ter dormido com ela contrariou a promessa de Deus e que Hagar foi vista e ouvida e validada pelo próprio Deus de maneira surpreendente.

ESCRAVIDÃO NO ANTIGO TESTAMENTO

A história de Hagar é a primeira em uma série de narrativas de escravizados no Antigo Testamento. Destaca-se que o bisneto de Abraão, José, foi vendido como escravo por seus irmãos. Mas Deus redimiu essa atitude pecaminosa ao conduzir José ao governo do

Egito.[3] Com isso, ilustram-se três diferenças entre a escravidão antiga e suas materializações mais modernas. Primeiro, a escravidão antiga não se prendia à hierarquia racial. Hagar era uma escrava egípcia dos hebreus; José era um escravo hebreu dos egípcios. Segundo, era comum que as pessoas se vendessem como escravas, uma vez que essa era uma forma de se empregar preferível à miséria. Terceiro, embora muitos escravos no mundo antigo, sem dúvida, fossem submetidos ao mesmo tipo de brutalidade e de exploração sofrido por muitos escravizados de origem africana nos Estados Unidos, a ascensão era possível dentro da própria condição escrava e fora dela — a ponto de se tornar um servidor público de alta hierarquia.

Entretanto, a Bíblia detém-se, com significativo cuidado, sobre a natureza opressiva da escravidão imposta. Após a morte de Jesus, seus descendentes se multiplicaram no Egito e acabaram como um povo escravizado em terra estrangeira. Foram explorados até a última gota por um faraó posterior, que ordenou o massacre em massa dos filhos dos israelitas (Ex 1). Deus não permitiu que isso permanecesse impune. Quando Deus chamou Moisés para redimir o povo, e o faraó se recusou a deixá-los partir em liberdade, o anjo da morte matou os primogênitos dos egípcios, enquanto os lares hebreus foram protegidos pelo sangue do cordeiro pascal. Daí em diante, a história do povo de Deus passou a ser a história de escravos emancipados.

Quando Deus deu a seu povo a lei, ela incluiu repetidos lembretes de que outrora eles haviam sido escravos, isso para lhes mostrar como deveriam tratar os escravos, os imigrantes, as viúvas e os órfãos.[4] O apresamento de escravos era uma ofensa capital: "Aquele que sequestrar alguém e vendê-lo ou for apanhado com ele em seu poder, terá que ser executado" (Êxodo 21:16). Aos escravos, era concedida uma série de proteções e privilégios: por exemplo, escravos também estavam contemplados pelo dia de descanso (Êxodo 20:10); se seus senhores lhes causassem algum dano físico

[3] Mais tarde José explicará a seus irmãos: "Vocês planejaram o mal contra mim, mas Deus o tornou em bem, para que hoje fosse preservada a vida de muitos" (Gênesis 50:20).

[4] P. ex., Deuteronômio 5:15; 16:12; 24:18.

permanente, eles teriam que ser libertos (Êxodo 21:26); e qualquer homem ou mulher hebreus vendidos como escravos tinham que ser libertos depois de seis anos e despedidos com dotes — a não ser que escolhessem permanecer (Êxodo 21:2; Deuteronômio 15:12-16). Aos israelitas era também ordenado oferecer refúgio a escravos fugitivos: "Se um escravo refugiar-se entre vocês, não o entreguem nas mãos do seu senhor. Deixem-no viver no meio de vocês pelo tempo que ele desejar e em qualquer cidade que ele escolher. Não o oprimam" (Deuteronômio 23:15-16).

As proteções estendiam-se aos capturados em guerra. Era uma prática-padrão entre os exércitos da Antiguidade estuprar as mulheres dos povos conquistados ou mantê-las como escravas sexuais. Mas o Antigo Testamento especifica que, se um guerreiro israelita desejasse uma mulher cativa, ele deveria conceder a ela um mês para lamentar por sua família para só então se casar. Também proibia que ele tomasse a decisão posterior de romper com ela e vendê-la (Deuteronômio 21:10-14). Em nossa perspectiva cultural, em que casamentos arranjados de qualquer tipo parecem opressivos, esses versículos soam horrivelmente. Mas, em um tempo no qual a mulher não tinha a expectativa de escolher o marido, e a subsistência delas dependia da provisão de um parente do sexo masculino, essa disposição oferecia às mulheres cativas proteção e respeito.

Em resumo, o Antigo Testamento proíbe o apresamento de escravos e lhes garante proteção, convidando-nos a ver o mundo por meio dos olhos dos escravos: de Hagar a José e a todo o povo de Israel em seu êxodo do Egito. Mas isso não bane a escravidão em si mesma. Assim, o que o Novo Testamento tem a oferecer?

A CARTA DE PAULO A FILEMOM

Talvez você se choque ao ouvir que o Novo Testamento inclui uma carta escrita com a finalidade de devolver um escravo fugitivo a seu senhor. Ou quem sabe isso se alinhe com sua expectativa de que a Bíblia justifica a escravidão. Paulo escreve da prisão em Roma, onde ele encontrou um escravo fugitivo chamado Onésimo, mandando-o de volta a seu senhor, Filemom. Esses fatos parecem estabelecer um argumento sólido para provar que a Bíblia apoia a escravidão. Até que você leia a carta.

Paulo afirma seu direito de dar ordens a Filemom, mas ele prefere persuadi-lo: "apelo", escreve Paulo, "em favor de meu filho Onésimo, que gerei enquanto estava preso" (Filemom 10). Eis o primeiro golpe. Escravos não são filhos; são propriedade. Mas Paulo chama esse escravo em fuga de filho. Depois vai mais longe: "Mando-o de volta a você, como se fosse o meu próprio coração" (Filemom 12). Em seus escritos, as palavras afetuosas de Paulo por Onésimo ultrapassam qualquer outra expressão de amor por outro cristão. Ele gostaria que Onésimo pudesse ficar em sua companhia, mas o envia de volta a Filemom "não mais como escravo, mas, acima de escravo, como irmão amado" (Filemom 16). Filemom é instruído a receber Onésimo como se recebesse o próprio Paulo: esse escravo fugido vale tanto quanto um apóstolo, e é melhor que Filemom o trate como tal. Paulo se oferece a pagar qualquer coisa que Onésimo deva a Filemom (Filemom 19), concluindo assim: "Escrevo-lhe certo de que você me obedecerá, sabendo que fará ainda mais do que lhe peço" (Filemom 21).

Segundo a lei romana, Filemom poderia marcar a pele de Onésimo, quebrar suas articulações ou submetê-lo a alguma outra forma brutal de punição. Mas Paulo escreve de tal modo que, se Filemom não receber de volta Onésimo com honra e amor — como um irmão amado, não como servo —, estará abertamente se rebelando contra seu mais respeitado mentor. E Paulo endereça essa carta não apenas a Filemom, mas também "à irmã Áfia, a Arquipo, nosso companheiro de lutas, e à igreja que se reúne com você em sua casa" (Filemom 2). Filemom não poderia prejudicar Onésimo sem incorrer em vergonha pública.

JESUS, O ESCRAVO

A profunda identificação de Paulo com Onésimo nasce de raízes plantadas pelo próprio Jesus. Quando seus discípulos disputavam entre si a primazia no reino futuro, Jesus declarou: "Quem quiser tornar-se importante entre vocês deverá ser servo, e quem quiser ser o primeiro deverá ser escravo; como o Filho do homem, que não veio para ser servido, mas para servir e dar a sua vida em resgate por muitos" (Mateus 20:26-28). Jesus veio para ser um escravo: um escravo cuja vida seria negociada em troca de outras. Em seu reino, tem *status* quem ocupa a base da pirâmide.

Jesus assume a condição de escravo mais uma vez na Última Ceia com seus discípulos. O lava-pés era uma tarefa geralmente executada por escravos, papel do qual Jesus se investiu. Ele se despiu das peças externas de sua roupa, enrolou uma toalha na cintura, derramou água na bacia e lavou os pés de seus discípulos. Estes ficaram horrorizados. Mas Jesus lhes explicou: "Vocês me chamam 'Mestre' e 'Senhor', e com razão, pois eu o sou. Pois bem, se eu, sendo Senhor e Mestre de vocês, lavei-lhes os pés, vocês também devem lavar os pés uns dos outros" (João 13:13-14).

Preparando-se para sua crucificação — seu derradeiro ato de serviço —, Jesus reivindicou o papel de escravo e ordenou a seus seguidores que fizessem o mesmo. Isso não passou despercebido por Paulo, que descreve a própria encarnação de Jesus como "assumir a forma" de escravo e sua crucificação como "tornar-se obediente até a morte, e morte de cruz" (Filipenses 2:5-8). A crucificação era o tipo de morte que cabia a um escravo que se levantasse contra o império. Quando uma revolta conhecida como Terceira Guerra Servil foi reprimida por Roma, em 71 a.C., aproximadamente seis mil escravos foram crucificados ao longo da Via Ápia.

CRISTÃOS COMO ESCRAVOS

Dois anos atrás, encontrei uma mulher com caracteres gregos tatuados no pulso. Estava escrito *doulos*, a palavra grega para escravo. Sabendo que ela era cristã, compreendi a mensagem. Em termos neotestamentários, todo cristão é um escravo de Cristo — a começar pelos apóstolos.

No primeiro século, um escravo seria conhecido por pertencer a alguém: por exemplo, Onésimo, escravo de Filemom. Paulo costumava empregar o termo *doulos* a si mesmo:[5] por exemplo, "Paulo, um escravo de Cristo Jesus" (Romanos 1:1); "Paulo e Timóteo, escravos de Cristo Jesus" (Filipenses 1:1); "Paulo, escravo de Deus e apóstolo de Jesus Cristo" (Tito 1:1). Pedro, Tiago e Judas também se apresentam como escravos em suas cartas, e o epíteto é ainda mais ampliado. Em sua lista de parceiros de ministério em Colossos, Paulo chama Tíquico de "cooperador no serviço do Senhor" (Colossenses 4:7) e Epafras de "escravo de Cristo Jesus" (Colossenses 4:12). Mas, em um gesto terno e cheio de tato, Paulo não usa essa mesma linguagem para se referir a Onésimo. Antes, à única pessoa da lista que sabemos ter sido escravo de fato, ele chama "nosso fiel e amado irmão, que é um de vocês" (Colossenses 4:9).[6]

Por que essa linguagem envolvendo escravidão era tão popular entre os primeiros líderes da igreja? Primeiro, para comunicar seu pertencimento completo a Cristo: "vocês não são de si mesmos", escreve Paulo; "vocês foram comprados por alto preço" (1Coríntios 6:19-20). Assim como os escravizados vivem para trabalhar para seus senhores, os cristãos vivem para servir a Cristo. Segundo, o nome de escravo comunicava o custo de seguir Jesus. Os primeiros líderes cristãos foram perseguidos, foram espancados, passaram fome, sofreram naufrágios e acabaram mortos. A sorte deles era difícil. Mas uma terceira motivação para os apóstolos usarem a linguagem em torno da escravidão certamente vem do fato de que muitos dos primeiros cristãos eram escravos. Ouvir seus líderes referindo-se a si mesmos dessa maneira deve ter sido consolador aos ouvidos dos cristãos do primeiro século que se encontravam na escravidão. Longe de serem posses sub-humanas, eles tinham um *status* igual ao dos principais líderes da igreja.

---

[5] Para tais versículos, a Nova Versão Internacional traduz o termo como "servo", em uma solução mais contextual.

[6] É também interessante que Paulo refere-se a Febe como "nossa irmã Febe, uma serva [*diakonos*] da igreja em Cencreia" (Romanos 16:1) em vez de "escrava" (*doulos*).

ESCRAVOS COMO CRISTÃOS

O Novo Testamento insiste na igualdade entre escravo e livre dentro da igreja. Paulo escreve aos coríntios: "Pois em um só corpo todos nós fomos batizados em um único Espírito: quer judeus, quer gregos, quer escravos, quer livres. E a todos nós foi dado beber de um único Espírito" (1Coríntios 12:13). Da mesma forma, ele escreve aos colossenses: "Nessa nova vida já não há diferença entre grego e judeu, circunciso e incircunciso, bárbaro e cita, escravo e livre, mas Cristo é tudo e está em todos" (Colossenses 3:11). E aos gálatas: "Não há judeu nem grego, escravo nem livre, homem nem mulher; pois todos são um em Cristo Jesus" (Gálatas 3:28). Alinhada com declarações desse tipo, uma das primeiras fontes não cristãs de que dispomos, que trata da perseguição aos cristãos, sugere que pode não ter sido incomum que escravizados ocupassem posições de liderança na igreja primitiva. Em uma carta do início do século 2, dirigida ao imperador Trajano, Plínio, o Jovem, relata a tentativa de descobrir mais sobre o cristianismo torturando "duas escravas que eram chamadas de diaconisas".[7]

Em vista das convicções teológicas de Paulo e o modo que ele havia acolhido e empoderado o escravo fugitivo Onésimo, poderíamos esperar que ele insistisse para que os escravos se rebelassem contra seus senhores, afirmando sua condição de igualdade. Mas ele não fez isso. Paulo escreve aos colossenses:

> Escravos, obedeçam em tudo a seus senhores terrenos, não somente para agradar os homens quando eles estão observando, mas com sinceridade de coração, pelo fato de vocês temerem ao Senhor. Tudo o que fizerem, façam de todo o coração, como para o Senhor, e não para os homens, sabendo que receberão do

[7] Cf. Michael J. Kruger, *Christianity at the crossroads: how the second century shaped the future of the church* (Downers Grove, IL: IVP Academic, 2018), p. 32. Embora a palavra traduzida por "diaconisa" possa significar simplesmente "serva", a designação, por Paulo, de Febe tanto como uma "diaconisa" como uma patrona sugere que os primeiros cristãos usavam teologicamente essa linguagem.

> Senhor a recompensa da herança. É a Cristo, o Senhor, que vocês estão servindo (Colossenses 3:22-24).

Longe de exortar os escravos à revolta, Paulo os encoraja a servir. Mas não em nome dos senhores (*kyriois*) terrenos, mas pelo Senhor (*ton kyrion*). Jesus, seu verdadeiro Senhor, vê seu serviço e os recompensará com uma herança. Eles servem não porque são sub-humanos; eles servem como filhos e filhas de Deus.

Alguns escravos eram capazes de adquirir a liberdade, e Paulo os estimula a fazer isso (1Coríntios 7:21). Mas muitos não tinham esse poder de ação e escolha sobre a própria condição, e estimulá-los a fugir poderia lhes ter causado grande prejuízo. Mas Paulo concede ao trabalho deles um significado eterno e lhes diz que eles são vistos e estimados pelo Senhor. Em seguida, Paulo ordena aos senhores cristãos que tratem seus escravos com justiça e correção, porque o Senhor dos senhores observa como estes tratam seus escravos. Escravos não eram necessariamente maltratados, ainda que muitos fossem. Mas nós vemos exemplos nos Evangelhos de até mesmo senhores romanos cuidando de seus escravos (por exemplo Lucas 7:1-10), e os papéis assumidos pelos escravos abrangiam uma variedade bem maior do que esperaríamos: por exemplo, escravos poderiam ser médicos ou professores, assim como trabalhadores braçais. Muitos escravos do primeiro século viviam uma vida essencialmente comum, sendo pagos por seu trabalho — o que às vezes possibilitava que comprassem sua liberdade.[8] Mas Paulo é claro ao dizer que, qualquer que fosse o trabalho executado, todo mandamento ético que os senhores cristãos haviam recebido dos apóstolos aplica-se a seus escravos, que eram agora seus irmãos em Cristo.

Paulo não escreve aos escravos de modo superficial, dando ordens aos oprimidos de uma posição confortável. Mesmo sendo

[8] Para saber mais a respeito disso, cf. a discussão a respeito da escravidão antiga em Lincoln, Andrew T. Lincoln, *Ephesians*, Word Biblical Commentary (Waco, TX: Word), p. 415-20.

altamente educado e um cidadão romano, a escravidão do apóstolo a Cristo tinha um preço: prisões, espancamentos, fome, rejeição e perspectiva de execução iminente. Em sua carta a Timóteo, além disso, encontramos a condenação específica da prática fundamental responsável pela escravidão nos Estados Unidos. Com base em Êxodo 21:16, segundo o qual o apresamento de escravos é um crime que conduz à pena capital, Paulo lista "escravizar" ao lado de outros pecados que transgridem a lei (1Timóteo 1:10). Esses versículos submergem qualquer tentativa de justificar o tráfico transatlântico de escravos com argumentos bíblicos.

Mas por que Paulo não condena explicitamente a própria escravidão?

UMA LIBRA DE CARNE

Em uma cena crucial de O *mercador de Veneza*, de Shakespeare, o mercador Antonio comparece ao tribunal temendo por sua vida.[9] Sem pensar que seus navios poderiam ser avariados, causando-lhe ruína financeira, Antonio assina, com o usurário Shylock, um contrato no qual empenha uma libra da própria carne como garantia do empréstimo tomado. Agora Shylock quer resgatar a caução. Pórcia, uma mulher brilhante que se traveste de advogado, primeiro suplica misericórdia a Shylock. Quando seus argumentos falham, ela reconhece que a libra de carne precisa é devida. Shylock se deleita com a situação. Mas, enquanto prepara sua faca, Pórcia o detém: o contrato, destaca ela, nada diz sobre sangue. Ele pode resgatar sua libra de carne. Mas, se Shylock derramar uma gota do sangue de Antonio, seus próprios bens serão confiscados pelo Estado.

Deixando de lado a complexidade do antissemitismo presente na peça (complexo, porque Shylock é caricaturado como um agiota inescrupuloso e dotado do mais devastador discurso contra o

[9] Ato 4, cena 1.

racismo em toda a obra de Shakespeare), essa cena nos oferece um paradigma poderoso.[10] Pórcia afirma a lei que ela não pode alterar: Shylock pode resgatar sua libra de carne. Mas ela interpreta a lei de um modo que impossibilita que Shylock venha a ferir Antonio. Ela está inquestionavelmente do lado de Antonio, e seu argumento salva a vida dele.

O Novo Testamento argumenta contra a escravidão da mesma forma que Pórcia argumenta contra a morte de Antonio: cortando-lhe as pernas. Jesus viveu o papel de escravo. Paulo chama a si mesmo de escravo de Cristo, ama um escravo fugitivo como seu próprio coração e insiste que escravo e livre são iguais em Cristo. Sem espaço para superioridade, exploração ou coerção, mas, em vez disso, irmandade e identidade comum, o Novo Testamento criou uma tensão tectônica que acabaria irrompendo na abolição da escravatura.

A IGREJA ENDOSSOU A ESCRAVIDÃO?

O vulcão não ficou adormecido entre o primeiro século e o movimento abolicionista do século 19. No século 4, quando os cristãos exerciam poder político pela primeira vez, o teólogo Gregório de Nissa lançou um ataque à noção de escravidão, sem precedentes na Antiguidade, que considerava a existência de escravos um fato da vida:[11]

> Se um homem tomar como propriedade particular aquilo que pertence verdadeiramente tão somente a Deus, ao atribuir-se soberania sobre sua própria raça, e conceber a si mesmo senhor de homens e mulheres, o que pode vir senão arrogância que

[10] Cf. ato 3, cena 1.

[11] Kyle Harper, "Christianity and the roots of human dignity in late Antiquity", in: Timothy Samuel Shah e Allen D. Hertzke, eds., *Christianity and freedom*, vol. 1, Historical perspectives. Cambridge Studies in Law and Christianity (Cambridge: Cambridge University Press, 2016), p. 132.

> excede toda a natureza daquele que se reputa distinto daqueles que são governados?[12]

Gregório atacou ainda mais a escravidão ao denunciar o tráfico de escravos: "Qual o preço da racionalidade?", pergunta ele. "Quantos óbolos pela imagem de Deus? Quantos estáteres você obteve com a venda do homem criado por Deus?".[13] Da mesma forma, os teólogos Agostinho e João Crisóstomo, contemporâneos de Gregório, viram na escravidão algo não ordenado por Deus, mas resultante do pecado.[14] Entretanto, muitos líderes cristãos acolheram a escravidão, apanhados pela influência do mundo antigo, que a via como uma realidade normativa. Mesmo o grande filósofo estoico Epiteto, ele mesmo outrora escravo, não se esforçou em absoluto para refutar essa instituição social.[15]

A crítica de Gregório não parece ter tido qualquer impacto direto sobre a mentalidade de então, mas um posicionamento assumido por seu irmão, Basílio de Cesareia, abriu caminho para a proteção legal dos escravos contra um dos abusos mais comuns sofridos por eles. Era desenfreada a exploração sexual tanto de escravas quanto de escravos na cultura romana. De fato, era visto como uma saída necessária, para a libido masculina, manter relações sexuais com escravas e prostitutas. Basílio defendeu a inocência de escravos usados para sexo e de mulheres obrigadas a se prostituir. Em 428, o imperador do Oriente publicou um decreto condenando "cafetões, pais e senhores de escravos que impuserem a necessidade de pecar a suas filhas e escravas", e oferecendo proteção a "escravas, filhas e aquelas que nisso se empregaram por pobreza", para que buscassem a ajuda de bispos e juízes.[16]

---

[12] Gregório de Nissa, *Homilies on Ecclesiastes* 4.1, apud Harper, "Roots of human dignity", p. 133.

[13] Ibidem.

[14] Cf. João Cristóstomo, *Homily on Ephesians*, homilia 22, e Agostinho, *Cidade de Deus*, livro 19.

[15] Kyle Harper desenvolve isso em "Roots of human dignity", p. 129.

[16] Apud Shah e Hertzke, *Christianity and freedom*, vol. 1, p. 138.

O historiador Kyle Harper observa, a respeito desse decreto, que "a tradução da ideologia cristã em lei positiva não poderia ser mais clara".[17] Ao longo do século 5, os imperadores cristãos ampliaram a proibição, tornando-se ilegal toda forma de exploração sexual.

O abolicionismo cristão em larga escala começou a ganhar influência no século 7 e, com o tempo, a cristianização da Europa eliminou de vez a escravidão. Santa Batilda, esposa do rei Clóvis II da Borgonha (outrora escrava), fez campanha pela abolição do tráfico escravagista e pela libertação dos escravos. No século 9, Santo Ansgário empenhou-se contra o tráfico de escravos promovido pelos vikings. Tomás de Aquino, o influente teólogo do século 13, argumentava que escravidão era pecado, e uma série de papas defendeu essa mesma perspectiva, incluindo Paulo III, que explicitamente proibiu a escravidão em 1537. No entanto, a prática retornou, rastejante. Entre 1562 e 1807, a expansão colonial europeia trouxe consigo uma horrível explosão no uso da escravidão. Nesse período, apenas os traficantes britânicos transportavam mais de três milhões de escravos.

Ao examinarmos o papel britânico no tráfico escravagista, no entanto, devemos ter cuidado para não presumir que os horrores da escravidão foram frutos do cristianismo. Na época de William Wilberforce, cujas convicções evangélicas o impulsionaram a liderar uma campanha abolicionista, o cristianismo na Inglaterra estava em baixa. A frequência nas igrejas era escassa, e a pregação encontrava-se enfraquecida. Depois de examinar os melhores pregadores em Londres, um contemporâneo de Wilberforce observou: "Em seus sermões, não há mais cristianismo que nas obras de Cícero". [18] De fato, a fé apaixonada de Wilberforce foi vista como fanatismo religioso. "Se estar sensível aos sofrimentos de criaturas iguais a mim é ser fanático", replicou ele, "sou um dos mais irre-

---

[17] Ibidem.

[18] Apud William Hague, *William Wilberforce: the life of the great anti-slave trade campaigner* (New York: HarperCollins, 2007), p. 10, que discute, de forma mais ampla, a situação da igreja estabelecida na Inglaterra daquela época.

cuperáveis a viver solto neste mundo".[19] Wilberforce acreditava ter sido chamado por Deus para acabar com o tráfico escravagista. Ele conduziu um grupo de abolicionistas cristãos cuja recusa a desistir dos esforços por seus semelhantes escravizados finalmente alcançou sucesso.

Voltando nossos olhos para os Estados Unidos, é uma trágica ironia que uma nação fundada sobre a verdade "autoevidente" de que "todos os homens são criados iguais" e "dotados por seu Criador de certos direitos inalienáveis", incluindo "vida, liberdade e a busca da felicidade", tenha fracassado de uma forma tão radical em responder a essa ética. É igualmente trágico que muitos líderes cristãos tenham abusado das Escrituras para endossar a posse de escravos baseada em raça. Em alguns casos, os brancos justificaram práticas tão flagrantemente contrárias à ética cristã que não havia como sua leitura das Escrituras ser honesta. Em outros, as Escrituras eram seletivamente invocadas a fim de permitirem a posse "benévola" de escravos. Por exemplo, Richard Fuller, pastor batista do século 19, que se orgulhava do tratamento que concedia a seus escravos, argumentou que tanto o Antigo quanto o Novo Testamentos regulam — não repudiam — a escravidão e que, embora o abuso dos escravos fosse claramente contrário à Bíblia, a posse deles *per se* não o era. Em contraste, Francis Wayland, pastor e reitor da Universidade Brown, defendia que ter escravos era algo essencialmente pecaminoso. O debate entre ambos foi publicado em 1847.[20] A peça-chave no argumento de Fuller era que os patriarcas hebreus (incluindo Abraão) possuíam escravos, portanto isso não poderia ser intrinsecamente pecaminoso. Mas os patriarcas eram pecadores sob muitos aspectos.

---

[19] Apud Robert Isaac Wilberforce, Samuel Wilberforce e Caspar Morris, *The life of William Wilberforce*, vol. 4 (Philadelphia: Henry Perkins, 1841), p. 290.

[20] Richard Fuller e Francis Wailand, *Domestic slavery considered as a scriptural institution*, ed. Nathan A. Finn (Macon, GA: Mercer University Press, 2008). Para um breve resumo dessa questão, cf. Aaron Menikoff, "How and why did some Christians defend slavery?", *The Gospel Coalition*, 24 fev. 2017, disponível em: https://www.thegospelcoalition.org/article/how-and-why-did-some-christians-defend-slavery/.

Wayland argumentou, especificamente, que os patriarcas também eram polígamos, algo negativamente retratado ao longo do Antigo Testamento e efetivamente proscrito no Novo.

Como observamos no capítulo 4, Jesus advertiu que nem todos que afirmavam ser seus seguidores o seguiam de fato e ele destacou especificamente o cuidado dos pobres e oprimidos como o teste definitivo do cristianismo autêntico. Mas devemos reconhecer o fato de que alguns heróis teológicos dos Estados Unidos possuíam escravos, inclusive o pastor reformado Jonathan Edwards, que é amplamente reconhecido como um dos maiores teólogos e intelectuais norte-americanos. Qualquer cumplicidade de um líder cristão com a prática da escravidão é grande razão de lamento, não devendo ser minimizada. No entanto, como observa Thabiti Anyabwile, importante teólogo negro, embora Edwards estivesse equivocado em argumentar que a escravidão não é inerentemente pecaminosa, ele corretamente condenou o tráfico escravagista transatlântico, rejeitando a ideia de que a história de Israel poderia ser invocada para justificar o abuso colonial na África, e argumentou que Deus não seria conivente com sequestros, reconhecendo africanos e nativos norte-americanos como seus semelhantes espirituais. Edwards foi o primeiro pastor em Northampton a admitir que cristãos negros fossem membros da igreja e argumentou, na década de 1740, que não haveria avanço no evangelismo na África antes que o tráfico escravagista chegasse ao fim.[21] Todos temos pontos cegos em nossas crenças, muitas vezes criados pelas culturas que nos cercam. Edwards não era exceção.

Essa cegueira era uma característica de muitos outros cristãos que possuíam escravos. Solomon Northup, cuja história foi contada no filme de grande sucesso *Doze anos de escravidão*, descreveu

[21] Thabiti Anyabwile, "Jonathan Edwards, slavery, and the theology of African Americans", palestra proferida na Trinity Evangelical Divinity School, 1º fev. 2012, disponível em: https://s3.amazonaws.com/tgc-blogs/wp-content/uploads/sites/2/2012/02/12151529/Thabiti-Jonathan-Edwards-slavery-and-theological-appropriation.pdf.

o pregador batista que havia sido seu segundo senhor da seguinte forma: "Em minha opinião, jamais houve um cristão mais gentil, nobre e sincero que William Ford. As influências e os relacionamentos que sempre o cercaram o cegaram para a natureza inerentemente errada na essência do sistema escravagista".[22]

Os limites da benevolência do dono de escravos são descritos, de forma pungente, por Harriet Jacobs, escravizada que se tornou escritora. Jacobs lembra-se de uma infância feliz. Ela amava sua senhora branca, que tratava bem da menina. De fato, Jacobs não percebeu ser uma escrava até os seis anos, quando sua mãe morreu. Mas, quando sua senhora morreu, quebrou a promessa de libertar Jacobs. Em linhas devastadoras, que atingem em cheio o fracasso do cristianismo na era da escravidão, Jacobs escreveu: "Minha senhora me ensinou os preceitos da Palavra de Deus: 'Amarás teu próximo como a ti mesmo', 'Tudo quanto queres que os homens te façam, assim também faz tu a eles'. Mas eu era sua escrava, e suponho que ela não me reconhecia como sua próxima".[23] Visto que a parábola de Jesus a respeito do bom samaritano responde à questão "Quem é meu próximo?" com uma história de amor além das diferenças raciais, o fracasso dos cristãos brancos em reconhecer as pessoas negras como seus próximos não tem desculpa.

PRINCIPAIS ABOLICIONISTAS CRISTÃOS

A natureza abominável da escravidão nos Estados Unidos acabou nos levando à sua denúncia pelos principais líderes cristãos na Europa e nos Estados Unidos. Por exemplo, enquanto pregava em viagem pelos Estados Unidos, o influente pregador britânico Charles Spurgeon denunciou a escravidão como "a mais imunda

[22] Solomon Northup e David Wilson, *Twelve years a slave: narrative of Solomon Northup* (New York: Miller, Orton and Mulligan, 1855), p. 90. [No Brasil: *Doze anos de escravidão* (São Paulo: Penguin-Companhia, 2014).]

[23] Harriet Jacobs, *Incidents in the life of a slave girl*, ed. L. Maria Child (New York: Washington Square, 2003), p. 10. [No Brasil: *Incidentes na vida de uma menina escrava* (São Paulo: Todavia, 2019).]

mancha que já maculou um brasão nacional", declarando que seria bem melhor "que Norte e Sul fossem separados, e os estados da União se partissem em mil fragmentos, que permitir que a escravidão continuasse". Aos pastores norte-americanos que defendiam a escravidão como uma "instituição peculiar", Spurgeon respondeu: "É, de fato, uma instituição peculiar, assim como o diabo é um anjo peculiar e o inferno, um lugar peculiarmente quente".[24] Da mesma forma, John Wesley, líder metodista, denunciou a escravidão como "aquela execrável vilania que é o escândalo da religião [...] e da natureza humana".[25]

Particularmente surpreendente é o impacto das mulheres no movimento. Na Grã-Bretanha, por exemplo, a poeta e ativista Hannah More desempenhou importante papel na formação da opinião pública a respeito do tema.[26] Nessa mesma linha, nos Estados Unidos, Harriet Beecher Stowe escreveu seu romance *best-seller* *A cabana do pai Tomás* com o explícito objetivo de fazer que toda a sua nação "sinta que coisa maldita é a escravidão". Stowe — uma cristã devota — declarou: "Escrevi o que escrevi, pois, como mulher e mãe, era oprimida e quebrantada pelas tristezas e injustiças que testemunhei; pois, como cristã, sentia a desonra lançada sobre o cristianismo — pois, como alguém que ama seu país, tremia diante da ira vindoura".[27] Seu livro não era perfeito. Apesar de sua visão lúcida do pecado da escravidão, *A cabana do pai Tomás* também deu corpo a alguns estereótipos de pessoas negras, ilustrando quão difícil é, para norte-americanos brancos, abrir mão do preconceito por completo. Mas a fé sincera da autora fez com que ela enxergasse que a escravidão nos Estados Unidos contrapunha-se ao cristianismo.

---

[24] Apud Lewis A. Drummond, *Spurgeon: prince of preachers*, 3. ed. (Grand Rapids, MI: Kregel, 1992), p. 480.

[25] John Wesley, to William Wilberforce, 24 fev. 1791, in: Albert Outler, ed., *John Wesley* (New York: Oxford University Press, 1964), p. 86.

[26] Para uma brilhante biografia dessa abolicionista menos conhecida, cf. Karen Swallow Prior, *Fierce convictions: the extraordinary life of Hannah More — poet, reformer, abolitionist* (Nashville: Thomas Nelson, 2014).

[27] Apud Joan D. Hendrick, *Harriet Beecher Stowe: a life* (Oxford: Oxford University Press, 1995), p. 237.

Ainda mais notável foi o papel desempenhado pelos cristãos negros, que, vencendo a intolerância branca, abraçaram Cristo e mudaram a cultura. O abolicionista negro David Walker condenou "pretensos pregadores do evangelho do meu Senhor" que tinham escravos e deles abusavam, tendo também sido um dos primeiros negros norte-americanos a atacar pública e continuadamente a escravidão.[28] Da mesma forma, Frederick Douglass (cuja história mencionei no início deste capítulo) passou de um escravo fugitivo a um importante intelectual público e abolicionista, denunciando a hipocrisia de senhores de escravos supostamente cristãos, praticantes dos abusos mais cruéis. Henry Highland Garnet, ministro e abolicionista que nasceu na escravidão, mas escapou dela ainda criança com sua família, serviu como outro orador abolicionista decisivo. Para esses homens e muitos outros, fé e educação aliaram-se para impulsioná-los ao serviço público. A emancipação era uma questão do evangelho.

No entanto, se houver um prêmio para a superação de adversidades, este deve ser dado às mulheres abolicionistas. Harriet Tubman é a mais famosa atualmente. Tubman ouviu, de sua mãe, histórias da Bíblia, quando era criança, e fez da liderança de Moisés, ao conduzir os israelitas para fora do Egito, um modelo para seus esforços de libertação dos escravos. De fato, ela foi apelidada de "Moisés" por seus contemporâneos graças às suas muitas missões secretas visando ajudar escravos a escaparem do cativeiro. Douglass elogiou Tubman com as seguintes palavras: "O céu à meia-noite e as estrelas em silêncio foram as testemunhas de seu heroísmo e de sua devoção à liberdade".[29] Assim também, Sojourner Truth escapou da escravidão para se tornar uma das mais convincentes oradoras do movimento — apesar de sua falta de educação formal. Quando encontrou Stowe, Truth foi questionada se pregava a Bíblia. Ela

[28] Cf. Peter P. Hinks, ed., *David Walker's appeal to the coloured citizens of the world* (University Park: Pennsylvania State University Press, 2002), p. 40.

[29] Frederick Douglass, to Harriet Tubman, 29 ago. 1868, apud Sarah H. Bradford, *Harriet: the Moses of her people* (New York: Lockwood, 1886), p. 135.

respondeu que não, porque não sabia ler. "Quando prego", disse ela, "só tenho um texto para pregar, aquele que sempre ministro. Meu texto é "Quando encontrei Jesus".[30]

Para muitos ex-escravizados, no entanto, emancipação, educação e evangelismo andavam de mãos dadas. Sua fé os estimulou a falar de Jesus e contra a escravidão, e sua fome de ler as Escrituras se transformou em fome de educação. Lembrando-se de sua conversão, Douglass escreveu: "Meu desejo de aprender cresceu, e quero, sobretudo, um conhecimento profundo do conteúdo da Bíblia".[31] As histórias de escravos cristãos expõem as mentiras que permitiram que muitos cristãos brancos participassem do sistema escravista, e a atuação desses mesmos cristãos escravizados despertou o coração e a mente de muitos norte-americanos brancos para suas mazelas. Mas o desejo dos escravos cristãos de que pessoas de todas as raças viessem a crer em Jesus muitas vezes ultrapassou seu desejo de que a escravidão acabasse. Em 1852, Henry Highland Garnet e sua esposa se mudaram para a Jamaica para servir como missionários e educadores. O ex-escravo Thomas Johnson foi treinado por Charles Spurgeon e se tornou um dos primeiros missionários enviados à África, em 1878. Assim também, depois de conquistar sua liberdade, Amanda Berry Smith viajou para a Índia e a África para pregar o evangelho e fazer o possível para atender às necessidades físicas e educacionais lá encontradas. De volta aos Estados Unidos, ela fundou o Orfanato e Casa de Ofícios para Crianças Não Brancas Abandonadas e Desamparadas.[32] Para Smith e muitos outros, amar Jesus significava amar a justiça. Mas o evangelho era mais que um recurso retórico conveniente para um fim justo. Ganhar pessoas para Jesus era, para muitos, o principal chamado.

---

[30] Apud "Sojourner Truth: abolitionist and women's rights advocate", *Christianity Today*, set. 2018, disponível em: www.christianitytoday.com.

[31] Douglass, *Life and times*.

[32] Foi publicada em 1893 a autobiografia de Smith: *An autobiography, the story of the Lord's dealing with Mrs. Amanda Smith, the colored evangelist containing an account of her life work of faith, and her travels in America, England, Ireland, Scotland, India, and Africa, as an independent missionary*.

O MILAGRE DA IGREJA NEGRA

Se a escravidão é um pecado fundacional dos Estados Unidos, a existência da igreja negra talvez seja seu maior milagre. Muitos líderes cristãos fracassaram em denunciar a escravidão. Muitos abusivos donos de escravos se consideravam cristãos. Apesar disso, a fé cristã penetrou profundamente nas comunidades escravizadas. Alguns brancos investiram na fé de seus escravos e a encorajaram. Outros proibiram suas reuniões de culto e puniram aqueles que delas participavam. Muitas igrejas de escravizados reuniam-se secretamente. O Jesus das Escrituras — que se importava com os oprimidos e marginalizados, abraçou a posição de escravo, proclamou a verdade aos poderosos e foi torturado, rejeitado e morto — atraiu os escravos. Olhando para além da hipocrisia de seus opressores, muitos deles encontraram esperança no conhecimento de que eram amados, redimidos e estimados por um Deus eterno, que um dia faria justiça.

O homem que inspirou o personagem "Pai Tomás", de Harriet Beecher Stowe, era um exemplo disso. Na penetrante descrição de Maryland do século 18, feita por Stowe, Josiah Henson "nasceu escravo — na verdade, um escravo em uma terra pagã e sob um senhor pagão".[33] Henson não ouviu o evangelho de Jesus até os 18 anos de idade. Quando, finalmente, ouviu que o Filho de Deus morreu por todos — "o escravo, o pobre, o negro em suas cadeias" —, sua resposta foi esta: "Eu estava atento e ouvi. Isso tocou minha alma, e eu gritei: 'Eu me pergunto se Jesus Cristo morreu por mim'".[34] Henson foi capturado pela ideia de que ele, "uma pobre, desprezada e abusada criatura, destinada para nada mais que a faina sem paga — e a degradação mental e física" —, era conhecido e amado pelo próprio Jesus: "Oh, a bem-aventurança e a doçura de sentir que eu era amado! Teria morrido naquele instante com alegria, repetindo para mim mesmo: O *compassivo Salvador de*

---

[33] Josiah Henson, *Autobiograph of Josiah Henson: an inspiration for Harriet Beecher Stowe's Uncle Tom* (New York: Dover, 1969), p. 3.

[34] Henson, *Autobiography*, p. 24.

quem ouvi 'me ama'". Tendo escapado da escravidão, Henson organizou um refúgio para escravos fugitivos no Canadá e se tornou um pregador cristão, proclamando o evangelho de Jesus e emprestando sua habilidade retórica ao movimento abolicionista.

Como um mesmo fio, a fé atravessou a experiência dos escravizados, o movimento abolicionista e as ondas subsequentes de opressão e resistência que muitas vezes afligiram a história negra norte-americana. Quando Martin Luther King se apresentou para liderar o movimento dos direitos civis, falou de verdades espirituais a um país que ainda fracassa em cumprir a promessa do cristianismo, recorrendo às mesmas armas de Jesus: fé, esperança, amor e não violência. Embora muitos cristãos brancos, mais uma vez, falhassem em reconhecer a pecaminosidade da segregação e negassem direitos iguais a seus irmãos e irmãs negros, King insistiu que a igualdade brotaria das Escrituras e não poderia ser retida por ninguém que carregasse o nome de Cristo.

E hoje? A cumplicidade de cristãos brancos com a história de escravidão, segregação e injustiça social nos Estados Unidos permanece como uma mancha na história do cristianismo. O racismo atual de muitos cristãos brancos é uma nódoa residual que precisa ser combatida pela verdade bíblica e pela ascensão de mais líderes não brancos dentro de igrejas de maioria branca. Mas não devemos cometer o erro de permitir que o racismo de muitos cristãos brancos defina o cristianismo. Hoje, os negros norte-americanos têm quase 20% mais chances de se identificar como cristãos que os brancos e são mais religiosos sob uma série de indicadores. Por exemplo, 75% dos negros norte-americanos afirmam que a religião é muito importante em sua vida, ao passo que apenas 49% dos brancos dizem o mesmo. Além disso, 47% dos negros norte-americanos dizem frequentar cultos religiosos semanalmente, comparados a 34% entre os brancos.[35] Embora, em geral, as pesquisas separem

[35] David Masci, "5 facts about the religious lives of African Americans", *Pew Research Center*, 7 fev. 2018, disponível em: http://www.pewresearch.org/fact-tank/2018/02/07/5-facts-about-the-religious-lives-of-african-americans/.

"igrejas historicamente negras" de "igrejas evangelicais", a maioria das igrejas negras é teologicamente evangelical, e muitas têm uma paixão evangelística, chamando, sem constrangimento, as pessoas ao arrependimento e à fé em Jesus.[36]

No capítulo 2 deste livro, implodimos o mito de que o cristianismo é uma religião ocidental branca. Neste capítulo, verificamos como a Bíblia nos convida a ver o mundo pelos olhos dos escravos e a abraçar, nós mesmos, sua condição. Observamos o papel desempenhado por cristãos na abolição gradual de uma instituição inquestionável do mundo antigo, o papel pioneiro de escravos evangelistas e a extraordinária expansão do cristianismo entre os escravos nos Estados Unidos. A igreja precisa enfrentar seus fracassos morais: muitos cristãos pecaram no que diz respeito à escravidão, e muitos cristãos brancos pecaram contra as vítimas negras dessa instituição opressiva e desumanizadora. Mas também devemos perguntar: quantas gerações de cristãos negros fiéis nos Estados Unidos ainda serão necessárias para que deixemos de associar o cristianismo a donos de escravos brancos e comecemos a ouvir as vozes dos cristãos negros que ecoam até nós ao longo de séculos salpicados de sangue? E quanto tempo levará até ouvirmos o anseio de Frederick Douglass e de milhares de outros evangelistas escravos, cujas conversões os levaram a abominar a escravidão mais do que nunca, mas cuja "grande preocupação era que todos se convertessem"?

---

[36] P. ex., 93% dos cristãos em igrejas historicamente negras acreditam no céu e 82% no inferno; 82% acreditam que a Bíblia é a Palavra de Deus; 61% leem a Bíblia pelo menos uma vez por semana. "Members of the historically black protestant tradition who identify as black", *Pew Research Center*, 2018, disponível em: http://www.pewforum.org/religious-landscape-study/racial-and-ethnic-composition/black/religious-tradition/historically-black-protestant/.

CAPÍTULO **ONZE**

COMO UM DEUS AMOROSO PERMITE TANTO SOFRIMENTO?

O ESTUPRO SISTEMÁTICO de Nadia Murad nas mãos de um juiz do Estado Islâmico. Três milhões de africanos traficados pelo comércio escravagista britânico. Seis milhões de judeus assassinados no Holocausto. O genocídio em Ruanda. A limpeza étnica dos muçulmanos *rohingyas*. Mais de dois milhões de crianças traficadas este ano pelo comércio sexual global, enquanto 1,5 milhão de crianças morreram de diarreia. Fome no Sudão do Sul, na Somália, na Nigéria e no Iêmen. O *tsunami* de 2004 na Indonésia que deixou 230 mil mortos. A destruição silenciosa produzida pelo câncer. Crianças abusadas pelos próprios pais.

Olhando para tudo isso, combinado com as forças impessoais que forjaram nosso corpo por meio do sofrimento, da violência e da morte, Richard Dawkins declara que nosso universo "tem precisamente as mesmas propriedades que deveríamos esperar se não houvesse, ao fim, nenhum *design*, propósito, mal ou bem; antes, nada além de indiferença impiedosa".[1] Neste capítulo, enfrentaremos a questão que nos assombra a todos em algum momento. Como podemos lidar com o sofrimento?

Para muitos, essa questão é motivo para afundar a fé cristã. Como a hipótese de um Deus amoroso e poderoso pode resistir ao peso esmagador das aflições humanas? O cristianismo funciona apenas para aqueles cuja vida não naufragou? Devemos encobrir as dores alheias para crer em um Criador onipotente e benevolente?

Este capítulo examinará três visões amplas do sofrimento: o sofrimento sem Deus, o sofrimento da perspectiva budista e o sofrimento na cosmovisão cristã. Nele, sugere-se que o sofrimento não é a bola de demolição que derruba o cristianismo; antes, é a pedra angular sobre a qual, dolorosamente, tijolo por tijolo, ele sempre foi construído.

SOFRIMENTO SEM DEUS

Para alguns, remover Deus da equação é uma promessa de alívio. Sofrimento é algo que acontece. Não há sentido, razão nem esperança; a única coisa que podemos fazer é parar de tentar ler os sinais. A princípio, isso pode parecer uma abordagem madura. Dê o sentido que você puder à sua vida sem esperar que um poder superior ajude ou se importe com isso. Stephen Hawking, que viveu com uma debilitante doença do neurônio motor toda a sua vida adulta, acreditava que o cérebro é um computador que para de funcionar quando seus componentes falham: "Não há céu ou vida após a morte para computadores quebrados", declarou; "esse é um conto de fadas para quem tem medo do escuro".[2]

---

[1] Richard Dawkins, *A river out of Eden: a Darwinian view of life* (New York: Basic Books, 1996), p. 133. [No Brasil: *O rio que saía do Éden: uma visão darwiniana da vida* (Rio de Janeiro: Rocco, 1996).]

[2] Stephen Hawking, "There is no heaven", entrevista para Ian Sample, *The Guardian*, 15 maio 2011, disponível em: https://www.theguardian.com/science/2011/may/15/stephen-hawking-interview-there-is-no-heaven.

Muitos ateus de hoje se ancoram no humanismo, acreditando no espírito humano e na capacidade para o progresso, a criatividade e o amor, sem qualquer necessidade de uma "hipótese de Deus". Mas a implacável cadeia de Dawkins — "nenhum *design*, propósito, bem ou mal" — ilumina o problema. Essa visão sombria do universo corrói os fundamentos sobre os quais equilibramos a vida e a própria essência do humano. Se não há bem ou mal, por que lamentar? Se nossa simpatia pelos outros é tão somente um subproduto do parentesco evolutivo, por que temos empatia com o sofrimento daqueles que não fazem parte de nossa tribo? Se nosso senso de identidade é apenas uma ilusão, a falta de sentido diante do sofrimento evapora com nossa capacidade de escolher e agir em termos morais. A ironia no coração do humanismo secular atual é que referências como Sam Harris não acreditam nos seres humanos mais do que acreditam em Deus: em última instância, ambos são ilusões. Tomar a equação do sofrimento e remover dela o sentido não resolve o enigma; antes, desvenda nosso próprio eu.

Essa visão não é a expressão necessária do que a ciência tem descoberto. Com a mesma confiança na ciência, mas diferentes crenças a respeito de Deus, o paleobiologista de Cambridge Simon Conway Morris apresenta a seguinte questão: "Suponha que a estrutura moral, aquilo que dá voz à ética [...] a ânsia infinita por um mundo melhor, não sejam fantasias de um símio desenraizado, mas indícios de realidades mais profundas que podem envolver nosso destino."[3] O ateísmo amputa essa esperança. Somos apenas crianças construindo castelos de areia diante da implacável maré que chega. Ou, antes, nem mesmo crianças somos, mas computadores com ilusões de que são pessoas. "Tão prepotente é o materialismo como abordagem à realidade", escreve a ganhadora do

---

[3] Simon Conway Morris, "Except where it matters", in: *Does evolution explain human nature?* (West Conshohocken, PA: John Templeton Foundation, s.d.), p. 10, disponível em: https://www.issuelab.org/resources/9030/9030.pdf.

Pulitzer Marilynne Robinson, "que considera, para todos os efeitos, inexistente tudo aquilo que não puder ser capturado por seus limites: por exemplo, o eu humano".[4]

Muitos que perderam a confiança na ideia de Deus ainda se apegam à ilusão de um sentido universal. Alguns anos atrás, eu estava passando por uma fase de sofrimento com uma querida amiga não religiosa. Com esperança, ela dizia que o universo tem algum tipo de plano. Como eu amava minha amiga, pedi a ela — com gentileza — que não recorresse a esse tipo de placebo. Se não há Deus, ainda sofremos, mas não há um universo que esteja cuidando de nós. Não há *design*, propósito, bem ou mal — nada além de impiedosa indiferença. Devemos olhar para o abismo sem nos enganar com platitudes. Há muita coisa em jogo.

UMA ABORDAGEM BUDISTA AO SOFRIMENTO

Minha amiga que estava sofrendo cresceu em um lar judeu, mas passou do teísmo para o ateísmo e daí para práticas budistas. Esse é um caminho que tem sido trilhado por muitos ocidentais desiludidos. O budismo (pelo menos em suas formas ocidentalizadas) oferece refúgio da desolação do ateísmo sem as restrições da religião "organizada". Começa com o desafio do sofrimento e nos oferece um modo de lidar com ele. A combinação é atrativa. No livro *best-seller The happiness hypothesis* [A hipótese da felicidade], Jonathan Haidt, psicólogo judeu ateísta, lembra:

> Quando comecei a escrever este livro, pensei que Buda fosse um forte candidato ao prêmio de "Melhor Psicólogo dos Últimos Três Milênios". Para mim, seu diagnóstico da futilidade de toda agitação parecia tão certeiro, e sua promessa de tranquilidade, muito sedutora. Mas, pesquisando para este livro, comecei a

---

[4] Marilynne Robinson, *What are we doing here? Essays* (New York: Farrar, Straus and Giroux, 2018), p. 128.

> pensar que o budismo pode estar baseado em uma reação exagerada, talvez até mesmo em um erro.[5]

Haidt prossegue contando a história de Buda.[6] O homem que viria ser o Buda era um príncipe. Mas uma profecia declarou que um dia ele deixaria o palácio, dando as contas para o reino. Para evitar isso, o rei fez tudo ao seu alcance para manter seu filho feliz. O jovem príncipe se casou com uma bela princesa e recebeu um harém deslumbrante, mas era impedido de deixar o conforto do palácio. Assim, ele foi tomado pelo tédio, convencendo seu pai a permitir que ele saísse em uma carruagem.

Para garantir que seu filho continuaria evitando qualquer infelicidade, o rei ordenou que todos os súditos idosos, doentes ou com deficiências ficassem em casa. Um velho, no entanto, permaneceu na rua, e o príncipe descobriu que todos envelhecem. No dia seguinte, o príncipe viu um cadáver e conheceu, para seu horror, que todos morrem. Como predito, ele deixou o palácio e entrou na floresta para dar início à sua jornada de iluminação. Quando voltou, o Buda proclamou que a vida era sofrimento e que o único meio de escapar disso é rompendo com os laços do apego que nos prendem à vida.

Haidt propõe uma interessante questão: o que teria acontecido se o príncipe tivesse descido da carruagem para conversar com os idosos, os doentes e todas aquelas pessoas com deficiência? Então, ele cita estudos que demonstram que pessoas em circunstâncias profundamente adversas tendem a estar mais satisfeitas que insatisfeitas com a sua vida. Robert Biswas-Diener, o estudioso a cuja pesquisa Haidt se refere, entrevistou pessoas em situações difíceis, incluindo profissionais do sexo vivendo em favelas em Calcutá, e concluiu: "Embora os pobres de Calcutá não levem uma vida invejável, eles têm uma vida plena de significado", uma vez que "tiram

[5] Jonathan Haidt, *The happiness hypothesis: finding modern truth in ancient wisdom* (New York: Basic Books, 2006), p. 102-3.

[6] Os detalhes da história variam conforme a fonte. Aqui sigo o resumo fornecido por Haidt.

proveito dos recursos imateriais a eles disponíveis".[7] Talvez a chave para enfrentar o sofrimento não seja o desapego e a fuga, mas o sentido e o amor. O desapego pode nos proteger do sofrimento. Amar é ser vulnerável. Desejar e empenhar-se envolvem correr o risco de se decepcionar. Mas, como Haidt observa, o desapego também nos priva das maiores alegrias. Empenho, desejo e profundo apego podem nos conduzir ao precipício. Mas também podem nos trazer a tesouros que o desapego não pode encontrar.

Não há outra opção para lidar com o sofrimento? Podemos buscar o que desejamos, nos agarrar ao apego e lutar por coisas boas enquanto encontramos sentido no sofrimento que advém disso?

UMA PERSPECTIVA CRISTÃ SOBRE O SOFRIMENTO

Há muitos pontos de entrada possíveis para discutir cristianismo e sofrimento. Ao longo das eras, filósofos ofereceram diferentes defesas da ideia de um Deus amoroso e onipotente diante do sofrimento.[8] Os argumentos se dirigem a diversos tipos de sofrimentos, desde aquele causado pelo pecado humano (como o estupro de Nadia Murad) até o pecado provocado por causas naturais (como a doença do neurônio motor) e sugerem que a incapacidade de enxergar uma razão para dada experiência de sofrimento não implica que não exista alguma razão. Para voltar à ilustração do capítulo 8 tirada de Harry Potter, Severo Snape tem uma razão moralmente defensável para matar seu mentor, uma razão que Harry só pôde reconhecer quando teve acesso a toda a história. No entanto, mais do que nos deter em argumentos filosóficos, começaremos com uma história dos Evangelhos para a qual mais tenho me voltado em

---

[7] Robert Biswas-Diener e Ed Diener, "Making the best of a bad situation: satisfaction in the slums of Calcutta", *Social Indicators Research* 55, no 3 (set. 2001), p. 329-52, citando a p. 337.

[8] Cf., p. ex., uma das primeiras obras clássicas de Alvin Platinga, *God, freedom, and evil* (Grand Rapids, MI: Eerdmans, 1989). [No Brasil: *Deus, a liberdade e o mal* (São Paulo: Vida Nova, 2012).]

face do sofrimento. É a história de Maria e Marta, que já vimos no capítulo 8, quando Marta servia e Maria se encontrava sentada aos pés de Jesus. E isso nos oferecerá um ponto de entrada à teologia bíblica do sofrimento.

Quando Jesus não vem

Em João 11, o irmão de Maria e Marta, Lázaro, adoece. Suas irmãs, no entanto, são sortudas: são amigas íntimas de um curandeiro e milagreiro, por isso elas discam 192, atrás de Jesus. O texto afirma: "Jesus amava Marta, a irmã dela e Lázaro" (João 11:5). Mas então vem o impressionante *non sequitur*: "Assim, quando ouviu falar que Lázaro estava doente, ficou mais dois dias onde estava" (João 11:6, NVI adaptado). Jesus frequentemente curava estranhos. Inclusive a longa distância. Mas, dessa vez, quando seus amigos mais íntimos o chamam, ele resolve esperar. Essa é a primeira realidade com que os cristãos precisam lutar. Às vezes, em lágrimas, chamamos por Jesus, e ele não vem.

Três anos atrás, entrei em contato com uma ferida aberta que me causou uma dor profunda. Partes de mim que eu havia escondido por anos e que, depois, eu havia tentado trazer à luz se recolheram novamente por causa de uma ruptura de relacionamento. Pensei que Deus estava me curando ao me convidar a não acreditar em meus medos, mas agora todos os medos a respeito de mim mesma que pairavam ao meu redor, aquietados, estavam se tornando realidade, e eu me sentia devastada. Não era uma dor dilacerante: ninguém havia morrido. Mas me dilacerava. Meu marido testemunhou mais lágrimas minhas em um mês que em todos os dez anos anteriores. Certa noite, ele tentou me consolar lendo um trecho do salmo 121:

> Levanto os meus olhos para os montes e pergunto:
> De onde me vem o socorro?
> O meu socorro vem do Senhor,
> que fez os céus e a terra (Salmos 121:1-2).

Isso, porém, só me fez chorar ainda mais. "Sinto que estou clamando ao Senhor", expliquei, "mas ele não está me ajudando".

Em termos bíblicos, temos modelos para nossos clamores aparentemente sem resposta. Na noite em que foi preso, Jesus pediu a Deus: "Pai, se queres, afasta de mim este cálice" (Lucas 22:42). Ele acabou na cruz, no entanto. Paulo era atormentado por "um espinho em sua carne". Ele orou repetidas vezes para que o Senhor o retirasse. Mas Deus respondeu: "Minha graça é suficiente para você, pois o meu poder se aperfeiçoa na fraqueza" (2Coríntios 12:9). Enquanto o professor de Oxford C. S. Lewis sofria pela esposa que Deus lhe tinha concedido inesperadamente — sob a sentença de morte de um câncer terminal —, ele refletiu: "Não que eu esteja (acho) correndo o risco de deixar de crer em Deus. O risco real é passar a crer em coisas horrorosas sobre ele. A conclusão que temo não é: 'Então, Deus não existe, afinal de contas', mas: 'Então, é assim que Deus realmente é. Não se engane mais'".[9] Às vezes, a crença em um Deus onipotente faz surgir mais uma lágrima de desespero no rosto do sofrimento. Jesus poderia ter vindo quando Maria e Marta chamaram. Mas não veio. Afinal, Jesus não amava essas irmãs?

Quando Jesus vem

Fazia quatro dias que Lázaro estava na sepultura quando Jesus chegou. Sempre proativa, Marta saiu ao encontro dele. "Senhor", disse ela, "se estivesses aqui, meu irmão não teria morrido. Mas sei que, mesmo agora, Deus te dará tudo o que pedires" (João 11:21-22). Talvez sintamos alguma censura nessas palavras. No entanto, a fé de Marta em Jesus é completa: Lázaro está morto, mas ela crê que seu Senhor pode ajudar.

Jesus responde: "O seu irmão vai ressuscitar" (João 11:23). Como muitos judeus do primeiro século, Marta crê na ressurreição do povo de Deus no fim dos tempos. "Eu sei que ele vai

[9] C. S. Lewis, *A anatomia de um luto* (São Paulo: Thomas Nelson Brasil, 2021).

ressuscitar", responde ela, "na ressurreição, no último dia" (João 11:24). Mas quase se pode ouvir essa mulher de luto pensando: *Mas e agora, Jesus? E agora? Por que não me ajuda agora?*

Nesse momento, Marta se encontra onde muitos cristãos estão quando enfrentam o sofrimento. Temos promessas sobre realidades últimas: um dia, Jesus voltará e porá o mundo em ordem. Mas nós somos mais como crianças que como filósofos. Nossa dor é real e urgente. Ela se recusa a ser acalmada por uma esperança longínqua. Respostas teológicas certinhas não vão servir. Nem são tudo o que o cristianismo tem a oferecer.

Quando, finalmente, Jesus vem, ele não resolve o problema de Marta. Em vez disso, ele muda os termos do compromisso. Jesus olha bem nos olhos dessa mulher enlutada e diz: "Eu sou a ressurreição e a vida. Aquele que crê em mim, ainda que morra, viverá; e quem vive e crê em mim não morrerá eternamente. Você crê nisso?" (João 11:25-26). Jesus está falando de Lázaro? Talvez. Embora ele estivesse fisicamente morto, confiava em Jesus; assim, está verdadeiramente vivo espiritualmente. Mas Jesus não está falando com Lázaro — ainda não. Ele está falando com Marta, que está se recuperando da morte de Lázaro — uma morte que lhe custou emocionalmente e que provavelmente também pôs em risco sua segurança em uma época na qual a maioria das mulheres dependia dos familiares do sexo masculino para sobreviver. Marta anseia por ter Lázaro de volta. Mas Jesus olha em seus olhos e diz: "Eu sou a ressurreição e a vida". Aqui e agora, em seu luto e desespero, sua maior necessidade não é ter seu irmão de volta; é ter o próprio Jesus.

Essa declaração é ainda mais chocante do que o fato de Jesus ter falhado em vir na hora certa. Longe de ser o "bom mestre de moral que nunca reclamou ser Deus" da mitologia contemporânea, aqui Jesus alega não oferecer boas orientações para a vida, mas *ser* ele mesmo a vida: a vida diante do sofrimento, a vida diante da morte.

Todos os pais sabem que, às vezes, devem deixar que seus filhos sofram. Seguramos nossos bebês enquanto um estranho enfia uma agulha na carne saudável deles. Derramando lágrimas pela traição, eles olham para nós, e não podemos lhes explicar que os fazemos sofrer agora para livrá-los da doença no futuro. Alguns pais se veem diante de uma tarefa ainda mais dura: permitir que médicos envenenem seus filhos com drogas que assolam o corpo, fazem-nos vomitar e perder cabelo, trancados no hospital por dias, semanas ou mesmo meses a fio. É amarga a dor, mas, com a crueldade dessa escolha, esses pais esperam salvar a vida de seus filhos. A questão que devemos sempre nos fazer, a respeito do sofrimento, é a seguinte: O que poderia fazer isso valer a pena? A espantosa afirmação de Jesus sobre quem ele é. Mas essa peça tem mais dois atos.

Jesus chorou

Marta respondeu com uma fé impressionante: "Sim, Senhor, eu tenho crido que tu és o Cristo, o Filho de Deus que devia vir ao mundo" (João 11:27). Então, ela chama Maria, que cai aos pés de Jesus repetindo a repreensão de sua irmã: "Senhor, se estivesses aqui, meu irmão não teria morrido" (João 11:32). Jesus está profundamente comovido e perturbado. Ele pergunta onde Lázaro foi colocado. Então, encontramos um dos mais breves e confusos versículos da Bíblia: "Jesus chorou" (João 11:35). Tais palavras são estranhas por sabermos com que facilidade as lágrimas poderiam ter sido poupadas. Se Jesus simplesmente tivesse vindo quando chamado, ninguém estaria chorando. Os espectadores observaram: "Vejam como ele o amava!". Mas alguns também se perguntaram: "Ele, que abriu os olhos do cego, não poderia ter impedido que este homem morresse?" (João 11:36-37).

Todos nós já tivemos a experiência de receber conforto de alguém que, na verdade, não compreende aquilo por que estamos passando. Costuma ser algo bem insatisfatório. Mas Jesus não é uma divindade distante, assistindo ao sofrimento a uma distância segura. Ele é o Deu que habita nosso sofrimento. O profeta Isaías chama o Messias de "um homem de tristeza e familiarizado com o sofrimento" (Isaías 53:3), e vemos nos Evangelhos como Jesus é movido pela compaixão por seu povo sofrendo. Essa compaixão vai além da simpatia. Jesus não sente pena de nós em nossa fraqueza e dor. Ele toma essa agonia sobre si mesmo.

> Certamente ele tomou sobre si as nossas enfermidades
> e sobre si levou as nossas doenças

Isaías continua:

> ele foi transpassado por causa das nossas transgressões,
> foi esmagado por causa de nossas iniquidades;
> o castigo que nos trouxe paz estava sobre ele,
> e pelas suas feridas fomos curados (Isaías 53:4-5).

Nessa profecia, a dor, o sofrimento e a doença se juntam ao pecado e à culpa para serem lançados sobre as costas do Messias. E, quando Jesus vem, traz esse fardo. Por nós, ele carrega o peso moral da culpa e do pecado. Mas carrega também a desilusão envolvida em nosso sofrimento. Jesus nos abraça enquanto lamentamos. Ele chora conosco quando choramos. Ele conhece o fim da história, quando ele mesmo enxugará toda lágrima de nossos olhos. Mas isso não o impede de se unir a nós em nossa dor. De fato, a dor é um lugar privilegiado de intimidade com ele.

Vemos isso em nossa própria vida. Podemos rir com qualquer um, mas choramos apenas com os mais íntimos. E o vínculo é ainda mais forte quando o sofrimento deles se conecta ao nosso. Em Jesus, encontramos uma pessoa que conhece todas as nossas dores e todos os nossos pesares. Abandonado pelos mais próximos e agredido por estranhos, despido, abusado e crucificado para morrer — não há ferida nossa que ele não seja capaz de alcançar. Até mesmo o abandono do Pai ele experimentou. Na cruz ele exclamou as palavras de Salmos 22:1: "Meu Deus, meu Deus, por que me abandonaste?" (Mateus 27:46).

Jesus sabe que sua ressurreição logo vem. Ainda assim, ele clama, angustiado. Ele conhece o fim da história de Maria, Marta e Lázaro. Ainda assim, ele chora.

"Lázaro, venha para fora!"

Quando Jesus chega à sepultura, está profundamente comovido mais uma vez e ordena que a pedra seja retirada. Marta o adverte: "Senhor, ele já cheira mal, pois já faz quatro dias!" (João 11:39). Mas Jesus insiste. Ele ora. Então, clama: "Lázaro, venha para fora!". E o homem que tinha morrido vem para fora (João 11:43-44).

Costumo contar essa história às minhas filhas. Diferentemente da maioria das crianças na maior parte da história humana, elas tiveram pouca experiência com a morte até agora. Mas eu quero que elas saibam que um dia, quando o corpo delas tiver apodrecido e sua vida tiver sido esquecida, Jesus as chamará da sepultura — não para pairarem no céu como almas desencarnadas, mas para caminharem sobre a terra em corpos ressurretos. Aquele que chama as estrelas à existência também as chamará da morte para a vida.

O poder de Jesus sobre a morte é absoluto. Creio que é essa a única esperança que temos diante do inevitável fim. Mas o que me fascina na história de Lázaro é como ele mesmo tem pouco destaque. Antes, o relato põe nossa atenção sobre questões profundas: Por que, se Jesus planejava curar Lázaro, simplesmente não fez isso desde o início? Por que ele deixou Lázaro morrer e suas irmãs sofrerem por dias? Por que não contar, de uma vez, a Marta o que ele planejava fazer? Nessa estranha recontação da história, temos um vislumbre de toda a perspectiva cristã sobre o sofrimento. O intervalo entre a morte de Lázaro e Jesus chamando-o para fora da sepultura é aquele no qual Marta enxerga Jesus como quem ele é: a própria vida dela.

Essa história lança luz tanto sobre o sofrimento quanto sobre a oração. Costumamos enxergar a oração como um meio para um fim: Deus é uma máquina de salgadinhos cósmica; inserimos a oração e esperamos que os resultados caiam em nossas mãos — do contrário, chutamos a máquina. Mas a história de Lázaro vira de cabeça para baixo essa ideia. Jesus não é um meio para um fim, um mecanismo por meio do qual Marta pode mudar as circunstâncias. Ele é o fim. As circunstâncias de Marta a conduzem para ele. Não é que o sofrimento dela ou o nosso não importem: importam o suficiente para trazer lágrimas aos olhos do Filho de Deus! Mas, em certo sentido, importam como um primeiro encontro importa para um casamento, ou como o nascimento importa para a maternidade. É um ponto de entrada ao relacionamento, um relacionamento formado por meio do sofrimento, bem como por meio da alegria. Se, como Jesus alega, o objetivo da nossa existência é nos relacionarmos com ele, encontrá-lo no sofrimento é a questão.

Sofrimento e pecado

Reconhecer o papel do sofrimento em nosso relacionamento com Cristo nos ajuda a enxergar além de um equívoco comum sobre o sofrimento segundo a perspectiva cristã. Somos tentados a acreditar que o sofrimento é uma punição pelo pecado. Mas a Bíblia é clara ao dizer que — embora pecado e sofrimento estejam, de modo geral, claramente conectados, e viver em rebeldia contra Deus nos causa angústias no presente —, a porção de sofrimento que um indivíduo experimenta não é proporcional a seu pecado. O livro de Jó dramatiza essa questão, e Jesus a enfatiza. No Evangelho de João, Jesus encontra um homem cego de nascença, e seus discípulos lhe perguntam: "Mestre, quem pecou: este homem ou seus pais?" (João 9:2). Jesus responde: "Nem ele nem seus pais pecaram, mas isto aconteceu para que a obra de Deus se manifestasse na vida dele" (João 9:3). Então, Jesus cura o homem.

Esse ensino afasta o cristianismo das versões do budismo que falam de carma e reencarnação. Segundo essa lógica, nossas circunstâncias presentes são resultado de ações passadas: pecados na vida anterior podem determinar que soframos aqui e agora. Não é assim no cristianismo. De fato, de qualquer modo, o cristianismo inverte esse paradigma: aqueles cuja vida está agora cercada de privilégios são advertidos sobre um pós-vida de sofrimento se não recorrerem ao socorro definitivo de Cristo. E aqueles que sofrem agora estão mais próximos do coração de Deus. Essa dinâmica é explorada em uma das parábolas mais desconfortáveis de Jesus — uma história que certamente causará calafrios em qualquer um que estiver lendo este livro: a parábola do rico e de outro Lázaro (Lucas 16:19-31). Embora certamente possamos encontrar sentido em nosso sofrimento, não podemos usá-lo para mensurar nossa culpa ou imaginar que, se orarmos mais ou tivermos uma fé maior ou agirmos melhor, nossa vida estará livre de sofrimento.

Sofrimento e amor

De uma perspectiva bíblica, também devemos rejeitar a ideia de que, se Deus nos ama, ele não pode querer que soframos. Essa premissa se desfaz a cada página das Escrituras. Não paramos de ver os escolhidos e amados de Deus sofrendo. Quando Jesus vem, vemos esse roteiro sendo encenado em um palco cósmico: o Filho amado de Deus, Aquele em quem o Pai se compraz, vem expressamente para sofrer e morrer por amor de seu povo. De fato, nossas crenças a respeito de Deus e do sofrimento expõem a distância entre nossas suposições espontâneas e a narrativa bíblica.

O Deus amoroso e onipotente de nossa imaginação passaria rapidamente da criação à nova criação, do jardim do Éden, do Gênesis, à Jerusalém celeste descrita no Apocalipse. Mas o Deus da Bíblia traça uma rota bem diferente. Ele desenvolve sua história ao longo de milhares, até mesmo milhões, de anos, tecendo toda a confusão da história humana — pecado, sexo, morte e acaso histórico. E, no centro da história, ele crava a cruz de seu amado Filho. A morte de Jesus não é um acidente. Nem mesmo o plano B. É o eixo em torno do qual toda a história humana gira, o pivô da própria realidade. A morte brutal de um homem inocente — carregando o peso do pecado do mundo, sua culpa e sofrimento — é o ponto focal da história. Com efeito, é a própria lente por meio da qual a lemos. E não a última palavra.

Sofrimento e história

O senhor dos anéis acendeu minha imaginação quando eu era criança. Meu pai o lia para mim. Agora, estou lendo para minha filha de oito anos — para nosso deleite mútuo. Em uma passagem atribulada da narrativa, dois personagens centrais, Frodo e Sam, discutem em que ponto da história eles se encontram. Sam lembra-se de como ele costumava imaginar que as pessoas de uma história saíam em busca de aventura porque a vida delas era monótona. Mas ele reflete: "Não é assim com as histórias que realmente importam". Frodo gosta da história que Sam começa a contar a respeito da aventura deles. Mas, então, ele interrompe seu amigo: "Estamos indo muito rápido. Você e eu, Sam, ainda estamos presos nas piores passagens da história, e é bem provável que alguém diga neste ponto 'Feche o livro, papai; não queremos ler mais'".[10]

Os *hobbits* não sabem como sua história vai terminar. Mas, se terminasse naquele momento, seria algo sombrio e desesperador. A história continua, no entanto. Tolkien os leva, por meio de escuridão, sofrimento e perda, a uma dolorida vitória, quando Gollum arranca o anel da mão de Frodo. A história marca Frodo no corpo e na mente. É uma história, entretanto, e uma história a respeito da qual Sam e ele ouvem canções e histórias. Finalmente transformado e amadurecido, Frodo parte com os *elfos* para sua terra no além-mar. A obra de Tolkien foi moldada por sua fé cristã, e essa era uma fé não apenas na morte de Jesus, mas também em sua vida ressurreta. A jornada de todos os personagens principais se dá através da escuridão — mesmo morte — para a nova vida.

[10] J. R. R. Tolkien, *The lord of the rings*, 50th anniversary ed. (Boston: Mariner, 2005), p. 711-2. [No Brasil: *O senhor dos anéis* (Rio de Janeiro: HarperCollins Brasil, 2019).]

Mas questione-os nos momentos mais sombrios, e nenhum deles saberia onde se encontrava na história.

Se você está bem no meio do sofrimento agora, a esperança de um final feliz pode parecer grosseira. Um amigo que perdeu seu primeiro filho em um aborto compartilhou comigo que, por um bom tempo, ele e sua esposa só conseguiam orar o Salmo 88, que termina na escuridão. A panaceia tão conhecida "Tudo acontece por uma razão" costuma ser um conforto gélido para um coração angustiado. Mas outro amigo cujo filho adolescente teve danos cerebrais em um acidente esportivo compartilhou sua perspectiva sobre o sofrimento nos seguintes termos: "Muitas vezes, as pessoas acham que a realidade do sofrimento é um obstáculo à fé cristã. Mas eu acho que o sofrimento é a maior defesa do cristianismo que existe".

De uma perspectiva ateia, não apenas não há esperança de um fim melhor para a história — não há história alguma. Não há nada senão indiferença cega e impiedosa. De uma perspectiva cristã, não apenas há esperança de um fim melhor; há intimidade, agora mesmo, com Aquele cujas mãos ressurretas ainda trazem as cicatrizes dos pregos que o fixaram na cruz. O sofrimento não é um obstáculo à fé cristã. É o fio pelo qual o nome de Cristo é costurado em nossa vida.

De Gênesis a Apocalipse

Essa perspectiva do sofrimento nos ajuda a compreender a abrangência da narrativa bíblica. O princípio da Bíblia pinta um retrato do paraíso: seres humanos em relacionamento com Deus e um com o outro, sem quaisquer manchas de pecado, sofrimento ou morte. Muitas pessoas concluem disso que o ponto final do cristianismo é o retorno ao Éden. Mas, quando examinamos essa ideia, percebemos que ela torna o todo da história humana um desperdício cósmico de tempo. Deus simplesmente poderia ter impedido Adão e Eva de pecarem, só para começar. E, mesmo que houvesse motivos para permitir o pecado — conceder aos seres humanos livre-arbítrio, por exemplo —, pode-se imaginar uma linha mais curta e reta entre o princípio e o fim que aquela descrita pelas Escrituras. Mas a "nova criação" bíblica não é apenas um retorno ao idílio do passado. É algo bem melhor.

No começo da narrativa de Gênesis, Adão e Eva conheciam Deus como Criador e Senhor — talvez, inclusive, como amigo. Mas os cristãos conhecem Jesus bem mais intimamente: como Salvador, Amante, Esposo, Cabeça, Irmão, Companheiro Sofredor e como sua Ressurreição e Vida. Os primeiros seres humanos não poderiam sonhar com essa desestabilizadora intimidade com Deus. Era uma intimidade mais bem vislumbrada na experiência dos seres humanos entre si antes que eles se afastassem de seu Criador. Mas a falta dessa intimidade com o próprio Deus explica a estranha declaração: "Não é bom que o homem esteja só" (Gênesis 2:18). A visão original da humanidade era muito boa. Mas não era a melhor. De uma perspectiva bíblica, o melhor ainda estava por vir. E o modo de chegar lá passava pelo sofrimento.

Minha filha de oito anos é uma leitora ávida e aspirante a escritora. Seu vocabulário é amplo, sua imaginação sem limites, mas suas histórias são chatas. Por quê? Porque ela está atrás da felicidade o tempo todo. Mas, sem sofrimento, seus personagens não podem se desenvolver. Sem comunhão no sofrimento, eles não podem realmente construir vínculos. A Bíblia começa e termina com felicidade, mas o miolo da história é cru. Aos cristãos, é prometido que um dia Deus "enxugará dos seus olhos toda lágrima. Não haverá mais morte, nem tristeza, nem choro, nem dor" (Apocalipse 21:4). Mas não recebemos a promessa de que Deus não deixará que choremos. Que fim poderia valer todo esse sofrimento? Jesus diz que é ele mesmo.

Sofrimento e ética cristã

Em Jesus, os cristãos têm a promessa de alguém que os ama e que nunca os deixará nem abandonará, alguém que se senta com eles durante o sofrimento até o amargo fim — e além. Como corpo de Jesus sobre a terra, portanto, os cristãos devem dedicar-se à comunhão com quem sofre. E essa comunhão depende de ajuda prática. Os cristãos foram os primeiros a fundar hospitais e — apesar de todos os seus fracassos morais — fizeram mais, em termos globais, para aliviar o sofrimento que qualquer outro movimento. Podemos verificar isso olhando para a história e os dias atuais.

Em 2018, Nadia Murad, vítima do Estado Islâmico e humanitarista, cuja história vimos no capítulo 4 (p. 70), compartilhou o Prêmio Nobel da Paz com o médico congolês Denis Mukwege. Dr. Mukwege, apelidado de "Doutor Milagre", é um cirurgião pioneiro, que tratou de milhares de vítimas de violência sexual, por causa dos efeitos médicos colaterais de estupro coletivo e da brutalidade sofrida. Reconhecendo o chamado inegociável de Jesus para que os cristãos sirvam àqueles que sofrem, Mukwege exorta seus companheiros na fé: "Enquanto nossa fé for definida pela teoria e não estiver conectada com as realidades práticas, não seremos capazes de cumprir a missão a nós confiada por Cristo". "Se somos de Cristo", continua Mukwege, "não temos outra opção senão estar ao lado dos fracos, dos feridos, dos refugiados e das mulheres discriminadas".[11]

Aqueles que vivem nas favelas de Calcutá sabem disso por causa de Madre Teresa de Calcutá e das Missionárias da Caridade. O objetivo de Madre Teresa era profundamente teológico — "ver e adorar Jesus [...] disfarçado no sofrimento do pobre"[12] —, mas jamais teórico. Significava cuidar das pessoas de quem ninguém cuidava, tocar em pessoas em quem ninguém tocava. Os cristãos não são chamados ao desapego compassivo. Aqueles

---

[11] Denis Mukwege, "Liberated by God's grace" (discurso proferido na XII Assembleia da Federação Luterana Mundial, Windhoek, Namíbia, 2017), p. 51, 54, disponível em: https://www.lutheranworld.org/sites/default/files/2018/documents/lwf-12th-assembly-keynote-dr-mukwege.pdf.

[12] Madre Teresa, in: Becky Benenate, ed., *In the heart of the world: thoughts, stories and prayers* (Novato, CA: New World Library, 1997), p. 23. [No Brasil: *No coração do mundo* (Rio de Janeiro: Ediouro, 1998).]

que realmente seguem Jesus são profundamente apegados e estão cobertos de lágrimas — as suas próprias e as dos outros —, assim como seu Senhor.

"Eu sou a ressurreição e a vida"

Crer que Jesus é a ressurreição e a vida não é um posicionamento mental exigido uma vez na vida; antes, é uma batalha diária do coração. Como uma criança em uma montanha-russa, todos os nossos sentidos gritam o oposto. Sinto-me rotineiramente tentada a crer que algo ou alguém mais é na verdade a minha vida. Olho para as coisas que desejo para que elas me preencham. E essas coisas, essas pessoas, parecem bem mais reais quando comparadas com esse Deus impossível, que me chama a crucificar meus desejos e a me lançar em seus braços.

Nesses momentos, quando não creio, eu me lembro da história de Marta. Seu coração ansiava por seu irmão. Tê-lo de volta era, para ela, a própria vida. Mas Jesus se colocou diante dela, olhou em seus olhos e disse: "Eu sou a ressurreição e a vida". Algumas vezes, venço a batalha; outras, perco. Algumas vezes, sinto a presença de Cristo inundando meu coração desvalido; outras, me agarro à vida sem saber o fim da história. Mas preciso apostar minha vida nesta declaração: a de que Jesus é a ressurreição e a vida.

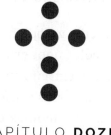

CAPÍTULO **DOZE**

COMO UM DEUS AMOROSO PODE MANDAR PESSOAS PARA O INFERNO?

EM 15 DE ABRIL DE 2013, dois irmãos de uma escola local de ensino médio foram à maratona de Boston. Outros tinham ido para correr ou torcer, mas esses meninos foram até lá para matar. Eles detonaram dois explosivos caseiros perto da linha de chegada. Três pessoas morreram. Dezesseis perderam algum membro. Centenas ficaram feridas. Após o FBI liberar as imagens dos irmãos, Dzhokhar e Tamerlan Tsarnaev mataram dois policiais. Tamerlan foi baleado várias vezes em uma troca de tiros e morreu logo depois que seu irmão o atropelou na fuga. A isso, seguiu-se uma caçada humana sem precedentes. Acabaram descobrindo Dzhokhar escondido sob a cobertura de um barco perto de Watertown. Enquanto os helicópteros sobrevoavam e os contornos de seu corpo eram revelados por raio infravermelho, eu me perguntei o que nós faríamos desse rapaz.

Nós, ocidentais do século 21, odiamos julgamento. Tememos ser pessoas julgadoras e colocamos crimes horríveis na conta de problemas de saúde mental, extremismo religioso ou déficit educacional. Certamente, todas essas coisas podem ser fatores relevantes. No entanto, quando ouvimos de assassinatos a sangue frio, terrorismo cuidadosamente planejado, abuso sistemático, parte de nós ainda anseia por justiça. Talvez esses irmãos fossem jovens e impressionáveis demais para ser responsabilizados. Mas outros que também mataram são maduros. Talvez eles estivessem sob a influência do radicalismo muçulmano. Mas outros que também mataram, não. Talvez eles tenham tido experiências precoces que os deixaram com cicatrizes e vulneráveis. Mas, por outro lado, outros assassinos vêm de lares felizes. Toda vez que tentamos isentar a humanidade do mal, surge alguma coisa para nos desmentir.

Neste capítulo, examinaremos a questão mais difícil de todo o livro: Como um Deus amoroso pode mandar pessoas para o inferno? Todas as outras questões perdem sua gravidade em comparação a essa, que trata do fim da história. E, das coisas em que um cristão é chamado a crer, é a mais difícil — muito mais difícil que crer em milagres e profecias ou em que o Deus que nos criou tem o direito de nos dizer o que fazer com o nosso corpo. Vamos desenterrar o que a Bíblia diz sobre juízo e ouvir uma estranha história na qual amor e juízo se entrelaçam e na qual nossas ideias bem vagas sobre céu e inferno se enraízam em uma pessoa. Também vamos desdobrar como esses conceitos costumam ser mal interpretados de modo que fazem as atitudes de Deus parecerem ilógicas, arbitrárias e injustas. Para isso, examinaremos se bem e mal, ódio e amor, resistem ao escrutínio científico e aplicaremos a luz fornecida pelas Escrituras sobre a lógica da crucificação para saber o que a morte humilhante e a suposta ressurreição de um judeu palestino do primeiro século têm a ver com você, comigo e com Dzhokhar Tsarnaev.

A CIÊNCIA MATOU O PECADO?

Sam Harris começa seu livro *Free will* [Livre-arbítrio] contando alguns crimes cometidos a sangue-frio por dois homens contra uma família inocente. Os crimes incluem estupro, abuso sexual de crianças, roubo e assassinatos a esmo. É um relato difícil de ler: embrulhou-me o estômago e me levou às lágrimas. Harris reconhece que nossa resposta natural ao ouvir tais crimes é exigir justiça. Esses homens merecem punição. Mas ele argumenta que, na verdade, esses criminosos não tinham muita escolha. Suas ações eram completamente determinadas por suas experiências passadas e por sua condição neurológica. Embora possamos buscar justiça restauradora para impedi-los de cometer outros crimes, não podemos responsabilizá-los moralmente pelo que fizeram. De fato, Harris afirma: "A ideia de que nós, como seres conscientes, somos profundamente responsáveis pelas características de nossa vida mental e pelo comportamento que daí se segue é simplesmente impossível de verificar na realidade".[1]

Talvez possamos suspirar de alívio. Ora, segundo Harris, podemos invocar a ciência para desatar o laço do julgamento do pescoço do pior criminoso e voltar a acreditar que os seres humanos são essencialmente bons. Mas há um *porém*. Se Dzhokhar Tsarnaev não tinha qualquer capacidade moral de escolher e agir, se ele não decidiu — sob qualquer sentido moral significativo — matar maratonistas e espectadores, atirar em policiais e atropelar seu próprio irmão, então também nenhum ato moral de coragem é real. Sophie Scholl, cujos panfletos antinazistas se espalharam sobre o pátio da universidade, não decidiu resistir — assim como o zelador que a delatou para a Gestapo e os guardas nazistas que a decapitaram não podem ser julgados por seus crimes. Se o juiz do Estado Islâmico que manteve Nadia Murad como escrava sexual, estuprando-a e abusando

[1] Sam Harris, *Free will* (New York: Free Press, 2012), p. 13.

dela noite após noite, não pode ser julgado por suas ações, tampouco Harriet Tubman pode ser aplaudida por sua coragem, arriscando a vida, noite após noite para ajudar escravos a se libertarem. Se Larry Nassar, médico da equipe norte-americana de ginástica, cumprindo agora várias sentenças de prisão perpétua por abusar sexualmente de mais de 250 meninas, não pode ser responsabilizado por seus terríveis crimes, tampouco Rachael Denhollander — a primeira mulher a acusá-lo — amava realmente suas filhas.

O determinismo científico de Harris fere nossas crenças mais profundas: de que há um tecido moral no universo, de que certo e errado são mais que sonhos, e de que você e eu — fracos e contingentes como somos — também somos capazes de amar, assim como de cometer crueldades. Nossas circunstâncias, a genética e o passado remoto certamente desempenham um papel em nossas decisões. Mas, a menos que estejamos dispostos a privar inteiramente os seres humanos de sua capacidade moral de decidir e agir, algumas vezes teremos de dizer que mal é mal, e que isso vem do coração. E, se não pudermos afirmar isso, também nunca devemos dizer que amor é amor.

O JULGAMENTO DO #METOO

Recentemente, o tecido conjuntivo entre amor e juízo foi exposto pelo bisturi justiceiro do #MeToo [#EuTambém]. O movimento #MeToo ganhou força por estarmos finalmente dispostos a dizer que assediar ou abusar sexualmente de mulheres não pode mais ser algo ignorado ou encoberto — não importa o *status* ou as realizações do abusador. Para alguns, isso significou a desgraça pública. Para outros, prisão. Enquanto escrevo, o produtor de cinema e cofundador da Miramax, Harvey Weinstein, cujo histórico de alegados abusos sexuais desencadeou o movimento em 2017, acaba de ser preso sob a acusação de estupro.

No entanto, conforme as ondas do #MeToo varreram Hollywood, a indústria, o mercado financeiro e as igrejas, tudo tem parecido menos com um "ding-dong, a bruxa morreu"[2] de celebração e mais como uma preocupante queda daqueles que aspiravam ser nossos heróis. Bill Cosby deixou de ser o pai da família fictícia mais popular dos Estados Unidos, que todos amavam, para ser um criminoso sexual amplamente odiado. Morgan Freeman, cuja mera voz inspira nossa confiança, foi acusado de assédio sexual. E Eric Schneiderman, procurador-geral de Nova York, conhecido por seu apoio ao movimento #MeToo, foi acusado, por quatro mulheres, de violência física. Ansiamos pela defesa das mulheres abusadas e traumatizadas. Mas, quanto mais lutamos por justiça, até mesmo os aparentes defensores da causa acabam sucumbindo à onda de julgamento. Então, começamos a nos perguntar: *Quem será o próximo? Haverá alguém incapaz de abusar do poder?*

E se a resposta for não? O líder cristão Andy Crouch tratou muito bem dessa vulnerabilidade universal em um artigo, de 2018, sobre os perigos da cultura de celebridade nas igrejas. Em nome da prestação de contas contínua, ele escreveu: "Se você conhecesse completamente meu coração, minhas fantasias e queixas, minhas ansiedades e meus mais obscuros pensamentos solitários, me consideraria um perigo para mim e para os outros. Não posso confiar a mim mesmo poder — nem celebridade, certamente —, nem você pode a si mesmo".[3] O movimento #MeToo expôs uma verdade dolorosa: ao fim, não há "nós e eles" quando se trata de abusar do poder contra o outro; há tão somente uma escada móvel. Embora argumentos circunstanciais possam eximir, também podem condenar. De fato, como vimos no capítulo 4, há muitas evidências sugerindo que a maioria de nós é capaz de maldade e de crueldade; basta que sejamos pressionados o bastante. E o buraco é mais fundo.

---

[2] N.T.: Alusão a "Ding-dong! The Witch is dead!", canção do filme *O mágico de Oz* (1939) que celebra a morte da Bruxa Malvada do Oeste e o fim de seu domínio tirânico sobre o País dos Munchkins.

[3] Andy Crouch, "It's time to reckon with celebrity power", *The Gospel Coalition*, 24 mar. 2018, disponível em: https://www.thegospelcoalition.org/article/time-reckon-celebrity-power/. [No Brasil: "É hora de lidarmos com o poder da celebridade", *Coalização pelo Evangelho*, 13 abr. 2021, disponível em: https://coalizaopeloevangelho.org/article/e-hora-de-lidarmos-com-o-poder-da-celebridade/.]

Já foi dito que nenhuma amizade no mundo duraria um dia se pudéssemos ler os pensamentos uns dos outros. Faça o teste com você mesmo até amanhã. Imagine as pessoas com quem você vai passar algum tempo e se pergunte: eu deixaria que elas lessem uma transcrição dos meus pensamentos? Meu casamento acabaria. Minhas filhas ficariam devastadas. Meus amigos iriam embora. Nem todos os meus pensamentos são maus: muitos são bons, gentis e verdadeiros. Mas, como um saco de farinha infestado de larvas, nenhuma parte minha está pura. Isso ocorreu com Aleksandr Solzhenitsyn, dormindo sobre palha em decomposição, em um *gulag* soviético: "Gradualmente, foi-me revelado que a linha separando bem e mal passa não por estados, classes ou partidos políticos, mas pelo coração humano".[4] Essa percepção nos deixa com outro problema: todos os nossos relacionamentos dependem, em alguma medida, de que nos escondamos.

O DESEJO DE SER CONHECIDO E AMADO

Muitas das angústias contemporâneas decorrem da busca por identidade. Dizem-nos que ser autêntico é a chave para a felicidade: "Você é quem faz você" é nosso grito de guerra do amor-próprio. Qualquer percepção de que o "eu" autêntico pode não vir a ser uma coisa bela é repressão, e toda culpa precisa ser abandonada como a pele morta de uma cobra. Nós valemos a pena. Nós damos conta. Mas e se Larry Nassar estivesse vivendo de acordo com seu eu autêntico ao abusar daquelas jovens ginastas? Ele não deveria ter reprimido a parte dele que desejava corpos de crianças? Como posso saber quando meu eu autêntico está falando? E por que eu deveria acreditar que o amor e a bondade em mim são verdadeiramente "eu", enquanto o egoísmo e a inveja não

[4] Aleksandr Solzhenitsyn, *The gulag Archipelago*, 1918-1956, trad. Harry Willets, vol. 3 (New York: Basic Books, 1997), p. 615. [No Brasil: *Arquipélago Gulag: um experimento de investigação artística*, 1918-1956 (São Paulo: Carambaia, 2019).]

passariam de invasores alienígenas? Parte de mim anseia por ser mais conhecida. Mas o que aconteceria se meu "verdadeiro eu" fosse revelado?

Aprofundar-se na identidade de alguém pode produzir empatia. No *blockbuster Pantera Negra*, de 2018, repensamos as ações de Killmonger quando percebemos quem ele é. O filme começa com um confronto entre dois irmãos. Revela-se que Killmonger é Erik, o filho do irmão que morreu e que ficou órfão quando seu pai foi morto pelo tio. Suas atitudes são dirigidas por uma busca dupla: ele anseia por vingar seu pai; e — tendo crescido como um órfão negro e pobre nos Estados Unidos — anseia por justiça para os afro-americanos. A revelação de sua identidade cria em nós empatia, mesmo sendo ele um assassino brutal. Mas, em outras histórias, a revelação da identidade provoca repulsa. A brilhante, e manipuladora, canção *Sua mãe sabe mais*, da animação *Enrolados*, de 2010, representa como a mulher que Rapunzel acredita ser sua mãe a controla e explora. Quando Rapunzel descobre quem a bruxa realmente é — não sua mãe, mas uma malvada sequestradora de crianças —, o vínculo materno se quebra. De fato, Rapunzel parece não sentir nenhuma tristeza com a morte da mulher que a criou.

A última vez que cortei meu cabelo, a cabeleireira que me atendeu tinha uma tatuagem no braço direito. Estava escrito: "Se você não pode lidar com o meu pior, não merece o meu melhor". Essas palavras ficaram na minha cabeça. Em última análise, elas expressam o desejo de ser conhecido e amado. Mas, convidando as pessoas para entrarem, passamos a andar por um campo minado. Cave em alguns locais do meu coração, e você encontrará solos ricos que o ajudarão a me conhecer melhor e, quem sabe, me amar mais. Mas encoste em outro pedaço, e a visão positiva de quem eu sou explodirá na sua cara. Esse processo pessoal de autorrevelação é conduzido por cada um de nós. Em graus e modos variados, nos encontramos fazendo uma escolha: entre ser conhecido e ser amado. O que a Bíblia diz a respeito disso?

DESCOBERTO

O cristianismo funciona como um holofote. De um lado, nos confronta com um Deus que sabe o que pensamos. Ele conhece nosso coração e nosso fingimento, nossas palavras e nossas atitudes. Os aspectos que trabalhamos tão arduamente para esconder são expostos diante dele, e a única pessoa com o direito de julgar dispõe de todas as provas. Como os sensores infravermelhos que revelaram Dzhokhar Tsarnaev escondido sob a cobertura de um barco, o Deus da Bíblia é o Deus de quem não podemos nos esconder. No entanto, o holofote que poderia nos expor como criminosos em fuga volta-se para nós como a crianças perdidas. Esse Deus está procurando por nós, ansiando por nós, chamando-nos de volta para casa.

Três anos atrás, minha filha mais nova desapareceu no parque. Primeiro, eu mesma saí à procura dela. Olhei nos brinquedos e vasculhei os arbustos. Então, recrutei outros pais para me ajudar. Com o pânico subindo pelo meu sangue, imaginei que minha linda garotinha de apenas três anos tinha sumido para sempre. Chamei a polícia. Mas, enquanto eu descrevia minha filha perdida, um oficial apareceu. Ele veio porque uma menininha fora achada vagando no estacionamento do mercado do bairro. Nas outras pouquíssimas ocasiões em que acionei a polícia, foi para registrar um crime. Dessa vez, eu a chamei porque minha pequena estava perdida. Quando a vi finalmente, não consegui parar de abraçá-la. Chorei e a abracei e a beijei e falei para ela nunca, nunca, nunca mais sair do parque sozinha. Procurei por ela porque a amava. E é assim que Deus procura por nós.

Em uma das parábolas mais famosas de Jesus, um filho perdulário que pegou o dinheiro do pai e foi embora é recebido em casa. Vendo o filho pródigo ainda de longe, seu pai corre até ele, o beija e o abraça, e convoca uma festa para celebrar, não porque seu filho fosse inocente — não era —, mas porque era amado. O filho estava perdido e fora encontrado (Lucas 15:11-32). Como minha amiga Rachel (que você conheceu no capítulo 9) eloquentemente diz: "Em

Cristo, não somos perseguidos como criminosos procurados, mas como crianças desaparecidas, ou amantes desaparecidos, porque a ira é substituída pelo desejo".[5]

No entanto, se Deus se importa com justiça, e todos os nossos motivos confusos e pensamentos manipulativos estão expostos diante dele, por que o holofote não lança luz sobre nós como o faz sobre criminosos?

A LÓGICA DA CRUZ

Na noite em que Jesus foi preso, ele subiu ao Monte das Oliveiras para orar. Profundamente angustiado. Afastando-se de seus discípulos, ele caiu de joelhos e clamou: "Pai, se queres, afasta de mim esse cálice; contudo, não seja feita a minha vontade, mas a tua" (Lucas 22:42).[6] Um anjo veio para fortalecer Jesus. Mas não foi o suficiente. "Estando angustiado, ele orou ainda mais intensamente; e o seu suor era como gotas de sangue que caíam no chão" (Lucas 22:44).

Por que Jesus estava tão assustado?

Alguns especularam que ele tinha medo de morrer. A crucificação foi concebida para ampliar a tortura e a humilhação infligidas, de modo que os espectadores fossem advertidos para evitar o tipo de ofensas contra Roma que poderiam pregar alguém na cruz. Isso seria o bastante para você ou eu colocarmos o rosto no chão, implorando para sermos poupados. Mas, para Jesus, havia mais. Como um casamento humano ilustra um amor mais profundo, a agonia física da cruz ilustrava uma dor maior — uma dor que Jesus resumiu em uma metáfora.

A imagem do cálice do Senhor atravessa as Escrituras hebraicas assim como um raio desenha, no céu, um caminho chanfrado. Jó, Salmos, Isaías, Jeremias, Lamentações, Ezequiel, Obadias,

---

[5] Rachel Gilson, "Who is rest" , *Born again this way* [blog], 31 ago. 2017, disponível em: https://rachelgilson.com/blog/2017/8/20/who-is-rest.

[6] Cf. tb. Mateus 26:39; Marcos 14:36; João 18:11.

Habacuque e Zacarias, todos usam essa metáfora para comunicar o juízo de Deus.[7] Algumas passagens proclamam destruição para aqueles que estão prestes a beber do cálice. Outras anunciam salvação àqueles em relação a quem o cálice foi retirado. Como a imagem de Deus como Marido apresenta toda a nação de Israel como sua noiva, assim o cálice da ira de Deus é servido a nações inteiras cujos abusos pecaminosos, sacrifícios de crianças, rejeição a Deus e exploração dos pobres incorreram no juízo do Senhor. E ali estava Jesus, ajoelhado no chão, implorando para que "esse cálice" seja afastado dele. Para os primeiros leitores do Evangelho, o significado deve ter ficado claro: em uma escala épica, Jesus assumiu beber da justa ira e do julgamento de Deus contra o pecado.

A ideia da ira de Deus parece estranha a nós — uma relíquia psicologicamente danosa de uma era passada. Mas, assim como não podemos livrar alguém de responsabilidade moral sem eliminar sua capacidade de amar, o amor de Deus e o juízo de Deus não podem ser separados. Pense na raiva que você sente quando vê crianças baleadas, mulheres estupradas ou pessoas agredidas por causa da cor da pele. Pense na raiva que o comércio de escravos, o Holocausto ou o tráfico sexual causam em você. Quando você se detém para analisar essa raiva, sua raiz é o amor. Ninguém que considera outras raças como sub-humanas se importa com a exploração racial. Ninguém que acredita que mulheres ou crianças são meras propriedades se importa com abuso sexual. E, quanto mais amamos, com mais facilidade nossa raiva é despertada. Corremos para defender nossos filhos do menor ataque porque os amamos: qualquer um que feri-los provocará nossa fúria.

Imagine que esse tipo de raiva motivada pelo amor está tão profundamente arraigado no coração de Deus que o compromisso que você tem com a justiça é como uma gota no oceano, como a justiça de uma criança fantasiada de policial comparada a um juiz

---

[7] Cf., p. ex., Jó 21:19-20; Salmos 60:3; 75:8; Isaías 51:17-23; Jeremias 25:15-29; 49:12; 51:7-8,39,57; Lamentações 4:21; Ezequiel 23:31-34; Obadias 16; Habacuque 2:15-16; Zacarias 12:2.

da suprema corte. Deus é — como Hagar reconheceu — o Deus que vê (Gênesis 16:13). A raiva de Deus contra o Holocausto, contra o tráfico escravagista, contra o abuso, o assassinato, a crueldade e a negligência foi toda derramada sobre Jesus na cruz. Era isso que ele temia, não os cravos em suas mãos.

Contudo, isso, por si só, não explica a lógica da cruz. Mesmo havendo um mundo de pecado pelo qual pagar, porque derramar a ira sobre um homem totalmente inocente faria diferença? Não é essa a pior forma de *injustiça*? Antes que consigamos compreender a lógica da cruz, devemos compreender quem é Jesus em relação a Deus e quem é ele em relação a nós.

Primeiro, de acordo com a Bíblia, Jesus não é uma vítima passiva da ira de Deus. Ele é o próprio Deus. Assim, na cruz, Jesus é tanto o executor quanto o condenado. Às vezes, as pessoas associam Deus Pai ao Antigo Testamento, vendo-o raivoso e vingativo, e Deus Filho — Jesus — com o Novo Testamento, pregando amor, misericórdia e perdão. Mas, embora Deus certamente aja com juízo no Antigo Testamento, ele também é "compassivo e misericordioso, paciente, cheio de amor e de fidelidade" (Êxodo 34:6). Ele é como um marido amoroso, estendendo misericórdia sobre misericórdia à sua esposa infiel (Isaías 62:4-5); como uma mãe amamentando e acalentando sua criança (Isaías 49:15); como um pai aproximando seu filhinho do rosto (Oseias 11:3-4). Por outro lado, embora Jesus exponha o amor e a misericórdia de Deus repetidas vezes, ele também enfatiza o julgamento de Deus mais do que qualquer profeta do Antigo Testamento. E Jesus é claro: é ele quem haverá de julgar toda a humanidade.

No último livro da Bíblia, a metáfora delicada e vulnerável usada para retratar Jesus como o sacrifício converte-se numa terrível imagem de juízo. O Apocalipse descreve um tempo em que as pessoas dirão às montanhas: "Caiam sobre nós e escondam-nos da face daquele que está assentado no trono e da ira do Cordeiro! Pois chegou o grande dia da ira deles; e quem poderá suportar?" (Apocalipse 6:16-17). A ira de Deus é a ira de Jesus. Na cruz, o homem perfeitamente justo, perfeitamente amoroso, perfeitamente inocente, que jamais enfrentou a força completa do juízo de Deus, bebeu do cálice e o jogou fora. De forma biblicamente abreviada, ele foi para o inferno.

Segundo, assim como Jesus não pode ser separado de Deus, cuja ira ele enfrenta na cruz, não pode ser separado de nós se apenas pusermos nossa confiança nele. No capítulo 9, examinamos a impressionante metáfora da igreja como o corpo de Jesus e o que isso significa para os cristãos em suas relações entre si. Mas uma implicação ainda mais vital dessa verdade é a de que, se confiamos em Jesus, somos tão inseparáveis dele quanto nosso corpo é da nossa cabeça.

Enquanto escrevo estas palavras, meus dedos estão digitando. Mas eles não agem de forma independente. Se você achar ofensivo o que eu escrevi, não vai poder culpar apenas meus dedos. Eu ofendi você. Da mesma forma, Jesus não é um espectador casual, arrastado para pagar por nosso pecado. Se depositamos nossa confiança nele, ele é a nossa cabeça: todo o mal do nosso coração foi lançado sobre ele e pago por sua morte, e cada um de seus maravilhosos atos de amor é creditado a nós. Todos nós rejeitamos Deus e merecemos sua rejeição em retribuição. A escolha que temos é esta: enfrentar o inferno por nós mesmos ou nos esconder em Cristo.

O VERDADEIRO SIGNIFICADO DO CÉU E DO INFERNO

Tendemos a pensar no céu e no inferno primeiramente como lugares aos quais seremos enviados. Alguns imaginam que nosso destino depende de nossos feitos: se somos, no geral, "boas pessoas", podemos esperar o céu, enquanto pessoas más, como Hitler e Stalin, definham no inferno. Outros pensam que o cristianismo separa as pessoas para o céu ou para o inferno com base (aparentemente arbitrária) em seu assentimento a certas declarações. Aqueles sortudos o bastante de terem ouvido falar de Jesus e crédulos o bastante para acreditar que ele morreu em seu lugar são mandados para o céu. Aqueles que não ouviram, ou tiveram outras preferências religiosas, ou eram simplesmente espertos demais para acreditar nessa história maluca de um homem ressurreto, são caprichosamente despachados para um lugar chamado inferno. Mas a Bíblia conta uma história diferente.

O céu, em termos bíblicos, não é primariamente um lugar. É uma abreviação para a bênção plena de se relacionar com Deus. É o filho pródigo de volta para casa. É a noiva sendo abraçada pelo marido com lágrimas de alegria. É o novo céu e a nova terra, onde o povo de Deus com corpos atualizados, ou seja, ressurretos, gozarão a eternidade com ele em um nível de intimidade de que o melhor dos casamentos humanos nos pode oferecer apenas um vislumbre. Céu é o mesmo que lar: uma experiência corpórea de profundo relacionamento com Deus e seu povo em uma terra recriada.

O inferno é o oposto. É a porta fechada na cara do filho perdulário, a certidão de divórcio entregue no momento de remorso, o criminoso recebendo o que merece. Se Jesus é o pão da vida, perder Jesus significa passar fome. Se Jesus é a luz do mundo, perder Jesus significa escuridão. Se Jesus é o bom pastor, perder Jesus significa vagar só e perdido. Se Jesus é a ressurreição e a vida, perder Jesus é a morte eterna. E, se Jesus é o Cordeiro de Deus, sacrificado pelos nossos pecados, perder Jesus significa pagar o preço por nós mesmos.

No clássico romance russo *Eugênio Onêguin*, um aristocrata cansado, Onêguin, encontra uma jovem inocente no campo. A garota, Tatyana, escreve-lhe uma carta, oferecendo seu amor a ele. Onêguin não responde. Quando eles se reencontram, ele a recusa: a carta era comovente, ele lhe diz, mas logo ficaria entediado em se casar com ela. Anos depois, Onêguin vai a uma festa em São Petersburgo e vê uma mulher incrivelmente bonita. É Tatyana. Mas agora ela está casada. Onêguin se apaixona por ela. Ele tenta desesperadamente conquistá-la. Mas Tatyana recusa. Certa vez, a porta esteve aberta: ela lhe ofereceu seu amor. Agora está fechada.

Para muitos de nós, é fácil rejeitar Jesus agora. Como a carta de Tatyana a Onêguin, sua oferta é tocante. Mas cremos que seremos mais felizes sem um compromisso dessa natureza. Ficamos preocupados com que ele prejudique nosso estilo, por isso seguimos adiante e o deixamos em sua roça espiritual. Um dia, a Bíblia nos alerta, veremos Jesus em toda a sua glória, e nossos olhos dolorosamente abertos para sua majestade. Naquele momento, saberemos que todos os nossos grandes tesouros nada eram comparados a ele, e amargamente nos arrependeremos de nossa decisão. Mas não será mais injusto do que foi a rejeição de Onêguin por Tatyana. Se aceitarmos Jesus agora, viveremos com ele para sempre em tal plenitude de vida que nem podemos imaginar. Se o rejeitarmos, um dia ele nos rejeitará, e ficaremos eternamente devastados. A escolha é nossa.

Mas será mesmo?

LIBERDADE, VIDA E AMOR

A possibilidade de unidade com Cristo desfaz um último nó da condição humana — o desafio que confronta tanto cristãos quanto ateus. Afinal, somos realmente livres para escolher? Sam Harris acredita que o livre-arbítrio é uma ilusão: uma crença impossível de ser verificada na realidade. O cristianismo oferece uma alternativa. Sim, nossas ações são moldadas pelas circunstâncias (empíricas e neurológicas), mas nós somos agentes morais.

Múltiplos textos bíblicos sugerem que nossa vontade encontra-se em um estado de sujeição muito semelhante àquele descrito por Harris: somos livres para fazer o que queremos, mas não podemos determinar o próprio querer. Paulo diz que estamos "mortos em nossos pecados" até que sejamos "vivificados em Cristo".[8] E cadáveres não são capazes de escolher. Mas, enquanto na cosmovisão de Harris não existe verdadeiro livre-arbítrio, na

[8] Cf., p. ex., Efésios 2:1-7; Colossenses 2:13-14.

cosmovisão cristã existe. O próprio Deus é inteiramente livre, assim como completamente vivo. E, como nossa vida depende da sua vida, e nosso amor depende do seu amor, assim nossa vontade depende da dele.

Temos uma amostra dessa relação na gravidez. A criança em meu ventre agora mesmo está verdadeiramente viva, embora sua vida dependa totalmente da minha. Ela se move livremente em meu útero, mas não controla sua localização: aonde eu vou, ela vai. De forma semelhante, estou verdadeiramente viva e sou verdadeiramente livre, mas não sou independente de Jesus; antes, encontro-me envolvida nele. E, assim como escapar de mim bem agora significa, para minha criança, não a vida, mas a morte, escapar de Cristo não significa liberdade ou vida para mim, mas uma breve contorção antes do silêncio. Encerrado em meu corpo, dependente do meu sangue, protegido por minha imunidade e alojado no meu amor, meu filho está, em um sentido bem tangível, unido a mim. Porque confio em Jesus, sou igualmente dependente dele. Aonde Jesus for, eu vou. Se ele vive, eu vivo. Ele morreu minha morte e assumiu meu castigo. Ele é a minha ressurreição e a minha vida.[9]

O ESCÂNDALO DA GRAÇA

Harris argumenta que nosso reconhecimento de que os seres humanos não têm livre-arbítrio deve nos tornar mais compassivos com os assassinos. Eles simplesmente não tiveram sorte com suas circunstâncias, não são moralmente culpáveis. O cristianismo exige que nos identifiquemos com os piores criminosos, mas por motivos diferentes: não porque eles (como nós) sejam inocentes, mas porque nós (como eles) somos culpados.

Em um discurso comovente no julgamento de Larry Nassar, Rachael Denhollander, a primeira mulher a apresentar acusações

[9] Cf., p. ex., Colossenses 3:2-3.

de abuso sexual contra Nassar, encarou o homem que tirou sua inocência e implorou que ele se voltasse para Cristo. A Bíblia, explicou ela,

> traz um julgamento final, no qual toda a ira de Deus e o terror eterno serão derramados sobre homens como você. Se você chegar a realmente enfrentar o que fez, a culpa será esmagadora. E é isso que faz o evangelho de Cristo tão doce. Porque ele estende graça e misericórdia onde nada disso poderia ser encontrado. E lá estará para você.[10]

Denhollander, vítima de abuso infantil, sabe que, em última instância, se encontra também no banco dos réus, como seu abusador. A cruz de Cristo proporciona justiça: por meio de Jesus, o pecado de Nassar poderia ser expurgado. O peso esmagador poderia ser erguido. Ele está cumprindo múltiplas sentenças de prisão perpétua, como com justiça deveria. Mas — como foi para muitos antes dele — a porta da prisão *poderia* ser uma porta para a liberdade, o amor e a vida em Cristo. Eis o escândalo derradeiro da fé cristã. O pior criminoso também é bem-vindo. E essa é uma boa notícia para nós, porque somos mais pecadores do que percebemos. Mas em Cristo podemos ser mais conhecidos e mais amados, e estamos mais verdadeiramente vivos do que jamais sonhamos.

DOIS MUNDOS

No capítulo 1, confessei que meu programa de TV favorito de todos os tempos era a série britânica de ficção científica *Doctor Who*. O Doutor enfrenta situações que colocam sua vida em risco quase diariamente. A quase-morte para ele é como o café da manhã para

---

[10] "Rachael Denhollander's full victim impact statement about Larry Nassar", CNN, 30 jan. 2018, disponível em: https://www.cnn.com/2018/01/24/us/rachael-denhollander-full-statement/.

mim e para você. Mas, em um episódio, os termos de compromisso mudam. O Doutor e seus amigos têm a experiência de viver em dois mundos: um é sonho; outro é real. Se eles morrem no mundo de sonho, eles acordam na realidade. Se eles morrem no mundo real, estão simplesmente mortos. Mas o problema é o seguinte: eles não sabem qual é qual.

A Bíblia também nos oferece outro mundo, que reivindica ser realidade. Ela nos conta que o único modo de viver verdadeiramente — agora e eternamente — é morrendo. E o tempo está se esgotando. "Se alguém quiser acompanhar-me", diz Jesus, "negue-se a si mesmo, tome a sua cruz e siga-me. Pois quem quiser salvar a sua vida, a perderá, mas quem perder a vida por minha causa, a encontrará" (Mateus 16:24-25).

Todos os dias, luto para crer no mundo de Jesus. Com isso, não me refiro a assentimento intelectual. Pelas razões expostas neste livro, considero as alternativas menos convincentes. Mas luto para viver esta verdade em meu coração: negar a mim mesmo, tomar a minha cruz, crer que Jesus é a minha vida. E ainda, diariamente, encontro as impressões digitais deste homem impossível em minha vida, chamando-me para uma história tão maior e mais emocionante que a da minha própria vidinha.

No mundo de Jesus, encontramos um tecido conjuntivo que liga as verdades da ciência com as da moralidade. Encontramos bases para afirmar que todos os seres humanos foram criados iguais e para um profundo chamado a amar além da diversidade. Encontramos um nome para o mal e meios para o perdão. Encontramos uma visão do amor tão maior que nosso coração no presente não pode suportar, e uma intimidade tão intensa e verdadeira que nosso pobre corpo não pode experimentar. Encontramos um diagnóstico da natureza humana atravessada pelo pecado e, ainda assim, redimível pela graça. Encontramos um chamado a cuidar do pobre, do oprimido e do solitário, um chamado que brota do coração do próprio Deus e que está fundamentado na esperança de que um dia toda lágrima será enxugada, todo estômago estará alimentado e todo pária terá sido acolhido. Mas não encontramos respostas simplistas ou um caminho fácil. Em vez disso, encontramos um chamado para vir e morrer.

Quero concluir este livro com as palavras de uma mulher que encontrou esse mundo na mais estranha das circunstâncias. Joy Davidman era uma poeta judia norte-americana e ateia. Quando jovem, ela se tornou comunista para matar sua sede de justiça. Casou-se com outro escritor, Bill. E passou a ser a mulher cuja morte partiu o coração de C. S. Lewis. "É claro, eu imaginava que o ateísmo era *verdadeiro*", lembra-se Joy, "mas eu não tinha dado muita atenção para prová-lo. Algum dia, quando as crianças já tivessem crescido, eu resolveria isso".[11] Mas, entre casar-se com Bill e encontrar Lewis, Joy encontrou Deus.

Bill era *workaholic*, alcoólatra e descrente. Um dia, ligou para Joy, de seu escritório em Nova York, e disse para ela que estava tendo um colapso nervoso. Então, desligou. Depois disso, um dia cheio de telefonemas frenéticos. Ao anoitecer, Joy recorda, "nada restava a ser feito senão esperar e ver se ele apareceria, vivo ou morto". Ela colocou seus filhos para dormir e esperou. E, no meio do silêncio, algo aconteceu:

> Pela primeira vez na minha vida, me senti desamparada; pela primeira vez, meu orgulho cedeu, e fui forçada a admitir que eu não era, afinal de contas, "a senhora do meu destino" e "a capitã da minha alma". Todas as minhas defesas — todos os muros de arrogância, presunção e amor-próprio por trás dos quais eu me escondia de Deus — vieram abaixo momentaneamente — e Deus entrou. [...]
>
> Havia uma Pessoa comigo naquele cômodo, intimamente presente à minha consciência — uma Pessoa tão real que toda a minha vida pregressa era, em comparação, mero jogo de

[11] Don W. King, ed., *Out of my bone: the letters of Joy Davidman* (Grand Rapids, MI: Eerdmans, 2009), p. 94.

> sombras. E eu mesma jamais estivera tão viva; era como acordar de um longo sono.[12]

Amigo, se você tem se contentado com convicções adiadas, esperando que o universo tenha um plano, acreditando que a igualdade humana é autoevidente, mas sem saber a razão, imaginando se alguém que tivesse acesso a seus pensamentos mais secretos poderia amar você verdadeiramente, venha para Jesus. Venha para o homem que deu esperança a escravos oprimidos. Venha para o homem que chama os mortos da sepultura. Venha para o homem que poderia cobrir as culpas de Dzhokhar Tsarnaev quando a cobertura daquele barco em Watertown já não mais podia fazê-lo. Venha para o homem que encontrou minha amiga Rachel em uma biblioteca de Yale, quando ela percebeu quão pouca misericórdia merecia e quão grande era o amor de Jesus por ela, enchendo seu coração de gratidão quando ela se rendeu a ele.

"Eu sou a ressurreição e a vida", disse Jesus a Marta. E ele diz a mesma coisa a você: "Aquele que crê em mim, ainda que morra, viverá; e quem vive e crê em mim, não morrerá eternamente". Você crê nisso?

[12] King, *Out of my bone*, p. 94.

AGRADECIMENTOS

ESTE LIVRO FOI FORMADO como quem faz um ninho ajuntando de tudo: sou grata aos amigos que me deixaram furtar suas ideias brilhantes e roubar suas histórias luminosas. Sem eles, restaria muito pouco.

Cada capítulo foi examinado por olhares de especialistas, incluindo os de Ian Hutchinson, Tyler VanderWeele, Christian Miller, Andra Gillespie, Ronald Osborne, Senganglu Thaimei, Patrick Smith, Rachael Beale, Dominic Erdozain, Peter Williams, Fenggang Yang, Ard Louis, Laura Sanderson, Curtis Cook e Nicole Garcia. Seus comentários melhoraram meu trabalho. Os erros que persistem ficam por minha conta.

Collin Hansen, da Gospel Coalition, apostou em uma autora novata, apoiando-me ao longo de toda a jornada. Na Crossway, Dave DeWit apoiou o projeto deste livro, enquanto Thom Notaro e Samuel James trabalharam incansavelmente sobre o meu texto. Sou grata pela orientação e o encorajamento de todos eles.

Rachel Gilson e Lydia Dugdale, minhas companheiras durante a redação, me alimentaram intelectual e emocionalmente, sendo as minhas primeiras leitoras e críticas. Se um dia algum aspirante a escritor me solicitar um conselho, o primeiro que lhe darei é o seguinte: encontre seus parceiros.

Meus pais, Nicholas e Christine Beale, me criaram para crer que cristãos devem ser as pessoas intelectualmente mais curiosas, e eles me apoiaram neste projeto, tanto cuidando das minhas filhas quanto revelando meus erros. Meus sogros, John e Carol McLaughlin, me ajudaram de inúmeras maneiras, sempre práticas. Minha maravilhosa irmã, Rose Beale, foi a primeira a ler o manuscrito completo, tendo vindo para Boston para ser minha assistente de pesquisa na fase final do livro. Que seus nomes sejam lembrados e abençoados!

Sou profundamente grata por três pessoas que atrapalharam o andamento do trabalho: minhas filhas, Miranda e Eliza, que imploraram para ler "o livro da mamãe" (sugerindo que eu usasse *post-its* para cobrir as partes impróprias para menores); e meu filho, Luke, gestado durante a redação deste livro, que me lembra diariamente da minha total fraqueza, a qual é — na cosmovisão cristã — o lugar no qual encontramos o poder de Deus.

Finalmente, agradeço a Deus por meu marido, Bryan. Ele se atreveu a me encarar (quando nenhum britânico em sã consciência faria isso), sempre apoiou meu trabalho e me estimulou a fazer o melhor. Ele me traz de volta para a terra, tolera minhas bagunças e me ama quando eu falho. Deste lado da eternidade, sou muito grata por poder chamá-lo de meu.

ÍNDICE GERAL

Este livro foi impresso pela Vozes
para a Thomas Nelson Brasil.
A fonte usada no miolo é Adobe Garamond Pro
O papel do miolo é avena 70g/m².